Utopies réalistes

Rutger Bregman

Utopies réalistes

TRADUIT DE L'ANGLAIS
PAR JELIA AMRALI

Éditions du Seuil

Titre original : *Gratis geld voor iedereen : en nog vijf grote ideeën die de wereld kunnen veranderen*
Éditeur original : De Correspondent
ISBN original : 978-9-08252034-7

Titre original : *Utopia for Realists, and how we can get there*
Éditeur original : Bloomsbury Publishing
ISBN original : 978-1-4088-9026-4

« *Utopia for Realists* originated on The Correspondent, 2014, your antidote to the daily news grind www.correspondent.com »

Infographics by Momkai

ISBN 978-2-7578-7409-7
(ISBN 978-2-02-136187-2, 1re publication)

1

Le retour de l'Utopie

> « Une carte du monde qui ne comprendrait pas l'Utopie ne serait même pas digne d'être regardée, car elle laisserait de côté le seul pays où l'Humanité vient toujours accoster. Et après y avoir accosté, elle regarde autour d'elle, et, ayant aperçu un pays meilleur, reprend la mer. Le Progrès est la réalisation des Utopies. »
>
> OSCAR WILDE (1854-1900)

Commençons par une petite leçon d'histoire.

Dans le passé, tout était pire.

Pendant à peu près 99 % de l'histoire du monde, 99 % de l'humanité a été pauvre, affamée, sale, craintive, bête, laide et malade.

Au XVIIe siècle déjà, le philosophe français Blaise Pascal (1623-1662) décrivait la vie comme une immense vallée de larmes. « La grandeur de l'homme est grande en ce qu'il se connaît misérable », écrivait-il. En Grande-Bretagne, un autre philosophe, Thomas Hobbes (1588-1679) ajoutait que la vie humaine était fondamentalement « solitaire, pauvre, cruelle, brutale et brève ».

Mais tout a changé au cours des deux cents dernières années. En une fraction du temps passé par notre espèce sur cette planète, des milliards d'entre nous se sont retrouvés riches, bien nourris, propres, en sécurité et parfois même beaux. Alors que 84 % de la population mondiale vivait encore dans une extrême pauvreté en 1820, ce pourcentage était tombé à 44 % en 1981 ; aujourd'hui, à peine quelques décennies plus tard, il est à moins de 10 %[1].

Si cette tendance suit son cours, l'extrême pauvreté, qui était un trait persistant de la vie, sera bientôt éradiquée pour de bon. Même ceux que nous appelons encore « les pauvres » jouiront d'une abondance sans précédent dans l'histoire mondiale. Dans le pays où je vis, les Pays-Bas, une personne qui bénéficie de l'aide sociale dispose de plus d'argent qu'un Néerlandais moyen en 1950 et de quatre fois plus qu'aux temps glorieux où la Hollande régnait sur les sept mers[2].

1. La pauvreté extrême revient à vivre avec moins de 1,25 $ par jour, ce qui permet tout juste de survivre. Voir François Bourguignon et Christian Morrisson, « Inequality Among World Citizens : 1820-1992 », *American Economic Review*, vol. 92, n° 4, septembre 2002. [http://piketty.pse.ens.fr/files/BourguignonMorrisson2002.pdf]

2. Aux Pays-Bas, une personne sans abri reçoit environ 10 000 $ par an en aides gouvernementales. En 1950, le PNB par personne, après pondération du pouvoir d'achat et de l'inflation, y était de 7 408 $ (d'après des données de gapminder.org). Entre 1600 et 1800, il était de 2 000 $ à 2 500 $.

Des siècles durant, le temps est resté presque immobile. Bien sûr, il y avait de quoi remplir des livres d'histoire, mais on ne peut pas dire que la vie s'améliorait. Si on avait mis un paysan italien de l'an 1300 dans une machine à avancer dans le temps pour le déposer en Toscane en 1870, il n'aurait pas vu de grandes différences.

Les historiens estiment que le revenu annuel moyen en Italie, autour de l'an 1300, était à peu près de 1 600 $. Six cents ans plus tard – après Colomb, Galilée, Newton, la révolution scientifique, la Réforme, les Lumières et l'invention de la poudre à canon, de l'imprimerie et de la machine à vapeur – ce même paysan vivait toujours avec 1 600 $[1]. Six cents ans de civilisation n'avaient pas fait bouger l'Italien moyen du point où il se trouvait depuis toujours.

Ce n'est qu'à partir des années 1880, à peu près à l'époque où Alexander Graham Bell inventait le téléphone, où Thomas Edison brevetait son ampoule électrique, où Carl Benz faisait brinquebaler sa première voiture et où Josephine Cochrane songeait à ce qui est peut-être l'idée la plus brillante de tous les temps – le lave-vaisselle – que notre paysan italien finit par être rattrapé par la marche du progrès. Depuis, quelle cavalcade ! Dans le monde

1. Voir les données présentées par les historiens Angus Maddison, Jutta Bolt et Jan Luiten van Zanden, « The First Update of the Maddison Project ; Re-estimating Growth Before 1820 », *Maddison Project Working Paper 4*, 2013. [http://www.ggdc.net/maddison/maddison-project/home.htm]

entier, les deux derniers siècles ont connu une croissance exponentielle en termes de population et de prospérité. Le revenu par personne est aujourd'hui dix fois plus élevé qu'en 1850. L'Italien moyen est quinze fois plus riche qu'en 1880. Et l'économie mondiale ? Par rapport à l'époque d'avant la révolution industrielle – un temps où tout le monde, partout, était pauvre, affamé, sale, effrayé, bête, laid et malade –, elle a été multipliée par 250.

L'utopie médiévale

La vie était sans aucun doute plus difficile autrefois et on comprend que les gens aient rêvé d'un jour où tout irait mieux.

L'un des rêves les plus prégnants était le pays de lait et de miel appelé « Cocagne ». Pour y arriver, il fallait avaler des kilos de riz au lait, mais le jeu en valait la chandelle car à l'arrivée, on trouvait un pays où coulaient des rivières de vin, où les oies volaient toutes rôties et où les crêpes poussaient sur les arbres, tandis que tartes et gâteaux tombaient du ciel. Fermiers, artisans et clercs – tous étaient égaux et se prélassaient ensemble au soleil.

En pays de Cocagne, en terre d'abondance, les gens ne se disputaient jamais, préférant faire la fête, danser, boire et dormir.

D'après l'historien néerlandais Herman Pleij, « un esprit médiéval verrait dans l'Europe d'aujourd'hui un tableau assez fidèle du pays de Cocagne : fast-foods ouverts 24 h sur 24, 7 jours sur 7, contrôle de la température ambiante, amour libre, revenus sans travail et chirurgie esthétique pour prolonger la jeunesse[1] ». De nos jours, dans le monde, il est plus courant de souffrir d'obésité que de faim[2]. En Europe occidentale, le taux d'homicides est en moyenne quarante fois inférieur à celui du Moyen Âge. Et quand on a la chance de posséder le bon passeport, on dispose d'un impressionnant filet de sécurité sociale[3].

C'est peut-être là notre plus grand problème : de nos jours, le vieux rêve médiéval de l'utopie tourne à vide. Bien sûr, on pourrait faire avec un peu plus de consommation, un peu plus de sécurité – mais la véritable cause d'inquiétude, ce sont les conséquences négatives en termes de pollution, d'obésité et de surveillance à la Big Brother. Pour le rêveur médiéval, le pays d'abondance était un paradis imaginaire – « permettant de s'évader des souffrances terrestres », comme le dit Herman Pleij. Mais si l'on demandait au paysan italien de l'an 1300 de décrire le monde moderne, c'est sans nul doute au pays de Cocagne qu'il penserait d'abord.

1. Herman Pleij, *Dromen van Cocagne. Middeleeuwse fantasieën over het volmaakte leven*, Prometheus, 1997, p. 11.

2. Organisation mondiale de la santé, « Obesity and Overweight », aide-mémoire n° 311, mars 2013. [En français : http://www.who.int/mediacentre/factsheets/fs311/fr/]

3. Manuel Eisner, « Long-Term Historical Trends in Violent Crime », Université de Chicago, 2003, tableau 2. [http://www.vrc.crim.cam.ac.uk]

Figure 1 : Deux siècles de progrès stupéfiant

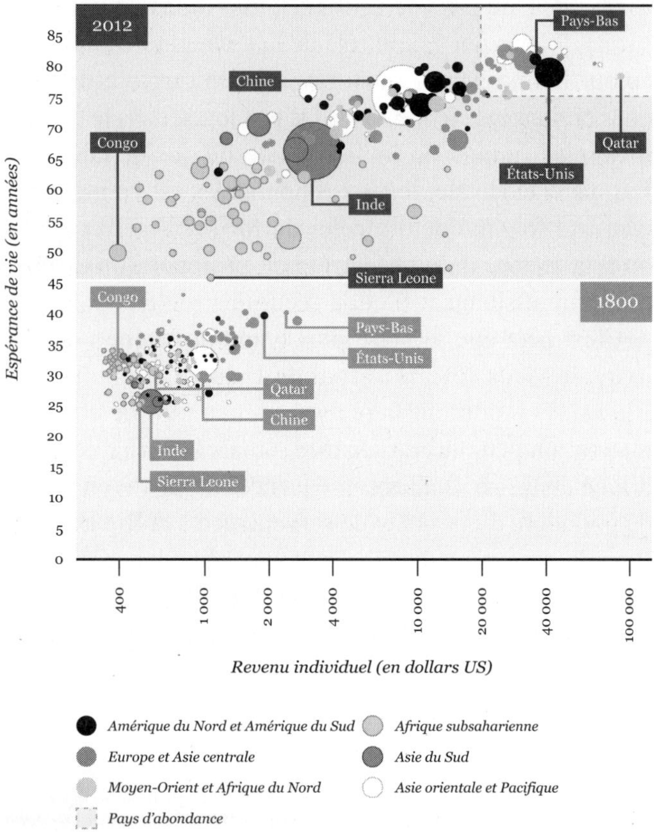

Il faut un moment pour comprendre ce diagramme. Chaque cercle représente un pays. Plus le cercle est grand, plus la population est importante. La section inférieure montre les pays en 1800 ; la section du haut les montre en 2012. En 1800, même dans les pays les plus riches (p. ex. les Pays-Bas, les États-Unis), l'espérance de vie était inférieure à ce qu'elle est en 2012 au Sierra Leone, le pays où l'accès aux soins est le moins bon. En d'autres termes : en 1800, tous les pays étaient pauvres, à la fois en termes de richesses et de santé ; alors qu'aujourd'hui l'Afrique subsaharienne réalise de meilleures performances que les pays les plus riches en 1800 (bien qu'en deux siècles, les revenus n'aient quasiment pas augmenté au Congo). De fait, de plus en plus de pays atteignent le « pays d'abondance », en haut à droite du diagramme, où le revenu moyen dépasse 20 000 $ et où l'espérance de vie dépasse 75 ans.

Nous vivons à l'ère où se réalisent les prophéties bibliques. Ce qui aurait semblé miraculeux au Moyen Âge est aujourd'hui banal : l'aveugle retrouve la vue, les infirmes peuvent marcher, les morts sont ressuscités. Prenez l'Argus II, un implant cérébral qui restaure partiellement la vue à des personnes souffrant d'une maladie génétique des yeux. Ou le Rewalk, une paire de jambes robotiques qui permet à des paraplégiques de marcher de nouveau. Voyez le Rhéobatrachus, une espèce de grenouille éteinte en 1983 et littéralement ramenée à la vie par des scientifiques australiens au moyen d'ADN conservé. Le tigre de Tasmanie est le suivant sur la liste de cette équipe de recherche dont le travail entre dans l'ambitieux « Lazarus Project » (ainsi appelé par référence à Lazare, mort et ressuscité, dans le Nouveau Testament).

Ce qui était science-fiction devient fait scientifique. Les premières voitures sans chauffeur s'engagent déjà sur les routes. À l'heure où j'écris, des imprimantes 3D produisent des structures cellulaires embryonnaires complètes et des gens équipés d'implants cérébraux actionnent des bras robotiques par la seule force de leur esprit. Et ce n'est pas tout : depuis 1980, le prix du watt d'énergie solaire a plongé de 99 %… Non, ce n'est pas une erreur typographique ! Avec un peu de chance, imprimantes 3D et panneaux solaires rendront possible l'idéal de Karl Marx (le contrôle des moyens de production par les masses), sans s'appuyer sur une révolution sanglante.

Longtemps, le pays d'abondance est resté réservé à une petite élite occidentale aisée. Ce n'est plus le cas. L'entrée de la Chine dans le capitalisme a déjà tiré d'une pauvreté extrême 700 millions de Chinois[1]. L'Afrique, elle aussi, abandonne rapidement son image de terre économiquement dévastée ; six des dix économies au plus fort taux de croissance se trouvent aujourd'hui sur ce continent[2]. En 2013, sur les sept milliards d'habitants de la planète, six possédaient un téléphone cellulaire. (Pour comparaison, seuls 4,5 milliards disposent de toilettes[3]). Et de 1994 à 2014, le nombre de gens ayant un accès à Internet, dans le monde, est passé de 0,4 % à 40,4 %[4].

En termes de santé aussi (peut-être la plus grande promesse du pays d'abondance), les progrès modernes dépassent les plus folles prédictions de nos ancêtres. Là où des pays aisés se contentent d'ajouter chaque semaine un week-end à la durée de vie moyenne, l'Afrique gagne quatre jours par semaine[5]. Dans le monde entier, l'espé-

1. Banque mondiale, « An Update to the World Bank's Estimates of Consumption Poverty in the Developing World », 2012. [http://siteresources.worldbank.org]

2. J.O.'s, « Development in Africa : Growth and Other Good Things », *The Economist*, 1er mai 2013. [http://www.economist.com]

3. UN News Centre, « Deputy UN Chief Calls for Urgent Action to Tackle Global Sanitation Crisis », 21 mars 2013. [http://www.un.org]

4. D'après des données d'Internet Live Stats. Voir http://www.internetlivestats.com.

5. D'après l'Organisation mondiale de la santé, l'espérance de vie moyenne en Afrique pour les personnes nées en 2000 était de 50 ans.

rance de vie est passée de soixante-quatre ans en 1990 à soixante-dix en 2012[1] – plus du double de ce qu'elle était en 1900.

Et puis moins de gens ont faim. En pays d'abondance, on n'attrape peut-être pas les oies toutes cuites au vol, mais le nombre de personnes souffrant de malnutrition a diminué de plus d'un tiers depuis 1990. La part de la population mondiale survivant avec moins de 2 000 calories par jour est tombée de 51 % en 1965 à 3 % en 2005[2]. De 1990 à 2012, plus de 2,1 milliards de personnes ont obtenu un accès à de l'eau potable et propre. Pendant la même période, le nombre d'enfants souffrant d'un retard de croissance a diminué d'un tiers, la mortalité infantile a chuté de 41 % et la mortalité des femmes en couches a été divisée par deux.

Et la maladie ? La variole, le plus grand *serial killer* de toute l'histoire, est éradiquée. La poliomyélite a quasiment disparu, faisant 99 % de victimes de moins qu'en 1988. De plus en plus d'enfants sont vaccinés contre des

---

En 2012 elle était de 58 ans. [http://www.who.int/gho/mortality_burden_disease/life_tables/situation_trends_text/en/]

1. D'après des données de la Banque mondiale : http://apps.who.int/gho/data/view.main.700?lang=en.

2. Le nombre de calories consommées en moyenne par individu est passé de 2 600 en 1990 à 2 840 en 2012 (en Afrique subsaharienne, il est passé de 2 180 à 2 380). Miina Porka *et al.*, « From Food Insufficiency Towards Trade Dependency : A Historical Analysis of Global Food Availability », *Plos One*, 18 décembre 2013. [http://www.ncbi.nlm.nih.gov/pubmed/24367545]

maladies naguère communes. Le taux mondial de vaccination contre la rougeole, par exemple, est passé de 16 % en 1980 à 85 % aujourd'hui, tandis que le nombre de morts dues à cette maladie a chuté de plus des trois quarts entre 2000 et 2014. Le taux de mortalité lié à la tuberculose a diminué de près de la moitié depuis 1990. Depuis 2000, le nombre de morts dues à la malaria a été réduit d'un quart, de même que le nombre de morts du sida depuis 2005.

Certains chiffres semblent presque trop beaux pour être vrais. Il y a cinquante ans, un enfant sur cinq mourait avant son cinquième anniversaire. Et aujourd'hui ? Un sur vingt. En 1836, l'homme le plus riche du monde, un certain Nathan Meyer Rothschild, mourait parce que les antibiotiques n'existaient pas. Ces dernières décennies, des vaccins très bon marché contre la rougeole, le tétanos, la coqueluche, la diphtérie et la polio sauvent chaque année plus de vies qu'une paix mondiale n'en aurait épargnées au XXe siècle[1].

Évidemment, il existe encore beaucoup de maladies – le cancer notamment – mais même sur ce front, nous faisons des progrès chaque jour. En 2013, la plus importante percée scientifique de l'année fut rapportée par la prestigieuse revue *Science* : la découverte d'un moyen permettant d'utiliser le système immunitaire pour combattre

1. Bjørn Lomborg, « Setting the Right Global Goals », project-syndicate.org, 20 mai 2014.

Figure 2. La victoire des vaccins

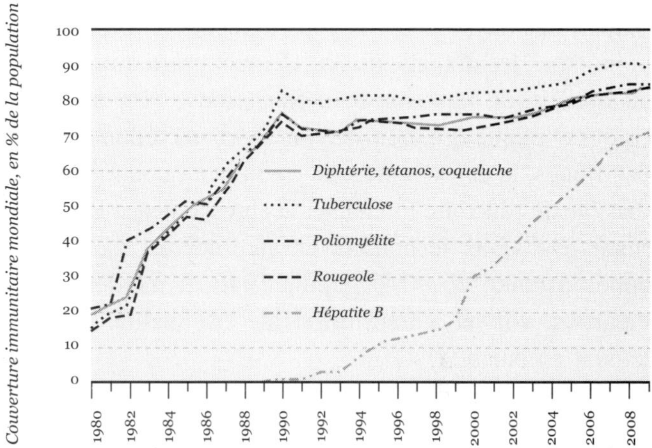

Source : Organisation mondiale de la santé.

les tumeurs. La même année a eu lieu le premier essai réussi de clonage de cellules-souches humaines, une évolution prometteuse dans le traitement des maladies mitochondriales, notamment une forme de diabète.

Certains scientifiques vont jusqu'à considérer que la première personne qui fêtera son millième anniversaire est déjà née[1].

Dans le même temps, nous devenons de plus en plus intelligents. En 1962, 41 % d'enfants n'étaient pas

1. Notamment Audrey de Grey de l'Université de Cambridge, qui a donné une conférence TED sur ce thème : http://www.ted.com/talks/aubrey_de_grey_says_we_can_avoid_aging.

scolarisés ; aujourd'hui, ils sont moins de 10 %[1]. Dans la plupart des pays, le QI moyen augmente de trois à cinq points tous les dix ans, principalement grâce aux progrès en matière de nutrition et d'éducation. C'est peut-être ce qui explique que nous soyons devenus tellement plus pacifiques, la dernière décennie comptant comme la plus paisible de l'histoire mondiale. D'après le Peace Research Institute d'Oslo, le nombre de victimes de guerres par année a chuté de 90 % depuis 1946. L'incidence des meurtres, vols et autres formes de criminalité, est également en baisse.

« Le monde riche connaît de moins en moins de crimes », rapportait récemment *The Economist*. « Il y a encore des criminels, mais il y en a moins et ils vieillissent[2]. »

En d'autres termes, bienvenue au pays d'abondance !

Au pays de la bonne vie où presque tout le monde est riche, en sécurité et en bonne santé. Où il ne manque qu'une chose : une raison de sortir du lit le matin. Parce qu'après tout, au paradis, il n'y a pas grand-chose à améliorer. En 1989, le philosophe américain Francis Fukuyama remarquait déjà qu'à notre époque la vie se réduit à « des calculs économiques, la résolution sans fin de problèmes techniques, des préoccupations environne-

1. Peter F. Orazem, « Challenge Paper : Education », Copenhagen Consensus Center, avril 2014. [http://copenhagenconsensus.com/publication/education]

2. « Where Have all the Burglars Gone ? », *The Economist*, 18 juillet 2013.

Figure 3. Le déclin des guerres

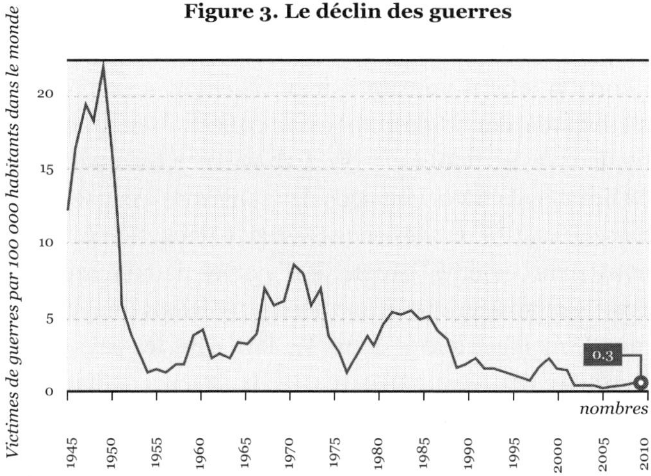

Source : Peace Research Institute Oslo.

mentales et la satisfaction des exigences de consommateurs avertis[1] ».

Gagner un point de pouvoir d'achat ou en retirer deux à notre empreinte carbone ; nous offrir un nouveau gadget… Notre vision n'est pas plus ambitieuse. Nous vivons à une ère de richesses et de surabondance, mais elle paraît morne. Il n'y a, dit Fukuyama, « ni art ni philosophie ». Tout ce qui reste, c'est « le soin constant apporté au musée de l'histoire humaine ».

1. Francis Fukuyama, « The End of History ? », *National Interest*, été 1989. [https://ps321.community.uaf.edu]

Si l'on suit Oscar Wilde, une fois atteint le pays d'abondance, il nous faut une nouvelle fois fixer le regard sur l'horizon le plus lointain et hisser la voile. « Le progrès, c'est la réalisation des utopies », écrit-il. Mais l'horizon lointain reste vide. Le pays d'abondance est enveloppé de brouillard. Alors que nous devrions nous assigner pour tâche d'investir de sens cette existence riche, sûre et saine, nous avons enterré l'utopie. Il n'y a pas de nouveau rêve pour la remplacer, parce que nous ne pouvons imaginer de monde meilleur que le nôtre. En fait, dans les pays aisés, la plupart des gens croient que la vie de leurs enfants sera *plus difficile* que la leur[1].

Mais la véritable crise de notre temps, de ma génération, n'est pas que nous n'avons pas la vie facile ou qu'elle risque de devenir plus dure.

Non, la véritable crise, c'est que nous n'avons rien de mieux à proposer.

Le projet

Ce livre n'est pas une tentative de prédire l'avenir.

C'est une tentative de le débloquer. D'ouvrir en grand les fenêtres de notre esprit. Bien sûr, les utopies en disent toujours plus sur l'époque qui les imagine que sur ce qu'elles

1. Andrew Cohut *et al.*, « Economies of Emerging Markets Better Rated During Difficult Times. Global Downturn Takes Heavy Toll ; Inequality Seen as Rising », Pew Research center, 23 mai 2013, p. 23. [http://www.pewglobal.org]

tiennent réellement en réserve. L'utopique pays d'abondance nous informe sur ce qu'était la vie au Moyen Âge. Terrible. Ou plutôt, il nous dit que presque toutes les vies, presque partout, ont presque toujours été terribles. Après tout, chaque culture a sa propre variante du pays d'abondance[1].

Les désirs simples engendrent des utopies simples. Quand on a faim, on rêve d'un fastueux banquet. Quand on a froid, d'un feu crépitant. Devant des infirmités croissantes, on imagine une éternelle jeunesse. Tous ces désirs se reflètent dans les anciennes utopies, élaborées en des temps où la vie était encore cruelle, brutale et brève. « La terre n'avait rien produit d'effrayant, pas de maladies », se plaisait à imaginer le poète grec Télécides au ve siècle avant l'ère chrétienne, et il suffisait d'avoir besoin de quelque chose pour que cette chose apparaisse. « Dans chaque lit de rivière, le vin ruisselait… Le poisson arrivait chez vous et grillait de lui-même pour s'étendre sur votre table[2]. »

Avant d'aller plus loin, distinguons deux formes de pensée utopique[3]. La première nous est la plus familière,

1. Lyman Tower Sargent, *Utopianism : A Very Short Introduction*, Oxford University Press, 2010, p. 12. Prenez cette variante bouddhiste du thème du pays d'abondance : « Quand ils désirent prendre de la nourriture, ils n'ont qu'à placer ce riz sur une certaine grande pierre, d'où naît instantanément une flamme [et qui] accommode leur repas. »

2. Ian C. Storey (trad.), *Fragments of Old Comedy*, vol. III, *Philonicus to Xenophon. Adespota*, Loeb Classical Library, n° 515, 2011, p. 291. [https://www.loebclassics.com]

3. Russell Jacoby, *Picture Imperfect : Utopian Thought for an Anti-Utopian Age*, 2005. Voir aussi mon dernier livre (en néerlandais),

c'est l'utopie planifiée. De grands penseurs comme Karl Popper, Hannah Arendt et même tout un courant de la philosophie, le postmodernisme, ont cherché à mettre fin à ce type d'utopie. Ils ont largement réussi ; leur critique d'un paradis planifié n'est pas dépassée.

Plutôt que des idéaux abstraits, l'utopie planifiée consiste en règles immuables qui ne tolèrent pas de dissensions. *La Cité du soleil* (1602), du poète italien Tommaso Campanella, en offre un bon exemple. Dans cette utopie, qui est plutôt une dystopie, la propriété individuelle est strictement interdite, chacun doit aimer tous les autres et toute bagarre est punie de mort. La vie privée est contrôlée par l'État, procréation comprise : les gens intelligents ne peuvent coucher qu'avec des gens idiots et les gros qu'avec des maigres. Tous les efforts vont dans le sens de la composition d'une moyenne favorable. Pire encore, chacun est surveillé par un vaste réseau d'informateurs. Toute transgression est punie de persécutions verbales jusqu'à ce que, convaincu de sa propre vilenie, le pécheur se soumette librement à la lapidation.

Avec le bénéfice de la vision rétrospective, il suffit de lire le livre de Campanella pour y trouver des échos glaçants du fascisme et du stalinisme.

Il y a toutefois une autre voie, quasiment oubliée, pour la pensée utopique. Si l'utopie planifiée est une

De geschiedenis van de vooruitgang (2013), où je discute de la distinction de Jacoby entre les deux formes de pensée utopique.

photographie à haute résolution, celle-ci n'est qu'une esquisse aux contours vagues. Elle n'offre pas de solutions, mais des principes directeurs. Plutôt que de nous imposer une camisole de force, elle nous invite au changement. Elle démontre, comme le disait Voltaire, que la perfection est ennemie du bien. Comme le remarque un philosophe américain : « l'idée même d'un plan met mal à l'aise tout penseur utopiste sérieux[1] ».

C'est dans cet esprit que Thomas More écrivit littéralement le livre de l'Utopie (et en forgea le terme). Plus qu'un plan à appliquer de manière implacable, son utopie consistait surtout en une mise en accusation de l'aristocratie cupide qui exigeait toujours plus de luxe tandis que les gens ordinaires vivaient dans une extrême pauvreté.

Thomas More comprenait que l'utopie est dangereuse quand on la prend *trop* au sérieux. « Il faut pouvoir croire passionnément, tout en restant capable de voir l'absurdité

1. George Kateb, cité par Lyman Tower Sargent, *Utopianism : A Very Short Introduction*, *op. cit.*, p. 107. Pourtant, quiconque se plonge dans *L'Utopie* de Thomas More se trouvera désagréablement surpris. More décrit une société entièrement autoritaire dont les habitants sont vendus en esclavage au moindre faux pas. Cependant, il est essentiel de comprendre que, pour le paysan médiéval, tout cela aurait été une bouffée d'air frais. L'esclavage était une peine plus légère que le répertoire coutumier des punitions par pendaison, écartèlement ou supplice du feu. Mais il faut noter aussi que bien des commentateurs n'ont pas saisi l'ironie délibérée de More, parce qu'ils n'ont pas lu le livre dans sa version latine originale. Ainsi, notre guide touristique dans l'Utopie de More s'appelle Hythlodaeus, ce qui signifie « celui qui dit des choses insensées ».

de ses propres croyances et d'en rire », observe le philosophe Lyman Tower Sargent, l'un des meilleurs spécialistes de l'utopie. Comme l'humour et la satire, les utopies ouvrent les portes de l'esprit, et c'est en cela qu'elles sont vitales. En vieillissant, les peuples et les sociétés s'habituent au *statu quo*, où la liberté peut devenir une prison et où la vérité devient mensonge. Le credo moderniste – ou pire, la croyance que l'on ne peut plus croire en rien – nous rend aveugles à l'injustice qui nous entoure encore.

Pour prendre quelques exemples : pourquoi travaillons-nous de plus en plus dur depuis les années 1980, alors que nous sommes plus riches que jamais ? Pourquoi des millions de gens vivent-ils encore dans la pauvreté alors que nos richesses nous permettraient d'y mettre un terme, une fois pour toutes ? Et pourquoi plus de 60 % de notre revenu dépendent-ils du pays où le hasard nous a fait naître[1] ?

Les utopies n'offrent pas de réponses toutes faites, encore moins de solutions. Mais elles posent les bonnes questions.

La destruction du grand récit

Aujourd'hui, hélas, nos rêves ont à peine le temps de commencer que nous sommes déjà réveillés. Un cliché

1. Branko Milanovic, « Global Inequality : From Class to Location, from Proletarians to Migrants », *World Bank Policy Research Working Paper*, septembre 2011. [http://elibrary.worldbank.org]

veut que les rêves tendent à tourner au cauchemar. Les utopies sont un terrain fécond pour la discorde, la violence, voire les génocides. Elles finissent par se transformer en dystopies ; en fait, l'utopie *est* une dystopie. « Le progrès humain est un mythe », énonce un autre lieu commun. Et pourtant, nous avons réussi à édifier le paradis médiéval.

Il est vrai que l'histoire est pleine d'utopismes sous toutes leurs formes – fascisme, communisme, nazisme – de même que chaque religion produit des sectes fanatiques. Mais si un fondamentaliste religieux incite à la violence, faut-il pour autant discréditer automatiquement toute religion ? Alors pourquoi discréditer l'utopisme ? Faudrait-il simplement arrêter tout à fait de rêver d'un monde meilleur ?

Bien sûr que non. Mais c'est précisément ce qui arrive. Optimisme et pessimisme sont devenus synonymes de confiance ou méfiance de consommateur. Toute idée radicale sur un autre monde est devenue presque impensable. Les attentes par rapport à ce que notre société peut accomplir se sont spectaculairement érodées, nous laissant face à la dure et froide vérité qui veut qu'en l'absence d'utopie tout le reste n'est que technocratie. La politique s'est diluée en gestion de problèmes. Les électeurs oscillent de part et d'autre, moins parce que les partis sont si différents que parce qu'il est si difficile de les distinguer et que la droite n'est désormais séparée de la gauche que par un ou deux points de taux d'imposition[1].

Le journalisme nous présente la politique comme un jeu dont les enjeux ne sont plus des idéaux mais des carrières. L'université est devenue un lieu où chacun est trop occupé à lire et à publier pour débattre. Celle du XXIe siècle ressemble à rien tant qu'à une usine, comme d'ailleurs nos hôpitaux, nos écoles et nos studios de télévision. Ce qui compte, c'est d'atteindre des objectifs. Croissance économique, parts d'audience, nombre de publications – lentement mais sûrement, la qualité est remplacée par la quantité.

Et tout cela est animé par une force appelée « libéralisme », une idéologie pour ainsi dire vidée de tout contenu. Ce qui importe à présent, c'est « d'être soi-même » et « de faire son truc ». La liberté est peut-être notre idéal le plus élevé, mais notre liberté s'est vidée de son sens. Notre peur de la moralisation sous quelque forme que ce soit a rendu taboue la moralité dans le débat public. Après tout, la scène publique doit être « neutre » – ce qui ne l'empêche pas d'être plus paternaliste que jamais. À chaque coin de rue nous sommes incités à

1. Sur les États-Unis, voir Bryan Caplan, « How Dems and Reps Differ : Against the Conventional Wisdom », *Library of Economics and Liberty*, 7 septembre 2008. [http://econlog.econlib.org]

Sur l'Angleterre, voir James Adams, Jane Green et Caitlin Milazzo, « Has the British Public Depolarized Along with Political Elites ? An American Perspective on British Public Opinion », *Comparative Political Studies*, vol. 45, n° 4, avril 2012. [http://cps.sagepub.com/content/45/4/507]

nous gaver et à nous enivrer, à emprunter, acheter, suer, stresser et tricher. Quoique nous nous racontions sur la liberté de parole, nos valeurs ressemblent à s'y méprendre à celles que défendent les entreprises qui peuvent s'offrir des publicités aux heures de grande écoute[1]. Si un parti politique ou une secte religieuse avait seulement une fraction de l'influence qu'exerce l'industrie publicitaire sur nous et nos enfants, nous serions déjà dans la rue et en armes. Mais parce qu'il s'agit du marché, nous restons « neutres[2] ».

La seule chose qui reste à faire, pour le gouvernement, consiste à rapiécer la vie au jour le jour. Si vous ne suivez pas le trajet imposé d'un citoyen docile et satisfait, les pouvoirs du moment vous remettront à votre place, à coups de bâton s'il le faut. Leurs instruments de prédilection ? Le contrôle, la surveillance, la répression.

Moyennant quoi, l'État-providence ne s'intéresse plus aux causes de notre mécontentement, mais à ses *symptômes*. On va chez le médecin quand on est malade, chez le thérapeute quand on est triste, chez le diététicien quand on est en surpoids, en prison quand on est condamné et

1. Voir Alain de Botton, *Petit guide des religions à l'usage des mécréants*, Paris, Flammarion, 2012, chapitre III.

2. Ce qui ne veut pas dire que ce soit par choix : d'innombrables études ont démontré que, dans tous les pays développés, la grande majorité des individus est préoccupée par le matérialisme, l'individualisme et la rude culture contemporaine. Cité *in* Richard Wilkinson et Kate Pickett, *The Spirit Level. Why Equality Is Better for Everyone*, Bloomsbury, 2010, p. 4.

chez un *coach* quand on est sans travail. Tous ces services coûtent des sommes considérables, sans grands résultats. Aux États-Unis, où le coût des soins médicaux est le plus élevé du monde, pour bien des gens l'espérance de vie est en *baisse*.

Et durant tout ce temps, le marché et les intérêts commerciaux ont la bride sur le cou. L'industrie alimentaire nous fournit à bon marché de la malbouffe surchargée en sel, en sucre et en graisses, qui nous conduit bien vite à consulter médecin et diététicien. Les technologies avancées rendent obsolètes de plus en plus d'emplois et nous forcent à la reconversion. Et l'industrie publicitaire nous incite à dépenser de l'argent que nous n'avons pas en objets dont nous n'avons que faire pour impressionner des gens que nous ne supportons pas[1]. Puis nous irons pleurer sur l'épaule de notre thérapeute.

Telle est la dystopie dans laquelle nous vivons.

La génération choyée

Ce n'est pas – je ne saurais trop y insister – que nous n'ayons pas la belle vie. Loin de là. Si les enfants d'aujourd'hui ont à se plaindre de quelque chose, c'est plutôt d'être trop choyés. Jean Twenge, psychologue à l'Université d'État de San Diego, a longuement étudié

1. Paraphrase du film *Fight Club*, de Tim Jackson, professeur en développement durable, et de centaines de variantes de cette citation.

l'attitude des jeunes adultes aujourd'hui et dans le passé. D'après cette étude, l'estime de soi s'est fortement accrue depuis les années 1980. La jeune génération se considère comme plus intelligente, plus responsable et plus belle que jamais.

« C'est une génération où on dit à chaque enfant : "Tu peux devenir ce que tu choisiras d'être. Tu es spécial" », explique Twenge[1]. Nous avons été élevés à doses régulières de narcissisme, mais nous sommes de plus en plus nombreux à nous écraser ou à nous brûler les ailes dès qu'on nous lâche dans le grand monde des possibilités illimitées. Le monde s'avère froid et dur, la compétition et le chômage font rage. Ce n'est pas un Disneyland où il suffit de faire un vœu en regardant une étoile pour voir ses rêves réalisés, mais une foire d'empoigne où l'on assume seul la responsabilité de ses échecs.

Rien d'étonnant à ce que ce narcissisme cache un océan d'incertitude. Twenge constate aussi que nous sommes tous devenus plus craintifs ces dernières décennies. Comparant 269 études conduites entre 1952 et 1993, elle conclut que l'enfant moyen vivant au début des années 1990 en Amérique du Nord était plus anxieux que des patients hospitalisés en psychiatrie au début des années 1950[2]. D'après l'Organisation mondiale de la santé, la

1. Cité par Don Peck, « How a New Jobless Era Will Transform America », *Atlantic*, mars 2010. [http://www.theatlantic.com]

2. Richard Wilkinson et Kate Pickett, *The Spirit Level*, *op. cit.*, p. 34.

dépression est aujourd'hui le premier problème de santé chez les adolescents et sera la première cause de maladie dans le monde en 2030[1].

C'est un cercle vicieux. Jamais autant de jeunes adultes n'ont vu de psychiatre. Jamais il n'y a eu autant de burn out en début de carrière. Et on avale des antidépresseurs comme jamais auparavant. On ne cesse de reprocher aux individus ce qui relève de problèmes collectifs comme le chômage, l'insatisfaction et la dépression. Si le succès est un choix, l'échec l'est aussi. Vous avez perdu votre emploi ? Vous auriez dû travailler plus dur. Malade ? Vous n'avez sans doute pas un mode de vie assez sain. Malheureux ? Prenez un comprimé !

Dans les années 1950, 12 % seulement des jeunes adultes admettaient l'énoncé suivant : « Je suis quelqu'un de très spécial. » Aujourd'hui, ils sont 80 %[2], alors que nous nous ressemblons de plus en plus. Nous lisons les mêmes best-sellers, regardons les mêmes *blockbusters*, portons les mêmes baskets. Là où nos grands-parents se conformaient encore aux règles de la famille, de l'Église et du pays, nous sommes désormais écrasés par les médias, le marketing et le paternalisme de

1. Organisation mondiale de la santé, « Health for the World's Adolescents. A Second Chance in the Second Decade », juin 2014. [En français : http://apps.who.int]

2. Richard Wilkinson et Kate Pickett, *The Spirit Level*, *op. cit.*, p. 36. Cela concerne particulièrement les jeunes adultes en Amérique du Nord, mais la même tendance est perceptible dans d'autres pays développés.

l'État. Pourtant, si nous sommes de plus en plus tous les mêmes, l'ère des grandes collectivités est loin derrière nous. L'adhésion aux églises et aux syndicats s'est effondrée et la traditionnelle ligne de partage entre droite et gauche n'a plus beaucoup de sens. Tout ce qui nous importe, c'est de « résoudre les problèmes », comme si la politique pouvait être déléguée à des conseillers en gestion.

Bien sûr, certains cherchent à réveiller la vieille foi dans le progrès. Est-il étonnant que l'archétype culturel de ma génération soit le *geek* dont les *apps* et les gadgets symbolisent l'espoir de la croissance économique ? « Les meilleurs esprits de ma génération réfléchissent au moyen d'inciter les gens à cliquer sur des publicités », se désolait récemment un ancien génie des maths sur Facebook[1].

Que l'on me comprenne bien : c'est le capitalisme qui a ouvert les portes du pays d'abondance, mais il ne peut l'entretenir à lui seul. Le progrès est devenu synonyme de prospérité économique, mais le XXIe siècle nous mettra au défi de trouver d'autres moyens d'améliorer nos conditions de vie. Et alors qu'une grande partie des jeunes Occidentaux a accédé à l'âge adulte à une époque de technocratie apolitique, il nous faudra revenir à la politique pour trouver une nouvelle utopie.

1. Cité par Ashlee Vance, « This Tech Bubble Is Different », *Bloomberg Businessweek*, 14 avril 2011. [http://www.businessweek.com]

C'est en ce sens que notre insatisfaction me réjouit, parce qu'il y a un monde entre l'insatisfaction et l'indifférence. La nostalgie, si répandue, le regret d'un passé qui n'a jamais vraiment existé indiquent que nous avons encore des idéaux, même si nous les avons enterrés vivants.

Le véritable progrès commence par ce qu'aucune économie du savoir ne peut produire : la connaissance de ce que veut dire « bien vivre ». Nous devons faire ce que de grands penseurs comme John Stuart Mill, Bertrand Russell et John Maynard Keynes recommandaient déjà il y a cent ans : « estimer les fins plus que les moyens et préférer le bon à l'utile[1] ». Nous devons orienter nos esprits vers l'avenir. Cesser de consommer notre propre mécontentement à travers les sondages et les médias, ces inlassables colporteurs de mauvaises nouvelles. Nous devons considérer les alternatives et élaborer de nouvelles formes de collectivités. Transcender l'esprit étriqué du temps et reconnaître notre idéalisme partagé.

Peut-être alors pourrons-nous à nouveau ouvrir notre regard, par-delà nous-mêmes, sur le monde. Là, nous verrons que le bon vieux progrès suit toujours son joyeux cours. Nous verrons que nous vivons une époque merveilleuse où la faim et la guerre se réduisent tandis que la

1. John Maynard Keynes, « Economic Possibilities for our Grandchildren », in *Essays in Persuasion*, 1930. [http://www.econ.yale.edu/smith/econ116a/keynes1.pdf]

prospérité et l'espérance de vie sont en plein essor. Mais nous verrons aussi le chemin qu'il nous reste à faire, à nous, les 10 %, 5 % ou 1 % les plus riches.

Le retour de l'utopie

Il est temps de revenir à une pensée utopiste.

Il nous faut un nouveau point de repère, une nouvelle carte du monde qui inclurait un continent encore inconnu, éloigné, non cartographié : « l'Utopie ». Ce disant, ce n'est pas aux plans rigides que des utopistes fanatiques cherchent à nous faire avaler de force que je pense, ni à leurs théocraties ou à leurs plans quinquennaux ; ceux-là ne font que soumettre des gens bien réels à des rêves fervents. Considérez ceci : le mot *utopia* signifie à la fois « bon lieu » et « aucun lieu ». Ce qu'il nous faut, ce sont des horizons alternatifs qui déclenchent l'imagination. Et je dis bien « horizons » au pluriel ; des utopies en conflit entre elles, voilà après tout le meilleur moyen d'insuffler la vie à la démocratie.

Comme toujours, notre utopie commence modestement. Les fondements de ce que nous appelons aujourd'hui civilisation ont été posés il y a longtemps par des rêveurs qui marchaient au son de leurs propres tambours. Le moine espagnol Bartolomé de Las Casas (1484-1566), qui défendait l'égalité entre les colons et les habitants indigènes de l'Amérique latine, tenta de fonder une colonie où chacun pourrait vivre confortablement. Le propriétaire d'usine Robert Owen (1771-1858) fut un champion de l'émancipation des ouvriers britanniques, tout en dirigeant une filature de coton où les employés recevaient un salaire honnête et d'où les punitions corporelles étaient proscrites. Et le philosophe John Stuart Mill (1806-1873) croyait même en l'égalité des femmes et des hommes (peut-être cette croyance était-elle liée au fait que la moitié de son œuvre fut composée par son épouse).

Une chose est sûre cependant : sans ces rêveurs aux yeux grands ouverts qui ont vécu à toutes les époques, nous serions tous encore pauvres, affamés, sales, effrayés, idiots, laids et malades. Sans utopie, nous sommes perdus. Ce n'est pas que le présent soit mauvais, au contraire. Mais il est morne si nous n'avons pas d'espoir de l'améliorer. « L'homme a besoin, pour être heureux non seulement de jouir de ceci ou de cela, mais d'espérer, d'entreprendre et de changer[1] », a écrit le philosophe Bertrand Russell. Ailleurs, il poursuivait : « Ce n'est pas une Utopie accomplie que nous devons désirer, mais un monde où l'imagination et l'espoir sont vivants et actifs[2]. »

1. Bertrand Russell, *Philosophy and Politics*, The Cambridge University Press, 1947, p. 14.
2. *Id.*, *Political Ideals*, The Century, 1917, chapitre I.

2

Pourquoi il faut donner de l'argent à chacun

« L'argent vaut mieux que la pauvreté, ne serait-ce que pour des raisons financières. »

WOODY ALLEN

Londres, mai 2009. Une expérience est en cours. Ses sujets : treize hommes sans abri. Des survivants de la rue. Certains dorment sur le trottoir glacé de Square Mile, le centre financier de l'Europe depuis bientôt quarante ans. Entre les dépenses de police, les frais de justice et les services sociaux, ces treize semeurs de troubles coûtent en moyenne 400 000 livres anglaises (466 500 euros) au moins[1]. Par an.

1. Il s'agit là d'une estimation très prudente. Une étude menée par le gouvernement britannique évalue la dépense à 30 000 £ par personne sans abri et par an (en services sociaux, frais de police et de justice, etc.). Dans ce cas, la somme totale est beaucoup plus élevée, étant donné qu'il ne s'agit là que des errants les plus notoires. L'étude mentionne des chiffres qui vont jusqu'à 400 000 £ par an pour une seule personne sans abri. Voir Department for Communities and

La pression sur les services municipaux et la charité locale est trop forte pour que les choses continuent ainsi. C'est pourquoi Broadway, une organisation d'aide basée à Londres, a pris une décision radicale : désormais, ces treize personnes à la dérive auront un traitement VIP. Plus de distribution quotidienne de coupons alimentaires, plus de soupe populaire ni d'abris de nuit. Ils vont être radicalement renfloués d'un coup.

Désormais, ces dormeurs à la dure recevront de l'argent sans contrepartie.

Plus précisément, ils recevront 3 000 livres à dépenser à leur guise, sans avoir rien à faire en échange[1]. À eux de décider de ce qu'ils en feront. Ils ont la possibilité de recourir à un conseiller, s'ils le souhaitent. Pas d'obligations, pas de piège[2].

Local Government, « Evidence Review of the Costs of Homelessness », août 2012. [https://www.gov.uk]

1. D'après le rapport de Broadway, les bénéficiaires n'étaient généralement pas informés de la somme exacte correspondant à leur « budget personnalisé ». Mais le rapport ajoute que l'un des sans-abri suggérait de le réduire de 3 000 £ à 2 000 £ ; il connaissait donc manifestement cette somme.

2. Les sans-abri ne recevaient pas l'argent directement. Toutes leurs dépenses devaient d'abord être approuvées par le « gestionnaire de population de rue », qui le faisait toujours « promptement ». Dans un entretien à *The Economist* (« Cutting Out the Middle Men », *The Economist*, 4 novembre 2010. [http://www.economist.com]), l'un des assistants sociaux confirmait que cette surveillance était limitée : « Nous disions seulement : "C'est votre vie et c'est à vous d'en faire ce que vous voulez, mais nous sommes là pour vous aider si vous le voulez". » Le rapport ajoute : « Tout au long des entretiens, de nom-

On ne leur pose qu'une question : de quoi estimez-*vous* avoir besoin ?

Cours de jardinage

« Je ne m'attendais pas à grand-chose », se rappelle plus tard une assistante sociale[1]. Mais les désirs de ces hommes à la dérive s'avèrent remarquablement modestes. Un téléphone, un dictionnaire, une prothèse auditive – chacun a son idée de ce qu'il lui faut. En fait, la plupart sont carrément économes. Au bout d'un an, ils n'auront dépensé, en moyenne, que 800 livres.

Prenez Simon, accro à l'héroïne depuis vingt ans. L'argent reçu a transformé sa vie. Simon a décroché et s'est inscrit à des cours de jardinage. « Je ne sais pas pourquoi, pour la première fois de ma vie, tout s'est mis à fonctionner », dira-t-il plus tard. « Je me suis mis à m'occuper de moi, à

---

breuses personnes employaient des expressions comme "J'ai choisi" ou "J'ai pris la décision" à propos de leur logement et de l'usage de leur budget personnalisé, soulignant ainsi leur sens du choix et de l'autonomie. »

1. La fondation Joseph Rowntree a publié sur l'expérience un rapport extensif qui est la source de toutes les citations mentionnées ici. Voir Juliette Hough et Becky Rice, « Providing Personalised Support to Rough Sleepers. An Evaluation of the City of London Pilot », 2010. [http://www.jrf.org.uk/publications/support-rough-sleepers-london] Pour une autre évaluation, voir Liz Blackender et Jo Prestidge, « Pan London Personalised Budgets for Rough Sleepers », *Journal of Integrated Care*, janvier 2014. [http://www.emeraldinsight.com]

me laver et à me raser. Maintenant je pense à rentrer chez moi. J'ai deux enfants. »

Un an et demi après le début de l'expérience, sur les treize sans domicile fixe, sept dormaient désormais sous un toit. Deux autres étaient sur le point de s'installer dans des appartements à eux. Tous avaient fait des pas déterminants vers la solvabilité et l'amélioration de leur statut économique. Ils suivaient des cours, apprenaient à faire la cuisine, étaient en cure de désintoxication, rendaient visite à leurs familles et faisaient des projets d'avenir.

« Le budget personnalisé redonne à ces gens du pouvoir sur leur vie », déclare l'une des assistantes sociales. « Il leur ouvre des perspectives. Je crois que cela peut changer beaucoup de choses. » Après des décennies de politiques stériles consistant à pousser, tirer, choyer, pénaliser, poursuivre et protéger, neuf sans-abri notoires avaient fini par quitter la rue. Le coût ? 50 000 livres par an, y compris les salaires des travailleurs sociaux. En d'autres termes non seulement ce programme a aidé treize personnes, mais il a permis de réduire considérablement le coût pour la société[1]. Même *The Economist* a dû constater que « la manière la plus efficace de dépenser de l'argent pour les sans-abri est peut-être de le leur donner[2] ».

1. En 2013, le projet fut étendu à vingt-huit sans domicile fixe de la City de Londres, dont vingt disposaient déjà d'un abri.
2. « Cutting Out the Middle Men », *op. cit.*

Données chiffrées

Les pauvres ne savent pas gérer l'argent. Tel semble être le sentiment dominant, presque un truisme. Après tout, seraient-ils pauvres s'ils étaient bons gestionnaires ? On suppose qu'ils le dépensent plutôt en fast-food et en boissons industrielles qu'en fruits frais et en livres. C'est pourquoi on a élaboré quantité d'ingénieux programmes d'aide, avec des piles de formulaires à remplir, des systèmes d'inscription, une armée d'inspecteurs et, pour pivot, le principe biblique selon lequel « qui ne veut pas travailler, qu'il ne mange pas non plus » (Thessaloniciens 3,10). Ces dernières années, les aides gouvernementales sont de plus en plus liées à l'emploi ; les bénéficiaires sont invités à chercher du travail, à s'inscrire à des programmes de retour à l'emploi et à faire du « volontariat ». Vanté comme le passage d'une aide considérée comme un droit à une subvention au mérite (« *from welfare to workfare* »), le message implicite est clair : donner de l'argent sans contrepartie, c'est inciter les gens à la paresse.

Sauf que tout indique que tel n'est pas le cas.

Je vous présente Bernard Omondi. Pendant des années, il a gagné 2 $ par jour dans une carrière de pierres située dans une région pauvre de l'ouest du Kenya. Puis, un matin, il a reçu un étrange texto. « Quand je l'ai vu, j'ai bondi », se rappelle Bernard. Une somme de 500 $ venait d'être déposée sur son compte en banque. Une somme qui représentait pour lui près d'un an de salaire.

Quelques mois plus tard, un journaliste du *New York Times* s'est rendu dans le village de Bernard. Toute la population semblait avoir gagné à la loterie : le village était inondé de cash. Personne ne buvait son argent. En revanche, les maisons avaient été réparées et de petites entreprises avaient vu le jour. Bernard avait investi son argent dans une mobylette indienne, une Bajaj Boxer flambant neuve, et gagnait entre six et neuf dollars par jour en faisant le taxi. Son revenu avait plus que triplé.

« C'est une manière de redonner le choix aux pauvres », dit Michael Faye, fondateur de GiveDirectly, l'organisation à qui Bernard doit cette rentrée d'argent inattendue. « Et à dire vrai, je ne crois pas être très bien placé pour savoir mieux qu'eux ce dont ils ont besoin[1]. » Faye ne distribue pas de poisson, ni n'apprend aux gens à pêcher. Il leur donne de l'argent, persuadé que les pauvres sont eux-mêmes les meilleurs experts de ce dont ils ont besoin. Quand je lui ai demandé pourquoi il y a si peu d'images ou de vidéos attractives sur le site de GiveDirectly, Faye m'a répondu qu'il évitait de trop jouer sur l'émotion. « Nos chiffres sont suffisamment forts. »

1. Cité par Jacob Goldstein, « Is It Nuts to Give to the Poor Without Strings Attached ? », *New York Times*, 13 août 2013. [http://www.nytimes.com]

Il a raison : d'après une étude du Massachusetts Institute of Technology (MIT), les dons en argent de GiveDirectly entraînent une augmentation durable du revenu (plus de 38 % par rapport à la période qui précède l'envoi de fonds) et boostent l'acquisition de logements et de bétail (plus de 58 %), tout en réduisant de 42 % le nombre de jours où les enfants ont faim. En outre, 93 % des dons vont directement aux destinataires[1]. Devant ces résultats, Google a fait une donation de 2,5 millions de dollars[2].

Mais Bernard et les gens de son village ne sont pas les seuls à qui la chance a souri. En 2008, le gouvernement ougandais a distribué près de 400 $ à quelque 12 000 personnes âgées de seize à trente-cinq ans. L'argent était donné presque sans contrepartie. Il suffisait de soumettre un projet d'entreprise. Cinq ans plus tard, les effets étaient stupéfiants. Après avoir investi dans leur propre formation et leur propre affaire, les bénéficiaires avaient vu leurs revenus augmenter de près de 50 % et leur employabilité croître de plus de 60 %[3].

1. Johannes Haushofery et Jeremy Shapiroz, « Policy Brief : Impacts of Unconditional Cash Transfers ». [https://www.princeton.edu]

2. Le prestigieux évaluateur d'œuvres de bienfaisance GiveWell, qui a évalué plus de 500 organisations, place GiveDirectly en quatrième position sur sa liste des principales organisations.

3. Christopher Blattman, Nathan Fiala et Sebastian Martinez, « Generating Skilled Self-Employment in Developing Countries : Experimental Evidence from Uganda », *Quarterly Journal of Economics*, 14 novembre 2013. [http://papers.ssrn.com]

Un autre programme ougandais a distribué 150 $ à plus de 1 800 femmes pauvres du nord du pays, avec des résultats comparables : les revenus ont augmenté de près de 100 %. Conseillées par une assistante sociale (coût : 350 $), elles accusaient un bénéfice légèrement supérieur, mais les chercheurs calculèrent par la suite que la somme correspondant au salaire de l'assistante sociale aurait été beaucoup plus efficace si elle avait été ajoutée au subside[1]. Le rapport concluait sèchement que les résultats impliquaient « un énorme changement dans les programmes de réduction de la pauvreté en Afrique et dans le monde[2] ».

Une révolution du nord au sud

Des études du monde entier le prouvent sans équivoque : l'argent gratuit, ça marche.

La recherche a déjà permis d'établir des corrélations entre l'argent versé sans condition et la réduction du taux

1. Christopher Blattman *et al.*, « Building Women's Economic and Social Empowerment Through Enterprise. An Experimental Assessment of the Women's Income Generating Support (WINGS) Program in Uganda », avril 2013. [https://openknowledge.worldbank.org] Voir aussi Isobel Coleman, « Fighting Poverty with Unconditional Cash », Council on Foreign Relations, 12 décembre 2013. [https://www.cfr.org/blog]

2. Christopher Blattman *et al.*, « The Returns to Cash and Microenterprise Support Among the Ultra-Poor : A Field Experiment ». [http://sites.bu.edu/neudc/files/2014/10/paper_15.pdf]

de criminalité, de la mortalité infantile, de la malnutrition, des grossesses adolescentes et de l'absentéisme scolaire, mais aussi de l'amélioration des résultats scolaires, de la croissance économique et de l'égalité de genre[1]. « La principale raison pour laquelle les pauvres sont pauvres, c'est qu'ils n'ont pas assez d'argent, note l'économiste Charles Kenny, et il n'y a rien d'étonnant à ce que leur donner de l'argent soit un formidable moyen de réduire ce problème[2]. »

Dans le livre *Just Give Money to the Poor* (« Donnez simplement de l'argent aux pauvres », 2010), des chercheurs de l'Université de Manchester fournissent d'innombrables exemples de cas où des distributions d'argent sans conditions ou faiblement conditionnées ont donné des résultats. En Namibie, les chiffres de la

1. Ce qui suit est une sélection d'études sur les effets de « dons en argent » conditionnels ou inconditionnels. En Afrique du Sud : Jorge M.Agüero et Michael R. Carter, « The Impact of Unconditional Cash Transfers on Nutrition : The South African Child Support Grant », Université du Cap, août 2006. [http://www.ipc-undp.org/pub/IPCWorkingPaper39.pdf] Au Malawi : W. K. Luseno *et al.*, « A Multilevel Analysis of the Effect of Malawi's Social Cash Transfer Pilot Scheme on School-Age Children's Health », *Health Policy Plan*, mai 2013. [http://www.ncbi.nlm.nih.gov] Également au Malawi : Sarah Baird *et al.*, « The Short-Term Impacts of a Schooling Conditional Cash Transfer Program on the Sexual Behavior of Young Women ». [http://cega.berkeley.edu/assets/cega_research_projects/40/Short_Term_Impacts_of_a_Schooling_CCT_on_Sexual_Behavior.pdf]

2. Charles Kenny, « For Fighting Poverty, Cash Is Surprisingly Effective », *Bloomberg Businessweek*, 3 juin 2013. [http://www.bloomberg.com]

malnutrition ont plongé (de 42 % à 10 %), de même que ceux de l'absentéisme scolaire (de 40 % à près de zéro) et de la criminalité (qui a baissé de 42 %). Au Malawi, la fréquentation des écoles par les filles et les femmes a fait un bond de 40 %, que l'argent soit conditionné ou non. À chaque fois, les principaux bénéficiaires sont les enfants. Ils souffrent moins de la faim et de la maladie, ont une meilleure croissance, réussissent mieux à l'école et risquent moins d'être forcés à travailler[1].

Du Brésil à l'Inde, du Mexique à l'Afrique du Sud, les programmes de transfert d'argent se propagent dans tout l'hémisphère Sud. En 2000, quand les Nations unies ont formulé leurs objectifs de développement pour le millénaire, ces programmes n'entraient pas même en compte. En 2010, ils touchaient déjà plus de 110 millions de familles dans quarante-cinq pays.

Revenons à l'Université de Manchester, où les chercheurs résument ainsi les avantages de ce type de programme : (1) les foyers font bon usage de l'argent, (2) la pauvreté décline, (3) les effets bénéfiques à long terme se mesurent en termes de revenus, de santé ou d'impôts, enfin (4) ces programmes coûtent moins cher que leurs alternatives[2]. Alors à quoi bon payer si cher pour envoyer des Blancs en

1. Joseph Hanlon *et al.*, *Just Give Money to the Poor*, Kumarian Press, 2010, p. 6.

2. Armando Barrientos et David Hulme, « Just Give Money to the Poor. The Development Revolution from the Global South », présentation devant l'OCDE. [http://www.oecd.org]

véhicules utilitaires de sport dans des villages d'Afrique, quand il suffit de donner leurs salaires aux pauvres ? D'autant plus que cela permet d'éviter que des fonctionnaires se servent au passage. Et la cerise sur le gâteau, c'est que c'est toute l'économie qui est irriguée par cet argent gratuit : les gens achètent davantage, ce qui dynamise l'emploi et les revenus.

Quantité d'ONG et bon nombre de gouvernements, persuadés de savoir ce qu'il faut aux pauvres, investissent dans des écoles, des panneaux solaires ou du bétail. Et on admettra sans difficulté qu'une vache vaut mieux que rien. Mais à quel prix ? Une étude rwandaise a évalué que donner une vache porteuse revient à près de 3 000 $ (formation à la traite comprise). Au Rwanda, c'est l'équivalent de cinq ans de salaire[1]. Ou prenez la flopée de formations proposées aux indigents : on ne compte plus les études qui démontrent qu'elles coûtent cher et produisent peu de résultats, qu'il s'agisse d'enseigner la pêche, la lecture ou la gestion[2]. « La pauvreté, c'est fondamentalement un manque d'argent. Ça n'a rien à voir avec la bêtise », souligne l'économiste Joseph Hanlon.

1. Christopher Blattman et Paul Niehaus, « Show Them the Money. Why Giving Cash Helps Alleviate Poverty », *Foreign Affairs*, mai-juin 2014.

2. David McKenzie et Christopher Woodruff, « What Are We Learning from Business Training and Entrepreneurship Evaluations around the Developing World ? », *World Bank Policy Research Working Paper*, septembre 2012. [http://ftp.iza.org/dp6895.pdf]

« Difficile de mouiller sa chemise quand on n'a pas de chemise[1]. »

Ce qui est bien avec l'argent, c'est qu'on peut l'utiliser pour acheter ce dont on a besoin, pas ce que des experts autoproclamés croient qu'il nous faut. Or s'il y a une catégorie de produits que les pauvres n'achètent *pas* avec l'argent gratuit, c'est l'alcool et le tabac. Une importante étude de la Banque mondiale a en effet montré que dans 82 % des cas étudiés en Afrique, en Amérique latine et en Asie, la consommation d'alcool et de tabac a *diminué*[2].

Mais nous ne sommes pas au bout de nos surprises. Au Libéria, une expérience a été menée pour voir ce qui arriverait si on donnait 200 $ aux plus pauvres. On est allé chercher des alcooliques, des toxicomanes et de petits délinquants dans les bidonvilles. Trois ans plus tard, à quoi avaient-ils dépensé leur argent ? À se nourrir, à

1. Hanlon *et al.*, *Just Give Money to the Poor*, *op. cit.*, p. 4. Bien sûr, les transferts d'argent ne résolvent pas tout – ils ne construisent pas de ponts et n'apportent pas la paix. Mais ils changent énormément de choses. Les transferts d'argent « sont ce qui ressemble le plus à une formule magique dans le domaine du développement », remarque Nancy Birdsall, présidente du Centre pour le développement global à Washington. Citée par Hanlon *et al.*, *ibid.*, p. 61.

2. Il convient de noter que cette baisse n'est pas très importante statistiquement, de sorte que, dans la plupart des cas, les transferts d'argent n'ont pas d'effet sur le taux de consommation d'alcool et de tabac. Voir David K. Evans et Anna Popova, « Cash Transfers and Temptation Goods. A Review of Global Evidence », *World Bank Policy Research Working Paper*, mai 2014. [http://documents.worldbank.org]

s'habiller, à se soigner et à créer de petites entreprises. « Si ces hommes n'ont pas gaspillé leur argent », s'interroge l'un des chercheurs, « qui le ferait[1] ? »

Et pourtant, l'argument des « pauvres oisifs » ne cesse d'être recyclé. La persistance même de cette vision des choses a poussé des scientifiques à enquêter sur son fondement. Il y a quelques années, la prestigieuse revue médicale *The Lancet* résumait leurs découvertes dans ces termes : quand des pauvres reçoivent de l'argent sans conditions, ils ont tendance à travailler davantage[2]. Dans le rapport final de l'expérience namibienne, un évêque propose cette jolie explication biblique : « Lisez bien Exode 16 », écrit-il. « Dans le long voyage qui le fait sortir de l'esclavage, le peuple d'Israël reçoit la manne du Ciel. » Mais il poursuit : « Cela ne l'a pas rendu oisif, bien au contraire. Cela lui a permis de continuer sa route[3]... »

1. Blattman et Niehaus, « Show Them the Money », art. cité.

2. En 2009, *The Lancet* déclarait : « Les plus récentes données sur les transferts d'argent, conditionnels ou inconditionnels, écartent largement l'argument selon lequel ces programmes empêchent les adultes de chercher du travail ou créent une culture de la dépendance qui perpétue la pauvreté intergénérationnelle. » Voir Éditorial, « Cash Transfers for Children. Investing into the Future », *The Lancet*, 27 juin 2009.

3. Claudia Haarmann *et al.*, « Making the Difference ! The BIG in Namibia », rapport d'évaluation, avril 2009, p. VII. [http://www.bignam.org]

L'utopie

De l'argent gratuit : voilà une idée avancée par quelques-uns des plus grands penseurs de l'histoire. Thomas More en rêvait déjà dans son livre *Utopia* en 1516. D'innombrables économistes et philosophes – et notamment des prix Nobel – lui ont emboîté le pas[1]. On trouve des défenseurs de cette idée à travers tout le spectre politique de la gauche à la droite, jusque chez les fondateurs de la pensée néolibérale, Friedrich Hayek et Milton Friedman[2]. L'article 25 de la Déclaration universelle des droits de l'homme (1948) promet qu'un jour, cela se réalisera.

Un revenu universel de base.

Et pas pour quelques années, ni seulement pour les pays en développement, ni exclusivement pour les pauvres, mais exactement ce qui est écrit : de l'argent gratuit pour tout le monde. Pas comme une faveur, mais comme un droit. On pourrait appeler ça « la voie capitaliste vers le communisme[3] ». Une somme mensuelle suffisante pour vivre sans avoir à lever le petit doigt. Pour tout un chacun[4]. Pas

1. Et notamment Thomas Paine, John Stuart Mill, H. G. Wells, George Bernard Shaw, John Kenneth Galbraith, Jan Tinbergen, Martin Luther King et Bertrand Russell.

2. Voir, par exemple, Matt Zwolinski, « Why Did Hayek Support a Basic Income ? », libertarianism.org, 23 décembre 2013.

3. Robert van der Veen et Philippe van Parijs, « A Capitalist Road to Communism », *Theory & Society*, 1986. [https://www.ssc.wisc.edu]

4. Citation du partisan conservateur du revenu minimum, Charles Murray, *in* Annie Lowrey, « Switzerland's Proposal to Pay People

d'inspecteurs vérifiant par-dessus votre épaule comment vous la dépensez, personne pour mettre en doute le fait que vous la méritez. Plus d'allocations spécifiques ni de programmes d'assistance ; tout au plus un supplément pour les seniors, les chômeurs et les personnes inaptes au travail.

Un revenu de base : une idée dont le temps est venu.

Mincome, Canada

Dans le grenier d'un entrepôt de Winnipeg, au Canada, près de 2 000 cartons prenaient la poussière. Des cartons remplis de données – graphiques, tableaux, rapports, entretiens portant sur l'une des plus fascinantes expériences sociales de l'histoire d'après-guerre.

Mincome.

C'est en 2004 qu'Evelyn Forget, professeure à l'Université du Manitoba, entendit parler de ces archives pour la première fois. Durant cinq longues années, elle chercha à les localiser, pour les retrouver finalement en 2009 aux archives nationales. « [Les archivistes] commençaient à envisager de les jeter, parce qu'elles prenaient beaucoup de place et que personne ne semblait s'y intéresser », se souvient-elle[1].

---

for Being Alive », *New York Times*, 12 novembre 2013. [http://www.nytimes.com]

1. Cité par Zi-Ann Lum, « A Canadian City Once Eliminated Poverty and Nearly Everyone Forgot About It », huffingtonpost.ca, 23 décembre 2014.

En pénétrant pour la première fois dans ce grenier, Forget eut du mal à en croire ses yeux. C'était une mine d'informations sur la réalisation grandeur nature du rêve formé par Thomas More cinq siècles auparavant.

Parmi les près de mille comptes rendus d'entretiens rangés dans ces cartons, on pouvait lire celui de Hugh et Doreen Henderson. Trente-cinq ans auparavant, à l'époque où l'expérience avait commencé, il était portier dans un lycée et elle, mère au foyer. Ils avaient deux enfants. La vie n'était pas facile pour les Henderson. Doreen cultivait un potager et élevait des poulets pour qu'il y ait toujours de quoi manger. Chaque dollar comptait.

Et puis un jour qui ressemblait à tous les autres, deux hommes impeccablement vêtus se présentèrent sur le seuil de la maison. « Ils nous ont fait remplir des formulaires, ils ont voulu voir nos factures », se rappelait Doreen[1]. C'est ainsi que, d'un coup, les ennuis d'argent des Henderson sont devenus un mauvais souvenir. Hugh et Doreen signèrent leur inscription à Mincome – la première expérience sociale grandeur nature au Canada et la plus importante jamais conduite sur le revenu universel de base.

En mars 1973, le gouverneur du Manitoba avait alloué au projet l'équivalent de 83 millions de dollars US[2]. Il avait choisi Dauphin, petite ville de 13 000 habitants au

1. Cité par Lindor Reynolds, « Dauphin's Great Experiment », winnipegfreepress.com, 12 mars 2009.

2. Ici, comme dans la section qui suit, toutes les références sont en dollars US.

nord-ouest de Winnipeg, pour accueillir l'expérience. À Dauphin, chacun devait avoir un minimum garanti, personne ne devait vivre en dessous du seuil de pauvreté. En pratique, cela voulait dire que 30 % des habitants de la ville – 1 000 familles en tout – recevraient désormais tous les mois un chèque par la poste. Pour une famille de quatre personnes, la somme correspondait à 19 000 dollars actuels par an, *sans contrepartie.*

Dans les premiers temps de l'expérience, une armée de chercheurs s'abattit sur la ville. Des économistes surveillaient les habitants pour voir s'ils travaillaient moins, des sociologues étaient à pied d'œuvre pour scruter l'impact de l'expérience sur la vie de famille et des anthropologues s'établirent dans la communauté pour observer de près les réactions des habitants.

Pendant quatre ans, tout alla bien, puis les élections semèrent la pagaille. Un gouvernement conservateur arriva au pouvoir. Le nouveau cabinet canadien ne voyait pas l'intérêt de cette expérience coûteuse dont les trois quarts de la note étaient payés par le gouvernement national. Quand il apparut que la nouvelle administration ne financerait pas même une analyse des résultats de l'expérience, les chercheurs décidèrent de ranger leurs dossiers dans des boîtes. Deux mille boîtes.

À Dauphin, la déception fut immense. Au début, en 1974, Mincome avait été considéré comme un programme pilote qui serait bientôt étendu à tout le pays. Désormais, il semblait voué à l'oubli. « Les fonctionnaires gouvernementaux opposés [à Mincome] ne voulaient pas dépenser plus encore à analyser les données pour démontrer ce qu'ils croyaient déjà savoir : que ça ne marchait pas », se rappelle l'un des chercheurs. « Et les gens qui étaient pour Mincome craignaient que si l'analyse était menée et offrait à terme des résultats qui n'étaient pas favorables, le million de dollars supplémentaire dépensé pour l'analyse s'ajouterait à leur embarras[1]. »

Quand le professeur Forget entendit parler de Mincome, personne ne savait ce que l'expérience avait – ou n'avait pas – démontré. Mais le hasard voulut que le programme canadien de sécurité sociale (Medicare) ait été introduit à peu près à la même époque, en 1970. Les archives de Medicare fournirent à Forget un trésor de données permettant de comparer Dauphin aux villes voisines et à des groupes de contrôle. Pendant trois ans, elle soumit les données de Mincome à toutes sortes d'analyses statistiques rigoureuses. Quelle que soit l'approche, les résultats étaient les mêmes à chaque fois.

Mincome avait été une spectaculaire réussite.

1. Cité par Vivian Belik, « A Town Without Poverty ? », dominionpaper.ca, 5 septembre 2011. « Pour de nombreux économistes, le problème était que l'on risquait de décourager le travail », observait Wayne Simpson, autre économiste canadien qui a étudié l'expérience Mincome. « Les éléments prouvent que c'était loin d'être aussi grave que ce qui était suggéré dans une part de ce qui s'écrivait sur le sujet. » Cité par Lowrey, « Switzerland's Proposal to Pay People for Being Alive », art. cité.

De l'expérience à la loi

« Politiquement, on craignait qu'en lançant un revenu annuel garanti, les gens arrêtent de travailler et se mettent à avoir des familles nombreuses », explique Forget[1].

Or c'est précisément le contraire qui se produisit. Les jeunes adultes reportaient le moment de se marier et le taux de natalité s'effondra. En revanche, leurs performances scolaires s'améliorèrent considérablement : la « cohorte Mincome » étudiait plus et plus vite. En définitive, le temps de travail ne diminua que de 1 % pour les hommes, de 3 % pour les femmes mariées et de 5 % pour les femmes célibataires. Les hommes qui avaient des familles à charge travaillaient quasiment autant qu'avant, tandis que les jeunes mères utilisaient l'aide matérielle reçue pour prendre plusieurs mois de congé maternité. Les étudiants, eux, poursuivaient plus longtemps leurs études[2].

Mais la découverte la plus remarquable de Forget fut de constater une baisse de 8,5 % du nombre d'hospitalisations. Si l'on considère le poids de la dépense publique de santé dans le monde développé, les conséquences financières sont énormes. Des années après le début de l'expérience, les violences conjugales avaient également

1. Cité d'après une conférence sur Vimeo : http://vimeo.com/56648023.

2. Evelyn Forget, « The Town with No Poverty », Université du Manitoba, février 2011. [http://public.econ.duke.edu]

diminué, de même que les pathologies psychiques. Le programme Mincome avait amélioré la santé de toute la ville. Et Forget put observer les conséquences positives du revenu minimum, à la fois en termes de revenus et de santé, sur la génération suivante.

Dauphin – la ville sans pauvreté – était l'une des cinq villes d'Amérique du Nord à accueillir l'expérience du revenu garanti. Les quatre autres se trouvaient aux États-Unis. Peu de gens aujourd'hui savent que les États-Unis ont failli mettre en place un filet de sécurité au moins aussi large que ce qui existe dans la plupart des pays d'Europe occidentale. Quand le président Lyndon B. Johnson déclara sa « guerre à la pauvreté » en 1964, républicains et démocrates s'étaient en effet ralliés à ses réformes sociales fondamentales.

Mais d'abord, il fallait conduire des expériences. Des dizaines de millions de dollars furent budgétés pour distribuer un revenu de base à plus de 8 500 Américains du New Jersey, de Pennsylvanie, de l'Iowa, de Caroline du Nord, de l'Indiana, de Seattle et de Denver, dans ce qui fut aussi le premier ensemble d'expériences sociales grandeur nature à distinguer groupes expérimentaux et groupes de contrôle. Les chercheurs voulaient des réponses à ces trois questions : (1) les gens travailleraient-ils beaucoup moins s'ils recevaient un revenu garanti ? (2) Le programme coûterait-il trop cher ? (3) S'avérerait-il politiquement irréalisable ?

Les réponses furent : non, non et oui.

Partout, la diminution du temps de travail fut limitée. « L'argument de la "paresse" n'est pas appuyé par nos résultats », déclara le principal analyste de données de l'expérience de Denver. « Il n'y a rien qui ressemble de près ou de loin à la défection en masse annoncée par les prophètes de malheur. » La réduction en termes de travail payé était de 9 % en moyenne. Dans tous les États, c'étaient le plus souvent les jeunes adultes et les mères d'enfants en bas âge qui travaillaient le moins[1].

Des recherches ultérieures montrèrent que même ces 9 % étaient probablement un chiffre exagéré. Dans l'étude initiale, il résultait d'un calcul sur la base du revenu déclaré par les participants, mais quand ces données furent comparées aux revenus officiels enregistrés par le gouvernement, il s'avéra qu'une part importante des sommes n'avait pas été déclarée. Après correction, les chercheurs établirent que le nombre d'heures travaillées avait en réalité à peine baissé[2].

« Les baisses en heures de travail payé étaient sans aucun doute en partie compensées par d'autres activités utiles, comme la recherche d'un meilleur emploi ou le travail à domicile », note le rapport final de l'expérience de Seattle. Par exemple, c'est pour obtenir un diplôme

1. Allan Sheahen, *Basic Income Guarantee. Your Right to Economic Security*, Palgrave Macmillan, 2012, p. 108.

2. Dylan Matthews, « A Guaranteed Income for Every American Would Eliminate Poverty – And It Wouldn't Destroy the Economy », vox.com, 23 juillet 2014.

en psychologie et trouver un emploi dans la recherche qu'une mère qui avait décroché au lycée travaillait moins. Une autre femme prenait des cours de théâtre ; son mari s'était mis à composer de la musique. « Nous sommes à présent des artistes indépendants qui gagnons notre vie », avait-elle dit aux enquêteurs[1]. Chez les jeunes inclus dans l'expérience, presque toutes les heures libérées de l'obligation d'un travail rémunéré étaient consacrées à une formation approfondie. Parmi les sujets du New Jersey, le taux de réussite au baccalauréat augmenta de 30 %[2].

C'est ainsi qu'au cours de l'année révolutionnaire de 1968, alors que dans le monde entier de jeunes manifestants descendaient dans les rues, cinq économistes célèbres – John Kenneth Galbraith, Harold Watts, James Tobin, Paul Samuelson et Robert Lampman – s'adressèrent au Congrès. « Le pays n'aura pas pris ses responsabilités tant que chaque membre de la nation ne se verra pas garantir un revenu qui ne saurait être inférieur au seuil de pauvreté officiellement reconnu », écrivaient-ils dans

1. Cité par Allan Sheahen, « Why Not Guarantee Everyone a Job ? Why the Negative Income Tax Experiments of the 1970s Were Successful », *USBIG Discussion Paper*, février 2002. [http://www.usbig.net/papers/013-Sheahen.doc] Les chercheurs pensaient que les gens finiraient peut-être par travailler *plus*, à condition que le gouvernement crée davantage d'emplois. « Toute réduction du travail due à l'aide en argent serait largement contrebalancée par les opportunités accrues en emplois de services publics. »

2. Matthews, « A Guaranteed Income for Every American Would Eliminate Poverty », art. cité.

un article publié en une du *New York Times*. D'après ces économistes, les coûts seraient « substantiels, mais tout à fait dans les capacités économiques et fiscales de la nation[1] ».

Cette lettre fut signée par 1 200 de leurs collègues économistes.

Cet appel ne tomba pas dans les oreilles de sourds. Au mois d'août suivant, le président Nixon présenta un projet de loi établissant un modeste revenu de base, qu'il désigna comme « la loi sociale la plus importante de l'histoire de notre nation ». D'après Nixon, les enfants du baby-boom réaliseraient deux choses jugées impossibles par les générations antérieures. Après avoir envoyé un homme sur la Lune (un mois auparavant), cette génération éradiquerait enfin la pauvreté.

Un sondage de la Maison-Blanche révéla que dans 90 % des cas les journaux accueillaient ce projet avec enthousiasme[2]. Pour le *Chicago Sun-Times* c'était « un pas de géant en avant », pour le *Los Angeles Times*, « un audacieux nouveau plan[3] ». Le Conseil national des Églises était pour, de même que les syndicats et même le secteur des entreprises[4]. Un télégramme arriva

1. « Economists Urge Assured Income », *New York Times*, 28 mai 1968.

2. Brian Steensland, *The Failed Welfare Revolution. America's Struggle over Guaranteed Income Policy*, Princeton University Press, 2008, p. 123.

3. Cité par Sheahen, *Basic Income Guarantee*, *op. cit.*, p. 8.

4. Steensland, *The Failed Welfare Revolution*, *op. cit.*, p. 69.

à la Maison-Blanche, proclamant : « Deux républicains de la classe moyenne supérieure, qui payeront pour ce programme, vous disent bravo[1] ! » Des pédants allaient jusqu'à citer Victor Hugo : « Rien n'est plus puissant qu'une idée dont l'heure est venue. »

L'ère du revenu de base semblait donc bel et bien arrivée. « LE PLAN SOCIAL PASSE À LA CHAMBRE… UNE BATAILLE GAGNÉE DANS LA CROISADE DE LA RÉFORME », titra le *New York Times* le 16 avril 1970. Avec 243 votes pour et 155 contre, le Plan d'assistance familial (FAP) du président Nixon fut approuvé par une écrasante majorité. La plupart des experts s'attendaient à ce qu'il passe aussi au Sénat, tenu par une majorité encore plus progressiste que celle de la Chambre des représentants. Mais des doutes s'élevèrent à la Commission sénatoriale des finances. « Ce projet de loi représente la législation sociale la plus extensive, la plus étendue et la plus onéreuse jamais déposée », dit un sénateur républicain[2]. Mais ce furent les démocrates qui s'opposèrent le plus violemment au projet de loi. Ils estimaient que le FAP n'allait pas assez loin et poussaient en faveur d'un revenu de base

1. Cité par Peter Passell et Leonard Ross, « Daniel Moynihan and President-Elect Nixon : How Charity Didn't Begin at Home », *New York Times*, 14 janvier 1973. [http://www.nytimes.com/books/98/10/04/specials/moynihan-income.html]

2. Cité par Leland G. Neuberg, « Emergence and Defeat of Nixon's Family Assistance Plan », *USBIG Discussion Paper*, janvier 2004. [www.usbig.net]

plus important[1]. Au bout de plusieurs mois durant lesquels le projet fut ballotté entre le Sénat et la Maison-Blanche, il finit par être mis au rebut.

L'année suivante, Nixon présenta au Congrès une proposition légèrement améliorée. Là encore, le projet de loi fut accepté par la Chambre, cette fois dans le cadre d'un ensemble plus vaste de réformes. 288 votèrent pour, 132 contre. En 1971, dans son discours sur l'état de l'Union, Nixon estima que son projet, consistant à « placer un plancher sous le revenu de chaque famille avec enfants en Amérique », était la loi la plus importante de sa mandature[2].

Mais le projet de loi fut, une nouvelle fois, rejeté par le Sénat.

Ce n'est pourtant qu'en 1978 que le projet de revenu de base fut abandonné une fois pour toutes, à la suite d'un résultat qui retint particulièrement l'attention après la publication des résultats définitifs de l'expérience de Seattle : le nombre de divorces avait augmenté de 50 %. L'intérêt suscité par cette statistique rejeta rapidement dans l'ombre tous les autres résultats, comme l'amélioration des performances scolaires ou celle de la santé. Le revenu de base, à l'évidence, donnait trop d'indépendance aux femmes.

1. Bruce Bartlett, « Rethinking the Idea of a Basic Income for All », *New York Times Economix*, 10 décembre 2013. [http://economix.blogs.nytimes.com]

2. Steensland, *The Failed Welfare Revolution*, *op. cit.*, p. 157.

Dix ans plus tard, une nouvelle analyse des données révéla une erreur statistique : en réalité, le taux de divorces n'avait pas changé[1].

Inutile, dangereux et pervers

« *C'est possible !* La pauvreté peut être éradiquée en Amérique d'ici à l'année 1976 », écrivait, confiant, le prix Nobel d'économie James Tobin en 1967. À cette époque, près de 80 % d'Américains étaient en faveur de l'idée d'un revenu de base garanti[2]. Des années plus tard, on s'en souvient, Ronald Reagan ricanerait : « Dans les années soixante, nous avons déclaré la guerre à la pauvreté et la pauvreté a gagné. »

Dans leurs prémisses, les grands moments de l'histoire de la civilisation sont toujours entourés d'un halo d'utopie. D'après le célèbre économiste Albert Hirschman, les utopies sont attaquées sous trois prétextes : c'est vain (ce n'est pas possible), dangereux (trop risqué) et pervers (ça dégénérera en dystopie). Mais Hirschman écrivait aussi qu'il suffit souvent qu'une utopie se réalise pour

1. Glen G. Cain et Douglas Wissoker, « A Reanalysis of Marital Stability in the Seattle – Denver Income Maintenance Experiment », Institute for Research on Poverty, janvier 1988. [http://www.irp.wisc.edu]

2. D'après une enquête réalisée par Harris en 1969. Mike Alberti et Kevin C. Brown, « Guaranteed Income's Moment in the Sun », remappingdebate.org, 24 avril 2013.

qu'elle soit presque immédiatement perçue comme un lieu commun.

Il n'y a pas si longtemps, la démocratie semblait encore une splendide utopie. Du philosophe Platon (427-347 avant J.-C.) à l'homme d'État Edmund Burke (1729-1797), nombreux sont les grands esprits qui ont mis en garde contre sa vanité (les masses seraient trop bêtes pour la manier), sa dangerosité (donner le pouvoir à la majorité reviendrait à jouer avec le feu) et sa perversité (« l'intérêt général » serait rapidement corrompu par les intérêts de quelque habile général ou autre). Les arguments mobilisés contre le revenu de base sont identiques. Vain, car nous ne pouvons le financer ; dangereux, car les gens renonceraient à travailler ; et pervers, parce qu'au bout du compte, une minorité d'actifs seraient obligés de travailler plus dur pour une majorité d'oisifs.

Mais… une petite minute.

Vain ? Pour la première fois de l'histoire, nous sommes réellement assez riches pour financer un confortable revenu de base. Nous pouvons remiser tout le bric-à-brac bureaucratique conçu pour obliger les bénéficiaires des aides sociales à accepter des emplois peu productifs à n'importe quel prix et nous pouvons contribuer à financer ce nouveau système simplifié en supprimant le labyrinthe de crédits d'impôts et de déductions actuellement existant. Tous les fonds qui manqueraient encore peuvent être levés en taxant les propriétés, les déchets, les matériaux bruts et la consommation.

Regardons les chiffres. Pour éradiquer la pauvreté aux États-Unis, il n'en coûterait que 175 milliards de dollars, moins d'1 % du PIB[1]. Cela correspond, en gros, à un quart des dépenses militaires des États-Unis. Gagner la guerre contre la pauvreté serait une meilleure affaire que les guerres en Afghanistan et en Irak, dont une étude réalisée à Harvard a évalué le coût stupéfiant entre quatre à six milliards[2]. En réalité, tous les pays développés ont depuis des années les moyens de mettre fin à la pauvreté[3].

Mais un système qui n'aiderait que les pauvres creuserait plus profondément encore l'écart qui les sépare du reste de la société. « Une politique pour les pauvres est une pauvre politique », a observé Richard Titmuss, grand théoricien de l'État social britannique. C'est un réflexe enraciné, chez les gens de gauche, que de faire dépendre du revenu tout plan, tout crédit et tout avantage. Le problème, c'est que cette tendance est contre-productive.

1. Matt Bruenig, « How a Universal Basic Income Would Affect Poverty », demos.org, 3 octobre 2013.

2. Linda J. Bilmes, « The Financial Legacy of Iraq and Afghanistan : How Wartime Spending Decisions Will Constrain Future National Security Budgets », *Faculty Research Working Paper Series*, mars 2013. [https://research.hks.harvard.edu]

3. Tentons cette expérience de pensée : un revenu de base d'1,25 $ par jour pour chaque habitant de la Terre reviendrait à 3 billions par an, soit 3,5 % du PIB mondial. La même aide en argent liquide pour les habitants les plus pauvres du monde nécessiterait moins de 600 milliards de dollars, soit environ 0,7 % du PIB mondial, et éliminerait complètement la pauvreté extrême.

Dans un article publié à la fin des années 1990 et aujourd'hui célèbre, deux sociologues suédois démontraient que les pays où les programmes gouvernementaux étaient les plus universels étaient ceux qui avaient le mieux réussi à réduire la pauvreté[1]. Fondamentalement, les gens sont plus ouverts à la solidarité quand elle leur profite personnellement. Plus nous, notre famille et nos amis avons à gagner grâce à l'État-providence, plus nous sommes prêts à y contribuer[2]. Il est donc logique qu'un revenu de base universel et sans conditions bénéficie également du soutien le plus large. Tout le monde en profite[3].

Dangereux ? Naturellement, certaines personnes pourront choisir de travailler moins, mais après tout, c'est précisément le but. Une poignée d'artistes et d'écrivains

1. Walter Korpi et Joakim Palme, « The Paradox of Redistribution and Strategies of Equality : Welfare State Institutions, Inequality and Poverty in the Western Countries », *American Sociological Review*, vol. 63, n° 5, octobre 1998. [http://citeseerx.ist.psu.edu]

2. Wim van Oorschot, « Globalization, the European Welfare State, and Protection of the Poor », *in* A. Suszycki et I. Karolewski (dir.), *Citizenship and Identity in the Welfare State*, Nomos, 2013, p. 37-50.

3. L'Alaska en est le meilleur exemple, étant la seule entité politique à disposer d'un revenu universel et inconditionnel de base (un peu plus de 1 000 $ par an) financé par les revenus du pétrole. Le soutien à cette politique est presque unanime. D'après le professeur Scott Goldsmith, de l'Université d'Alaska à Anchorage, remettre en question ce programme serait, pour un politicien, un suicide politique. C'est en partie grâce à ce petit revenu de base que l'Alaska a le taux d'inégalité le plus bas des États-Unis. Voir Scott Goldsmith, « The Alaska Permanent Fund Dividend : An Experiment in Wealth Distribution », 9th International Congress BIEN, 12 septembre 2002. [http://www.basicincome.org/bien/pdf/2002Goldsmith.pdf]

(« tous ceux que la société méprise quand ils sont vivants et honore quand ils sont morts » – Bertrand Russell) pourrait en effet cesser tout travail rémunéré. Mais, en réalité, tout indique que la grande majorité des gens souhaitent travailler, qu'ils en aient besoin ou non[1]. Le fait de ne pas avoir de travail nous rend profondément malheureux[2].

L'un des bons côtés du revenu de base, c'est qu'il libérerait les pauvres du piège des aides sociales et les inciterait à chercher un emploi payé comportant de vraies opportunités de croissance et d'avancement. Étant donné que le revenu minimum est inconditionnel et ne peut être retiré ni réduit en cas d'emploi rémunéré, leur condition ne peut que s'améliorer.

Pervers ? Au contraire, c'est le système d'aide sociale qui s'est dégradé en un monstre pervers de contrôle et d'humiliation. Les fonctionnaires surveillent les bénéficiaires de l'aide publique jusque sur Facebook pour véri-

1. Les études sur le comportement des gagnants à la loterie montrent que même les gens qui gagnent le gros lot quittent rarement leur emploi et, quand ils le font, c'est pour passer plus de temps avec leurs enfants ou pour trouver un autre travail. Voir cette étude célèbre : Roy Kaplan, « Lottery Winners : The Myth and Reality », *Journal of Gambling Behavior*, automne 1987, p. 168-178.

2. Les détenus des prisons en fournissent un bon exemple. On pourrait penser qu'ayant le gîte et le couvert ils pourraient simplement en profiter pour se détendre. Mais en prison, la privation de travail est utilisée comme punition. Un détenu qui se conduit mal est privé d'atelier ou de cuisine. Chacun ou presque veut apporter sa contribution, même si ce que nous entendons par « travail » et « chômage » peut varier. De fait, nous mettons beaucoup trop peu l'accent sur la quantité énorme de travail non payé que les gens font déjà.

fier qu'ils dépensent leur argent à bon escient – et malheur à qui ose faire un travail bénévole non approuvé par eux ! Il faut une armée d'employés des services sociaux pour guider les gens dans le labyrinthe des procédures d'éligibilité, d'inscription, d'admission et de restitutions. Et c'est alors la corporation des inspecteurs qui entre en scène pour passer au crible toute cette paperasse.

L'État-providence devrait favoriser le sentiment de sécurité et de fierté des gens, mais il a dégénéré jusqu'à devenir un système de honte et de soupçon. C'est un pacte grotesque entre la droite et la gauche. « La droite politique craint que les gens cessent de travailler », se désole la professeure Forget au Canada, « et la gauche ne leur fait pas confiance pour faire leurs propres choix[1] ». Un système de revenu de base serait le meilleur compromis. En termes de redistribution, il répondrait aux exigences de justice de la gauche ; et il irait au-devant de la droite en limitant plus que jamais les capacités d'interférence et d'humiliation du gouvernement.

Parler autrement, penser autrement

D'autres l'ont dit.

Nous sommes encombrés d'un État-providence datant d'une ère révolue où les hommes pourvoyaient aux

1. Elle l'a dit à la télévision canadienne. Voir l'extrait ici : « Tegenlicht De noodzaak van een utopie », youtube.com.

besoins de la famille et où les gens travaillaient toute leur vie dans la même entreprise. Le système des retraites et les règles de protection de l'emploi sont toujours réglés sur ceux qui ont la chance d'avoir un emploi stable ; les aides publiques dépendent de l'idée fausse selon laquelle on peut s'en remettre à l'économie pour générer suffisamment d'emplois ; et les avantages sociaux sont bien souvent un piège plutôt qu'un tremplin.

Jamais les temps n'ont été aussi mûrs pour l'introduction d'un revenu universel et inconditionnel de base. Il suffit de regarder autour de soi. Une plus grande flexibilité dans l'emploi doit impliquer plus de sécurité. La mondialisation érode les salaires de la classe moyenne. L'écart croissant entre ceux qui ont un diplôme universitaire et ceux qui n'en ont pas rend indispensable un coup de pouce aux démunis. Sans compter que le développement de robots de plus en plus intelligents pourrait bien coûter leur boulot à ceux qui ont l'avantage aujourd'hui.

Ces dernières décennies, la classe moyenne a réussi à conserver son pouvoir d'achat en s'endettant de plus en plus. Mais, nous le savons bien, ce modèle n'est pas viable. Le vieil adage selon lequel « qui ne veut pas travailler, qu'il ne mange pas non plus » est désormais utilisé pour justifier les inégalités.

Que l'on ne me comprenne pas mal : le capitalisme est une formidable machine à prospérité. Comme l'écrivaient Karl Marx et Friedrich Engels dans leur *Manifeste du Parti communiste*, les merveilles qu'il a accomplies

« sont tout autre chose que les pyramides d'Égypte, les aqueducs romains et les cathédrales gothiques ». Mais c'est précisément parce que nous sommes plus riches que jamais qu'il est aujourd'hui en notre pouvoir de faire un pas supplémentaire dans l'histoire du progrès : donner à chacun la sécurité d'un revenu de base. C'est ce que le capitalisme aurait dû ambitionner de faire depuis toujours. Il faut le voir comme un dividende du progrès, rendu possible par le sang, la sueur et les larmes des générations passées. En définitive, nous ne devons qu'une fraction de notre prospérité à nos propres efforts. Nous, habitants du pays d'abondance, sommes riches grâce aux institutions, au savoir et au capital social amassé pour nous par nos ancêtres. Ces richesses nous appartiennent à tous. Et un revenu de base nous permettrait à tous d'y prendre part.

Bien sûr, cela ne veut pas dire que nous devrions réaliser ce rêve sans réfléchir. Cela serait désastreux. Les utopies commencent toujours en petit, par des expériences qui changent le monde peu à peu. C'est ce qui s'est passé il y a à peine quelques années, dans les rues de Londres, quand treize sans-abri ont reçu 3 000 £ sans qu'on leur demande rien en échange. Comme le disait alors l'une des assistantes sociales qui travaillaient sur le projet : « C'est assez difficile de changer d'un coup la manière dont on a toujours abordé ce problème. Ces actions pilote nous donnent l'occasion de parler autrement, de penser autrement, de décrire le problème autrement… »

C'est toujours comme ça que ça commence.

3

La fin de la pauvreté

> « Ainsi nous avons des inspecteurs d'inspecteurs et des gens qui font des instruments permettant aux inspecteurs d'inspecter les inspecteurs. Les gens devraient plutôt se soucier de retourner à l'école et de penser à ce à quoi ils pensaient avant que quelqu'un vienne leur dire qu'ils devaient gagner leur vie. »
>
> RICHARD BUCKMINSTER FULLER (1895-1983)

Le 13 novembre 1997, un nouveau casino ouvrit ses portes juste au sud des Great Smoky Mountains, en Caroline du Nord. Malgré le temps maussade, une longue file s'était formée à l'entrée, et alors que les gens arrivaient encore par centaines, le patron du casino leur conseilla de rester chez eux.

Un tel engouement n'avait rien de surprenant. Ce n'était pas un repaire de jeu louche dirigé par la mafia qui ouvrait ses portes ce jour-là. Le *Harrah's Cherokee* était et est toujours un immense casino de luxe appartenant à la tribu Eastern Band of Cherokee Indians. Son ouverture marquait la fin d'une bataille de dix ans. L'un des chefs de la tribu avait en effet prédit que « le jeu serait la damnation des Cherokee[1] », tandis que le gouverneur de Caroline du Nord avait cherché à bloquer le projet par tous les moyens.

Peu de temps après l'ouverture, il apparut que bien loin d'apporter la damnation à la tribu, la salle de jeu de plus de 3 km^2, les trois tours d'hôtel, abritant plus de mille chambres, cent suites, d'innombrables boutiques, des restaurants, une piscine et un centre fitness, allaient la soulager de sa pauvreté. Le casino n'ouvrit pas la voie à la criminalité, au contraire : les bénéfices – près de 150 millions de dollars en 2004 et jusqu'à 400 millions en 2010[2] – permirent à la tribu de construire une nouvelle école, un hôpital et une caserne de pompiers. Mais l'essentiel des bénéfices alla directement dans les poches des 8 000 hommes, femmes et enfants des Eastern Band Cherokee. De 500 $ par an au début, les revenus qu'ils tiraient du casino atteignirent bientôt 6 000 $ en 2001, constituant entre un quart et un tiers du revenu familial moyen[3].

1. Jessica Sedgwick, « November 1997 : Cherokee Casino Opens », 1er novembre 2007. [https://blogs.lib.unc.edu]

2. James H. Johnson Jr., John D. Kasarda et Stephen J. Appold, « Assessing the Economic and Non-Economic Impacts of Harrah's Cherokee Casino, North Carolina », juin 2011. [https://www.kenanflagler.unc.edu]

3. Pour les enfants de moins de dix-huit ans, l'argent est versé sur un fonds bloqué jusqu'à la majorité.

Par ailleurs, une professeure de l'Université de Duke, Jane Costello, conduisait depuis 1993 une étude sur la santé mentale chez les jeunes vivant au sud des Great Smoky Mountains. Chaque année, les 1 420 enfants inscrits de l'étude devaient subir un test psychiatrique. Les résultats cumulés avaient déjà montré que ceux qui grandissaient dans la pauvreté étaient beaucoup plus enclins que les autres à avoir des problèmes de comportement. Cela n'avait rien de très nouveau. Les corrélations entre pauvreté et maladie mentale avaient été établies dès 1855 par un autre universitaire, Edward Jarvis, dans son célèbre article « Report on Insanity » [Rapport sur la folie].

Il restait toutefois à distinguer la cause des effets. À l'époque où Costello menait sa recherche, on attribuait de plus en plus couramment les problèmes mentaux à des facteurs génétiques individuels. Si la cause fondamentale de ces problèmes résultait de la nature, alors donner une grosse somme d'argent tous les ans revenait à traiter les symptômes en ignorant la maladie. Mais si les problèmes psychiatriques des gens n'étaient pas la cause, mais plutôt la conséquence de leur pauvreté, alors ces 6 000 $ par an pourraient réellement opérer des miracles. Costello comprit que l'arrivée du casino offrait une occasion unique de jeter une nouvelle lumière sur cette question, étant donné qu'un quart des enfants de son étude appartenaient à la tribu des Cherokee, plus de la moitié vivant en dessous du seuil de pauvreté.

Peu après l'ouverture du casino, Costello notait déjà de considérables améliorations chez ses sujets d'étude. Chez les enfants sortis de la pauvreté, les problèmes de comportement avaient diminué de 40 %, ce qui les plaçait au même rang que ceux qui n'avaient jamais connu de privations. Les taux de criminalité infantile chez les Cherokee baissèrent également, ainsi que l'usage de drogues et d'alcool, tandis que leurs résultats scolaires s'amélioraient visiblement[1]. À l'école, les enfants cherokees étaient à présent à égalité avec les autres participants à l'étude.

Dix ans après l'ouverture du casino, les résultats enregistrés par Costello montrèrent que plus les enfants étaient jeunes au moment où ils sortaient de la pauvreté, meilleure était leur santé mentale à l'adolescence. Chez la population la plus jeune, elle observa une « spectaculaire diminution » des conduites criminelles. En fait, les enfants cherokees de son étude se comportaient à présent mieux que le groupe de contrôle.

Devant le résultat de ces données, Costello fut d'abord incrédule. « On s'attend à ce que les interventions sociales aient des effets relativement faibles », dit-elle plus tard. « Là, ils étaient très importants[2]. » La professeure Costello

1. Jane Costello *et al.*, « Relationships Between Poverty and Psychopathology. A Natural Experiment », *Journal of the American Medical Association*, octobre 2003. [http://jama.jamanetwork.com]

2. Cité par Moises Velasquez-Manoff, « What Happens When the Poor Receive a Stipend ? », *New York Times*, 18 janvier 2014. [http://opinionator.blogs.nytimes.com]

calcula que les 4 000 $ annuels supplémentaires avaient pour effet d'ajouter un an au parcours scolaire accompli à vingt-et-un ans et de réduire de 22 % le risque d'avoir un casier judiciaire à seize ans[1].

Mais l'amélioration la plus significative résidait dans la manière dont cet argent aidait les parents… à être des parents. Avant l'ouverture du casino, les parents travaillaient dur l'été mais se retrouvaient souvent sans travail et sous pression l'hiver. Le nouveau revenu permettait aux familles cherokees de mettre de l'argent de côté et de payer les factures à l'avance. Les parents sortis de la pauvreté disaient avoir désormais plus de temps à consacrer à leurs enfants.

Pourtant, découvrit Costello, ils ne travaillaient pas moins. Les mères comme les pères faisaient autant d'heures qu'avant l'ouverture du casino. C'est surtout, dit Vickie L. Bradley, membre de la tribu, que l'argent contribuait à alléger la pression qui pesait sur les familles, de sorte que l'énergie qu'ils perdaient auparavant à se faire du souci était à présent libérée pour leurs enfants. Et ça, explique Bradley, « ça aide à être de meilleurs parents[2] ».

1. William Copeland et Elizabeth J. Costello, « Parents' Incomes and Children's Outcomes : A Quasi-Experiment », *American Economic Journal : Applied Economics*, janvier 2010. [http://www.ncbi.nlm.nih.gov]

2. Cité par Velasquez-Manoff, *in* « What Happens When the Poor Receive a Stipend ? », art. cité. D'après Costello, ce sont les transferts d'argent, et non les nouvelles infrastructures (écoles, hôpitaux),

Quelle est, alors, la cause des problèmes de santé mentale chez les pauvres ? La nature ou la culture ? D'après les conclusions de Costello, ce sont les deux, parce que le stress de la pauvreté élève le risque encouru par des gens génétiquement prédisposés à développer une maladie ou un désordre[1]. Mais il y a quelque chose d'important à retenir de cette étude.

On ne peut rien contre les gènes. Mais on peut beaucoup contre la pauvreté.

Pourquoi les pauvres se conduisent stupidement

Un monde sans pauvreté, c'est peut-être la plus ancienne utopie du monde. Mais quand on prend ce rêve au sérieux, on se trouve inévitablement face à des questions difficiles. Pourquoi les pauvres sont-ils plus disposés à commettre des crimes ? Pourquoi sont-ils plus enclins à l'obésité ? Pourquoi usent-ils davantage de l'alcool et des drogues ? Bref, pourquoi les pauvres prennent-ils tant de mauvaises décisions ?

Dur ? Peut-être, mais il suffit de voir les statistiques : les pauvres empruntent plus, économisent moins, fument plus, font moins de sport, boivent davantage et mangent

---

qui font une vraie différence, car la vie des Cherokee s'est sensiblement améliorée dès le moment où l'argent est arrivé, bien avant la construction de ces nouvelles installations.

1. Costello *et al.*, « Relationships Between Poverty and Psychopathology », art. cité, p. 2029.

moins sainement. Proposez-leur des cours pour apprendre à gérer leur argent, ils seront les derniers à s'inscrire. Quand ils répondent à des offres d'emploi, ils écrivent souvent les pires lettres de motivation et vont aux entretiens habillés de la manière la moins professionnelle qui soit.

Margaret Thatcher, ancien Premier ministre britannique, dit un jour que la pauvreté était « une déficience personnelle[1] ». Peu de politiciens vont aussi loin, mais il n'est pas exceptionnel de croire que c'est l'individu qui détient la solution. De l'Australie à l'Angleterre et de la Suède aux États-Unis, on a tendance à considérer que la pauvreté est une chose qu'il faut surmonter par soi-même. Bien sûr, le gouvernement peut inciter les gens à prendre la bonne direction, au moyen de politiques de responsabilisation, de pénalisation et surtout d'éducation. En fait, dans la perception commune, s'il y a une panacée contre la pauvreté, c'est le baccalauréat (ou, mieux encore, un diplôme universitaire).

Mais est-ce vraiment suffisant ?

Et si les pauvres n'étaient tout simplement pas en mesure de s'aider eux-mêmes ? Et si toutes les incitations, toutes les informations et toute l'éducation du monde glissaient sur eux comme l'eau sur les plumes

1. Richard Dowden, « The Thatcher Philosophy », *Catholic Herald*, 22 décembre 1978. [http://www.margaretthatcher.org/document/103793]

d'un canard ? Et si ces bienveillants coups de pouce ne faisaient qu'aggraver la situation ?

La puissance du contexte

Rudes questions, mais qui ne viennent pas de n'importe qui. C'est Eldar Shafir, psychologue à l'Université de Princeton, qui les pose. Lui et Sendhil Mullainathan, économiste à Harvard, ont récemment publié une nouvelle théorie révolutionnaire sur la pauvreté[1]. En un mot ? C'est une question de contexte.

Shafir est ambitieux. Il n'aspire à rien de moins qu'à créer un tout nouveau champ de recherche scientifique : la science de la rareté. Mais on n'a pas déjà ça en magasin ? L'économie ? « C'est ce qu'on n'arrête pas de nous dire ! » Cela fait rire Shafir, lors de notre rencontre à Amsterdam. « Mais ce qui m'intéresse, c'est la psychologie de la rareté, or là-dessus, il y a étonnamment peu de recherches. »

Certes, pour les économistes, tout est affaire de rareté – et il est vrai que même quand on est très dépensier, on ne peut pas tout acheter. Mais la *perception* de la rareté n'est pas omniprésente. On ne ressent pas la même chose devant un emploi du temps vide que face à une journée de travail très chargée. Et ce n'est pas sans conséquence.

1. Sendhil Mullainathan et Eldar Shafir, *Scarcity : Why Having Too Little Means So Much*, Londres, Allen Lane, 2013.

La rareté affecte notre esprit. On se conduit différemment quand on perçoit une chose comme rare.

Peu importe de quoi il s'agit : trop peu de temps, d'argent, d'amis ou de nourriture – tout cela contribue à une « mentalité de la rareté ». Ça a des avantages. Les gens qui éprouvent le sentiment de la rareté sont doués pour résoudre les problèmes à court terme. Les pauvres ont une incroyable capacité – à court terme – à joindre les deux bouts, tout comme un PDG surmené est capable de se démener pour conclure une affaire.

Mais la « mentalité de la rareté » a plus d'inconvénients que d'avantages. La rareté nous incite à nous concentrer sur ce qui manque immédiatement, le rendez-vous qui commence dans cinq minutes ou les factures qui doivent être réglées d'ici demain. La vision à long terme passe aux oubliettes. « La rareté nous consume », explique Shafir. « On est moins en mesure de se concentrer sur d'autres choses, qui peuvent être tout aussi importantes. »

C'est un peu comme un nouvel ordinateur où tournent en même temps dix programmes lourds. Il ralentit, fait des erreurs et finit par planter – pas parce que c'est un mauvais ordinateur, mais parce qu'il a trop de choses à faire en même temps. Les pauvres ont des problèmes analogues. S'ils font de mauvais choix, ce n'est pas parce qu'ils sont bêtes, mais parce qu'ils vivent dans un contexte où n'importe qui prendrait de mauvaises décisions.

Des questions comme « Que manger ce soir ? » et « Comment finir la semaine ? » taxent une capacité essentielle, que Shafir et Mullainathan appellent « largeur de bande mentale ». « Pour comprendre les pauvres, il faut se représenter comment on est quand on a l'esprit ailleurs », écrivent-ils. « Se contrôler est ressenti comme un défi. On est distrait et facilement perturbé. Et c'est comme ça tous les jours. » C'est ainsi que la rareté – qu'il s'agisse de temps ou d'argent – conduit à prendre de mauvaises décisions.

Il y a cependant une distinction fondamentale entre les gens qui ont des vies trop remplies et ceux qui vivent dans la pauvreté : avec la pauvreté, il n'y a pas de pause.

Deux expériences

Alors concrètement, à quel point la pauvreté est-elle abêtissante ? « On trouve des différences de 13 à 14 points en QI », dit Shafir. « C'est comparable à une nuit blanche ou aux effets de l'alcoolisme. » Ce qui est remarquable, c'est qu'on aurait pu découvrir tout cela il y a trente ans. Shafir et Mullainathan ne s'appuient pas sur des appareillages complexes, comme des scanners du cerveau. « Les économistes étudient la pauvreté depuis des années, et les psychologues étudient les limitations cognitives depuis des années aussi », explique Shafir. « Nous n'avons fait qu'ajouter deux et deux. »

Tout a commencé il y a quelques années, avec une série d'expériences conduites dans un centre commercial américain typique. On interrogeait les personnes qui faisaient leur shopping sur ce qu'elles feraient si elles avaient à payer une réparation de leur voiture. À certaines, on présentait une réparation de 150 $, à d'autres des frais de 1 500 $. Paieraient-elles tout d'une traite, prendraient-elles un emprunt, feraient-elles des heures supplémentaires ou reporteraient-elles la réparation ? Tout en réfléchissant à ce problème, ces personnes étaient soumises à une série de tests cognitifs. Dans le cas de la réparation à moindre coût, les gens à faible revenu avaient des résultats à peu près équivalents à ceux à haut revenu. Mais devant la réparation à 1 500 $, les personnes pauvres obtenaient des résultats beaucoup moins bons. La seule pensée d'avoir à affronter un revers financier important affaiblissait leurs capacités cognitives.

Shafir et ses collègues corrigèrent toutes les variables possibles dans cette enquête, mais un facteur restait insoluble : les sujets riches et les sujets pauvres interrogés n'étaient pas les mêmes personnes. Idéalement, il aurait fallu pouvoir répéter l'enquête avec des individus qui auraient été pauvres à un moment et riches à un autre moment.

C'est à quelque 13 000 kilomètres de là, dans les districts ruraux de Vilupuram et de Tiruvannamalai, en Inde, que Shafir trouva ce qu'il cherchait. Les conditions étaient parfaites : les cultivateurs de canne à sucre de la région percevaient 60 % de leur revenu annuel en une fois, juste après la récolte. Ils vivaient donc dans l'abondance une partie de l'année et dans la pénurie le reste du temps. Comment, alors, l'expérience fut-elle menée ? Quand les paysans étaient plutôt pauvres, leurs résultats aux tests cognitifs étaient considérablement plus mauvais, pas parce qu'ils étaient devenus plus bêtes – c'étaient toujours les mêmes cultivateurs indiens de canne à sucre – mais tout simplement parce que leur largeur de bande mentale était compromise.

Largeur de bande mentale brute

« Combattre la pauvreté comporte d'immenses avantages auxquels nous sommes restés aveugles jusqu'à présent », fait remarquer Shafir. D'après lui, en plus de mesurer notre produit intérieur brut, il serait temps de prendre en considération aussi notre largeur de bande mentale intérieure brute. Plus la largeur de bande est importante, meilleures sont l'éducation des enfants, la santé, la productivité des employés… et ainsi de suite. « Combattre la rareté pourrait même réduire les coûts », estime Shafir.

C'est précisément ce qu'il s'est passé au sud des Great Smoky Mountains. Randall Akee, économiste à l'Université de Los Angeles, a calculé que l'argent du casino distribué aux enfants cherokees finissait par *réduire* les dépenses. D'après ses estimations les plus prudentes, en faisant diminuer la criminalité, le recours aux maisons de retraite et l'échec scolaire, le fait d'éliminer la pauvreté produirait des recettes supérieures à l'ensemble des revenus du casino[1].

Extrapolons à présent ces effets à la société dans son ensemble. Une étude britannique a montré que le coût de la pauvreté infantile en Angleterre dépassait 29 milliards de livres (33 milliards d'euros) par an[2]. D'après les chercheurs, une politique destinée à éliminer la pauvreté « pourrait largement se financer elle-même[3] ».

Aux États-Unis, où plus d'un enfant sur cinq grandit pauvre, d'innombrables études ont déjà montré que les mesures antipauvreté fonctionnent en réalité comme un outil de réduction des dépenses[4]. Greg Duncan, professeur à l'Université de Californie, a calculé que tirer une famille américaine de la pauvreté coûterait en moyenne 4 500 $ par an – moins que les revenus du casino cherokee. En définitive, le retour sur investissement, par enfant, serait :

- 12,5 % d'heures travaillées en plus ;
- 3 000 $ d'économie annuelle en frais de services sociaux ;

1. Velasquez-Manoff, « What Happens When the Poor Receive a Stipend ? », art. cité.

2. Donald Hirsch, « An Estimate of the Cost of Child Poverty in 2013 », Centre for Research in Social Policy. [http://www.cpag.org.uk]

3. *Id.*, « Estimating the Costs of Child Poverty », Joseph Rowntree Foundation, octobre 2008. [http://www.jrf.org.uk]

4. Voir, par exemple, Harry J. Holzer *et al.*, « The Economic Costs of Poverty in the United States. Subsequent Effects of Children Growing Up Poor », Center for American Progress, janvier 2007. [https://www.americanprogress.org]

– 50 000 à 100 000 $ de revenu supplémentaire dans une vie ;
– 10 000 à 20 000 $ de revenus fiscaux de plus pour l'État.

Le professeur Duncan en conclut que la lutte contre la pauvreté « est amortie quand les enfants pauvres atteignent la cinquantaine[1] ».

Reconnaissons qu'il faudrait un programme ambitieux pour s'attaquer à un problème aussi vaste. Une étude de 2013 évalue à 500 milliards de dollars par an le coût de la pauvreté infantile aux États-Unis. Les enfants qui grandissent dans la pauvreté finissent par perdre en moyenne deux ans de scolarité, travailler 450 heures de moins par an et courir trois fois plus de risque d'être en mauvaise santé que ceux qui grandissent dans des familles aisées. Les chercheurs disent qu'investir dans l'enseignement n'aide pas vraiment ces enfants[2]. Il faut d'abord les sortir de la pauvreté.

Récemment, une méta-analyse de 201 études sur l'efficacité de l'éducation à la gestion est parvenue aux mêmes conclusions : de telles formations n'ont quasiment aucun

1. J'ai arrondi ces chiffres. Voir Greg J. Duncan, « Economic Costs of Early Childhood Poverty », Partnership for America's Economic Success, Issue Brief #4, février 2008. [http://ready-nation.s3.amazonaws.com]

2. Valerie Strauss, « The Cost of Child Poverty : $500 Billion a Year », *Washington Post*, 25 juillet 2013. [http://www.washington-post.com]

effet[1]. Cela ne veut pas dire qu'on n'y apprend rien : les pauvres en sortent mieux informés, bien sûr. Mais cela ne suffit pas. « C'est comme apprendre à quelqu'un à nager avant de le jeter dans une mer déchaînée », se désole le professeur Shafir.

Il n'est pas inutile de former les gens, mais cela contribue peu à leur permettre de gérer leur largeur de bande mentale, déjà fortement taxée par les exigences de l'impossible bourbier bureaucratique de l'État-providence. On pourrait croire que toutes ces règles et ces formulaires à remplir sont faits pour décourager ceux qui ne sont pas réellement dans le besoin. En réalité, c'est le contraire : ce sont les pauvres, dont la largeur de bande est déjà saturée et dont les besoins sont les plus importants, qui ont le moins de chances de demander de l'aide à l'Oncle Sam.

C'est pourquoi toute une série de programmes restent inutilisés par ceux-là mêmes qui sont censés en bénéficier. « Certaines bourses d'études ne sont demandées que par 30 % des personnes qualifiées pour les obtenir », dit Shafir. « Et pourtant quantité d'études montrent que ces bourses, qui s'élèvent parfois à des milliers de dollars, pourraient changer beaucoup de choses. » Considérant ces bourses, un économiste se dit : puisque candidater est la chose la plus rationnelle que l'on puisse faire, c'est ce

1. Daniel Fernandes, John G. Lynch Jr. et Richard G. Netemeyer, « Financial Literacy, Financial Education and Downstream Financial Behaviors », *Management Science*, janvier 2014. [http://papers.ssrn.com]

que vont faire les étudiants pauvres. Mais ça ne marche pas ainsi. Les fruits de la bourse tombent trop loin de la vision étroite qu'on a quand on vit dans la rareté.

De l'argent gratuit

Alors que faire ?

Shafir et Mullainathan ont quelques solutions dans leurs manches : aider les étudiants dans le besoin à remplir les demandes de bourses, ou donner aux malades des boîtes à pilules qui s'allument toutes seules pour leur rappeler de prendre leurs médicaments. C'est le type de solution « coup de pouce » que prisent énormément les politiciens de nos modernes pays d'abondance, car elles ne coûtent presque rien.

Mais franchement, quel changement apportent-elles ? Le « coup de pouce », à l'image de la politique, se préoccupe essentiellement de combattre les symptômes. Un coup de pouce peut servir à rendre la pauvreté infinitésimalement plus supportable, mais dès qu'on y regarde de près, on s'aperçoit qu'il ne résout rigoureusement rien. Revenant à notre analogie informatique, je demande à Shafir : pourquoi continuer à bricoler le logiciel alors qu'il serait facile de résoudre le problème en installant de la mémoire supplémentaire ?

L'air blasé, Shafir répond : « Oh, vous voulez dire distribuer de l'argent ? Bien sûr, ce serait génial ! » Il rit : « Mais étant donné les limites évidentes… Le genre de politique de gauche que vous avez à Amsterdam, n'existe pas du tout aux États-Unis. »

Cependant, l'argent en lui-même ne suffit pas. Il faut aussi penser à la répartition. « La rareté est une notion relative », dit Shafir. « Elle peut être fondée sur un manque de revenu, mais aussi sur des attentes excessives. » C'est très simple, en réalité : quand on a envie d'avoir plus d'argent, de temps, d'amis ou de nourriture, on risque d'avoir un sentiment de rareté. Et nos désirs dépendent dans une large mesure de ce que possèdent les gens de notre entourage. Comme le dit Shafir : « De ce point de vue, les inégalités croissantes, dans le monde occidental, sont un obstacle majeur. » Il suffit qu'un grand nombre de gens achètent le dernier smartphone, pour qu'on souhaite en avoir un aussi. Tant que l'inégalité continuera de croître, la largeur de bande mentale intérieure continuera à se contracter.

La malédiction de l'inégalité

Mais l'argent n'est-il pas censé être la clé d'une vie heureuse et saine ?

Si. Mais d'un point de vue national, ce n'est vrai que dans une certaine mesure. Jusqu'à un PIB par personne d'environ 5 000 $ par an, l'espérance de vie augmente plus ou moins automatiquement[1]. Mais dès lors qu'il y a assez

1. C'est-à-dire l'espérance de vie moyenne. Il va de soi que dans tous les pays, il y a toujours des différences considérables en termes

Figure 4

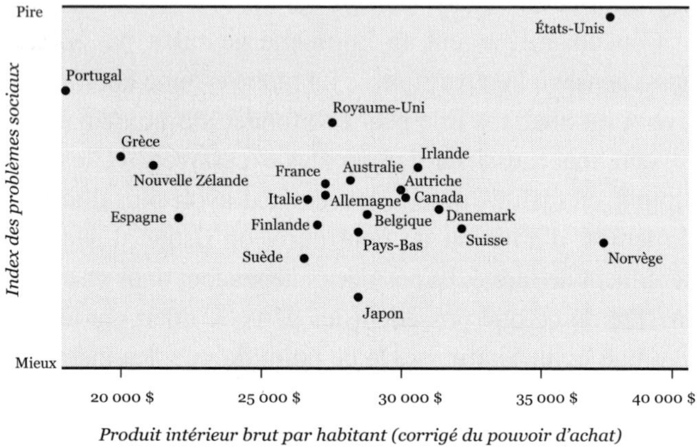

L'index des problèmes sociaux (ici sur l'axe des ordonnées) comprend l'espérance de vie, l'instruction, la mortalité infantile, le taux d'homicides, la population carcérale, les grossesses adolescentes, la dépression, la confiance sociale, l'obésité, l'abus de drogues et d'alcool et la mobilité vs *l'immobilité sociale.*

Source : Wilkinson et Pickett.

à manger sur la table, un toit qui ne prend pas l'eau et de l'eau courante propre à boire, la croissance économique n'est plus une garantie de bien-être. À partir de là, l'égalité est un prédicteur beaucoup plus précis.

Prenons le graphique ci-dessus. L'axe vertical indexe les problèmes sociaux ; l'axe horizontal donne les PIB

---

de santé entre riches et pauvres. Mais cela n'enlève rien au fait que la croissance économique cesse assez vite d'avoir un impact sur l'espérance de vie moyenne au niveau national.

Figure 5

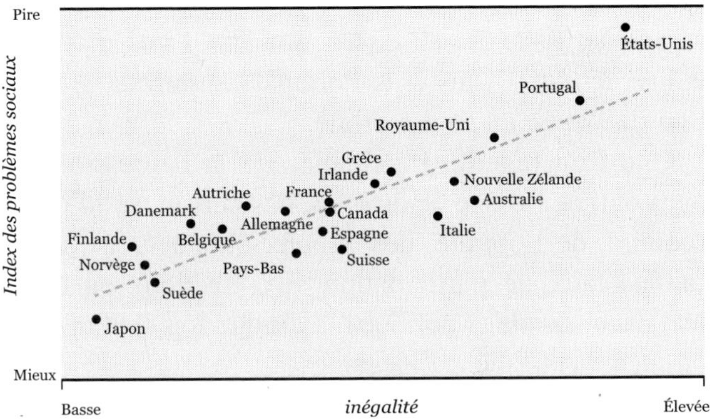

L'inégalité (ici sur l'axe horizontal), représente l'écart entre les 20 % les plus riches et les 20 % les plus pauvres dans un pays donné.

Source : Wilkinson et Pickett.

par personne de différents pays. On s'aperçoit qu'il n'y a aucune corrélation entre ces deux variables. En outre, pour ce qui est de l'incidence des problèmes sociaux, la plus riche superpuissance du monde (les États-Unis) est proche d'un pays dont le PIB par habitant fait moins de la moitié du sien (le Portugal).

« La croissance économique a fait tout ce qu'elle a pu pour améliorer les conditions matérielles dans les pays développés », conclut le chercheur britannique Richard Wilkinson. « À mesure qu'on possède davantage de tout, ce qui vient s'ajouter [...] contribue toujours moins au bien-être[1]. » Toutefois, le graphique se modifie de manière spectaculaire si on remplace le revenu par l'inégalité de revenu sur l'axe des abscisses. Soudain, l'image se cristallise, les États-Unis et le Portugal se trouvant proches l'un de l'autre en haut à droite.

Que l'on regarde l'incidence de la dépression, du burn-out, de l'usage de drogues, des taux élevés d'échec scolaire, de l'obésité, des enfances malheureuses, des faibles taux de participation aux élections ou de la méfiance sociale et politique, à chaque fois tout désigne un même coupable : l'inégalité[2].

Mais une petite minute. Qu'importe que certains soient riches à millions, si même ceux dont la situation est la plus dure aujourd'hui vivent mieux que ne vivaient les rois il y a plusieurs siècles ?

Cela importe énormément. Parce que c'est la pauvreté *relative* qui compte. Si riche que devienne un pays, l'inégalité joue les rabat-joie. Être pauvre dans un pays

1. Cité par Rutger Bregman, « 99 problemen, 1 oorzaak », *De Correspondent*. [https://decorrespondent.nl]

2. Voir aussi Brian Nolan *et al.*, *Changing Inequalities and Societal Impacts in Rich Countries : Thirty Countries' Experiences*, Oxford University Press, 2014. Ce rapport sur une étude capitale conduite par plus de 200 chercheurs à travers l'Europe, les États-Unis, l'Australie, le Canada, le Japon et la Corée du Sud a établi de forts liens entre inégalités et moindre bonheur, plus faible mobilité sociale, mais aussi plus faible taux de participation aux votes et plus grand désir de statut social. Les corrélations entre criminalité et participation sociale sont moins clairement établies ; la pauvreté a un effet adverse plus important que l'inégalité.

riche, c'est tout autre chose que d'être pauvre il y a deux siècles, quand presque tout le monde, partout, était pauvre.

Prenez les comportements agressifs et brutaux, les conduites d'intimidation [*bullying*]. Dans les pays où existent de grandes disparités en richesses, on rencontre plus souvent ce type d'attitude, parce qu'il y a de plus grands écarts de statut. Pour le dire dans les termes de Wilkinson, les « conséquences psychosociales » sont telles que les personnes qui vivent dans des sociétés inégalitaires passent plus de temps à s'inquiéter de la manière dont les autres les voient, ce qui mine la qualité des relations (et se manifeste, par exemple, dans la méfiance à l'égard des étrangers ou dans l'anxiété par rapport à son statut). Il en résulte une tension qui est à son tour un important facteur de maladie et de problèmes de santé chroniques.

D'accord. Mais ne faudrait-il pas plutôt se soucier d'égalité d'opportunités que d'égalité de richesse ?

Le fait est qu'elles comptent l'une et l'autre et que ces deux formes d'inégalité sont indissociables. Il suffit de regarder les classements mondiaux : à mesure que l'inégalité croît, la mobilité sociale diminue. Et à dire vrai, les États-Unis sont probablement le pays sur terre où le rêve américain a le moins de chances de se réaliser. Quelqu'un qui souhaiterait gravir les échelons conduisant de la misère à la prospérité ferait mieux de tenter sa chance en Suède, où quelqu'un qui est né dans la pauvreté peut toujours espérer un avenir plus brillant[1].

Que l'on ne me comprenne pas mal : l'inégalité n'est pas la seule cause des difficultés. C'est l'un des facteurs structurels qui contribuent au développement de nombreux problèmes sociaux et il est étroitement lié à une constellation d'autres facteurs. Et il est vrai qu'une société ne peut fonctionner *sans* un certain degré d'inégalité. Il faut qu'il y ait des incitations à travailler, à faire des efforts et à exceller, et l'argent est un stimulus très efficace. Personne ne voudrait vivre dans une société où un cordonnier gagnerait autant qu'un médecin. Ou plutôt, quelqu'un qui vivrait dans un tel endroit ne voudrait pas prendre le risque d'être malade.

Mais de nos jours, dans presque tous les pays développés, les inégalités dépassent de loin ce qui peut raisonnablement être considéré comme souhaitable. Le Fonds monétaire international a récemment publié un rapport qui révèle même que trop d'inégalité inhibe la croissance économique[2]. La découverte la plus fascinante, toutefois, est peut-être que les gens riches souffrent aussi quand

1. Ironiquement, les habitants des pays à fort degré d'égalité, comme l'Allemagne et la Norvège, sont moins enclins à s'attribuer le mérite de leur réussite. Aux États-Unis, au contraire, les gens ont moins souvent tendance (comme le montre l'enquête World Values Survey) à considérer leur réussite comme le produit de la chance ou des circonstances.

2. Jonathan D. Ostry, Andrew Berg et Charalambos G. Tsangarides, « Redistribution, Inequality, and Growth », FMI, avril 2014. [http://www.imf.org]

l'inégalité devient trop importante. Ils deviennent plus enclins à la dépression, au soupçon et à une myriade d'autres difficultés sociales[1].

« L'inégalité de revenu », disent deux scientifiques majeurs qui ont étudié vingt-quatre pays développés, « nous rend tous moins heureux de nos vies, même si nous sommes plutôt bien lotis[2] ».

Quand il était normal d'être pauvre

Cela n'a rien d'inévitable.

Bien sûr, il y a deux mille ans, Jésus de Nazareth disait que nous aurions toujours des pauvres avec nous[3]. Mais

1. Les découvertes de Wilkinson et de Pickett ont fait pas mal de bruit, mais depuis la publication de *The Spirit Level*, des dizaines d'autres études ont confirmé leur thèse. En 2011, la fondation Joseph Rowntree a conduit une analyse indépendante de leurs résultats et en a conclu qu'il y avait effectivement un large consensus scientifique sur la corrélation entre inégalités et problèmes sociaux. Mais surtout, il y a aussi une quantité considérable de données qui soutiennent la causalité. Voir Karen Rowlingson, « Does Income Inequality Cause Health and Social Problems ? », septembre 2011. [http://www.jrf.org.uk] Inversement, dans les pays bénéficiant d'un régime de sécurité sociale plus extensif, riches et pauvres ont tendance à être plus heureux et à avoir moins de ces problèmes sociaux. Pour une étude approfondie, voir Patrick Flavin, Alexander C. Pacek et Benjamin Radcliff, « Assessing the Impact of the Size and Scope of Government on Human Well-Being », *Social Forces*, juin 2014. [http://sf.oxfordjournals.org]

2. Jan-Emmanuel De Neve et Nattavudh Powdthavee, « Income Inequality Makes Whole Countries Less Happy », *Harvard Business Review*, 12 janvier 2016. [https://hbr.org]

3. Voir Matthieu 26:11, Marc 14:7 et Jean 12:8.

à l'époque, presque tous les emplois étaient dans l'agriculture. L'économie n'était tout simplement pas assez productive pour offrir une existence confortable à tout le monde. Et c'est ainsi que la pauvreté resta un fait de la vie parmi d'autres jusqu'au cœur du XVIIIe siècle. D'après le médecin français Philippe Hecquet (1661-1737), les pauvres sont comme l'ombre d'un tableau : ils apportent le contraste indispensable. Et à en croire l'écrivain anglais Arthur Young (1741-1820) : « Quiconque n'est pas idiot sait que les basses classes doivent être maintenues dans la pauvreté, sans quoi elles ne seront jamais industrieuses[1]. »

Un tel raisonnement relève de ce que les historiens appellent « mercantilisme », l'idée que ce que quelqu'un perd est gagné par quelqu'un d'autre. Les premiers économistes modernes croyaient qu'un pays ne pouvait prospérer qu'aux dépens d'un ou de plusieurs autres ; il s'agissait avant tout de faire en sorte que le taux d'exportation reste élevé. Pendant les guerres napoléoniennes, cette manière de penser conduisit à des situations absurdes. L'Angleterre envoya volontiers des vivres en France, par exemple, tout en interdisant les exportations d'or, les politiciens s'étant mis en tête que l'ennemi serait plus vite écrasé par une pénurie de lingots que par une famine.

1. Cité par Emily Badger, « Hunger Makes People Work Harder, and Other Stupid Things We Used to Believe About Poverty », *Atlantic Cities*, 17 juillet 2013. [http://www.theatlanticcities.com]

Demandez à un mercantiliste le truc qui marche à tous les coups, il vous répondra : les bas salaires. Plus ils seront bas, plus vous serez compétitif et plus vous exporterez. Pour le dire avec Bernard de Mandeville (1670-1733) : « Il est manifeste que dans une nation libre où il est interdit d'avoir des esclaves, la richesse la plus sûre consiste dans une multitude de pauvres laborieux[1]. »

Mandeville était pourtant loin du compte. Car nous savons à présent que la richesse engendre la richesse, que l'on parle d'individus ou de nations. Henry Ford le savait, et c'est pourquoi il donna à ses employés une grosse augmentation en 1914. Comment, sinon, auraient-ils acheté ses voitures ? « La pauvreté est une grande ennemie du bonheur humain ; elle détruit à coup sûr la liberté, et elle rend certaines vertus impraticables et d'autres extrêmement difficiles », déclara l'écrivain britannique Samuel Johnson en 1782[2]. À la différence de beaucoup de ses contemporains, il avait compris que la pauvreté n'est pas un manque de caractère. C'est un manque d'argent.

Un toit sur la tête

Directeur du groupe de travail sur les sans-abri de l'Utah, Lloyd Pendleton a eu une illumination au début des

1. Bernard de Mandeville, *The Fable of the Bees, or Private Vices, Publick Benefits* [La Fable des abeilles], 1714.
2. Samuel Johnson, lettre à James Boswell, 7 décembre 1782.

années 2000. Le problème des sans-abri devenait incontrôlable dans cet État et, dans les parcs et dans les rues des villes de l'Utah, des milliers de gens dormaient sous les ponts. La police et les services sociaux ne savaient où donner de la tête et Pendleton n'en pouvait plus. Mais il avait un plan.

En 2005, l'Utah déclara la guerre au problème des sans-abri, pas avec des tasers et du gaz lacrymogène comme c'est trop souvent le cas, mais en s'attaquant à la racine du problème. L'objectif ? Loger tous les sans-abri. La stratégie ? Des appartements gratuits. Pendleton commença par les dix-sept sans-abri les plus endurcis qu'il pût trouver. Deux ans plus tard, une fois qu'ils eurent tous un endroit où vivre, il élargit le programme progressivement. Casiers judiciaires, addictions sans espoir de rémission, endettement massif… peu importait. Dans l'Utah, avoir un toit sur la tête devint un droit.

Le programme eut un succès retentissant. Alors que dans le Wyoming voisin, le nombre de SDF grimpait de 213 %, l'Utah vit le problème se réduire de 74 %. Et cela, dans un État ultraconservateur. Le Tea Party rencontre un écho important dans l'Utah depuis des années et Lloyd Pendleton n'est pas exactement un gauchiste. « J'ai grandi dans un ranch où on apprend à travailler dur », se souvient-il. « J'avais l'habitude de dire aux sans-abri d'aller chercher du boulot, parce que je croyais que c'était ce qu'il leur fallait[1]. »

1. Cité par Kerry Drake, « Wyoming Can Give Homeless a Place to Live, and Save Money », wyofile.com, 3 décembre 2013.

L'ancien cadre changea de refrain après avoir assisté à une conférence sur les résultats de ce type de politique. Il s'avérait que donner des logements gratuits revenait à accorder un second souffle au budget de l'État. Les fonctionnaires en charge du budget de l'économie avaient calculé qu'une personne à la dérive vivant dans la rue coûtait au gouvernement 16 670 $ par an (en services sociaux, frais de police et de justice, etc.). Un appartement et un suivi professionnel ne coûtaient que 11 000 $[1].

Les chiffres sont parlants. Aujourd'hui, l'Utah est le premier État des États-Unis en passe d'éliminer totalement le problème chronique des sans-abri. Tout en économisant une fortune.

Comment fut perdue une cause valable

Comme pour la pauvreté, il vaut mieux résoudre le problème des sans-abri que se contenter de le gérer[2]. Le principe « priorité au logement » a déjà fait le tour

1. Une étude en Floride a démontré qu'une personne vivant dans la rue coûte 31 000 $ par an, alors que lui offrir une maison et les services d'un travailleur social ne reviendrait à l'État que 10 000 $. Au Colorado, une autre étude a estimé les coûts à 43 000 $ contre 17 000 $ par an. Voir Kate Santich, « Cost of Homelessness in Central Florida ? $31K per Person », *Orlando Sentinel*, 21 mai 2014. [http://articles.orlandosentinel.com] Et Scott Keyes, « Colorado Proves Housing the Homeless Is Cheaper Than Leaving Them on the Streets », thinkprogress.org, 5 septembre 2013.

2. Malcolm Gladwell a écrit un brillant article là-dessus : voir http://gladwell.com/million-dollar-murray.

du monde. En 2005, on ne pouvait se promener dans le centre d'Amsterdam ou de Rotterdam sans voir des gens vivant dans la rue. La situation devenait critique, surtout aux abords des gares, et ça coûtait cher. C'est pourquoi, au moment même où Lloyd Pendleton déployait son plan dans l'Utah, assistants sociaux, fonctionnaires et politiciens se réunissaient dans les grandes villes néerlandaises pour réfléchir au moyen de régler ce problème aux Pays-Bas. Ils élaborèrent un plan d'action :

- le budget : 217 millions de dollars ;
- l'objectif : tirer tous les sans-abri de la rue ;
- les lieux : Amsterdam, Rotterdam, La Haye et Utrecht d'abord, puis le pays tout entier ;
- la stratégie : un suivi et – bien sûr – la mise à disposition de logements gratuits ;
- le calendrier : de février 2006 à février 2014.

Ce fut un succès sans mélange. En deux ans à peine, le problème des SDF dans les grandes villes avait été réduit de 65 %. L'usage de drogues avait diminué de moitié. La santé mentale et physique des bénéficiaires du programme s'était considérablement améliorée et les bancs des parcs étaient enfin libres. Au 1er octobre 2008, le programme avait permis à près de 6 500 personnes sans abri de quitter la rue[1]. Et pour couronner le tout, le

1. Birgit Kooijman, « Rotterdam haalt daklozen in huis », *Binnenlands Bestuur*, 28 août 2009. [http://www.binnenlandsbestuur.nl]

retour financier, pour la société, s'élevait au double de l'investissement initial[1].

C'est alors que survint la crise financière. Les budgets ne tardèrent pas à être coupés et le nombre des expulsions à augmenter. En décembre 2013, trois mois avant la fin programmée du Plan d'action, l'Institut néerlandais des statistiques publia un sombre communiqué de presse. Dans tout le pays, le phénomène des SDF atteignait des records historiques. Les grandes villes comptaient plus de gens dans la rue que lorsque le programme avait débuté[2]. Et cela coûtait des sommes considérables.

Combien, exactement ? En 2011, le ministère néerlandais de la Santé commanda une étude pour s'en faire une idée. Le rapport qui en résulta comparait les coûts et bénéfices de l'aide aux sans-abri (y compris les refuges gratuits, les programmes d'aide, les distributions d'héroïne gratuite et les services de prévention) et en concluait qu'investir « dans » un sans-abri apportait le plus fort retour sur investissement qui existât. Pour chaque euro engagé dans la lutte et la prévention, les économies en

1. Plan van aanpak Maatschappelijke Opvang Fase II, « Van de straat naar een thuis ». [http://www.amsterdam.nl]

2. D'après le Plan d'action, en 2006 il y avait environ 10 000 sans-abri dans les quatre villes principales. En 2009, leur nombre s'était réduit à quelque 6 500, mais en 2012, il était remonté à 12 400. Voir Statistics Netherlands Statline, « Daklozen ; persoonskenmerken ». [http://statline.cbs.nl]

termes de frais de services sociaux, policiers et judiciaires allaient jusqu'au double ou au triple[1].

« Les aides sont préférables et moins coûteuses que le fait de laisser les gens vivre dans la rue », concluaient les chercheurs. En outre, leurs calculs ne considéraient que les économies réalisées par le gouvernement, mais à l'évidence, le fait d'éliminer ce problème pouvait également avoir des conséquences positives pour les commerces et les habitants de la ville.

Bref, aider les sans-abri, c'est une politique gagnant-gagnant-gagnant-gagnant !

Une bonne leçon

Les politiciens peuvent être en désaccord, et parfois violemment, sur de nombreux problèmes, mais ils ne devraient pas l'être sur la question des sans-abri. C'est un problème qui *peut* être résolu. En plus, cela ferait faire des économies. Quand on est pauvre, le problème principal, c'est le manque d'argent. Quand on est sans-abri, le principal problème c'est le manque de logement. À propos, en Europe, le nombre de logements vacants représente le double du nombre de sans-abri[2]. Aux États-

1. Cebeon, « Kosten en baten van Maatschappelijke opvang. Bouwstenen voor effectieve inzet van publieke middelen », 2011. [http://www.opvang.nl]

2. Ruper Neate, « Scandal of Europe's 11m Empty Homes », *The Guardian*, 23 février 2014. [http://www.theguardian.com]

Unis, il y a cinq habitations vides pour une personne sans logement[1].

Malheureusement, au lieu d'essayer de soigner la maladie, nous continuons à lutter contre ses symptômes : la police pourchasse les SDF, les médecins ne les soignent que pour les renvoyer dans la rue et les assistants sociaux appliquent du sparadrap sur des plaies suppurantes. Dans l'Utah, un ancien cadre a prouvé qu'il y avait une autre voie. Lloyd Pendleton se fait désormais un devoir de persuader l'État du Wyoming de loger, lui aussi, ses sans-abri. « Ce sont mes frères et mes sœurs », dit-il lors d'un meeting à Casper, dans le Wyoming. « Quand ils souffrent, nous souffrons tous. Nous sommes tous liés[2]. »

Si ce message ne suffit pas à piquer votre sens moral, réfléchissez à son impact financier. Car qu'il s'agisse de sans-abri néerlandais, de cultivateurs de canne à sucre indiens ou d'enfants cherokees, lutter contre la pauvreté n'est pas seulement bon pour notre conscience, c'est bon aussi pour nos porte-monnaie. Comme le constate sèchement le professeur Costello : « C'est une précieuse leçon pour toute la société[3]. »

1. Richard Bronson, « Homeless and Empty Homes – an American Travesty », huffingtonpost.com, 24 août 2010.

2. Cité par John Stoehr, « The Answer to Homelessness », *American Conservative*, 20 mars 2014. [http://www.theamericanconservative.com]

3. Cité par Velasquez-Manoff, « What Happens When the Poor Receive a Stipend ? », art. cité.

4

L'étrange conte du président Nixon et de son projet de loi sur le revenu de base

« Ceux qui ne peuvent se rappeler le passé sont condamnés à le répéter. »

GEORGE SANTAYANA (1863-1952)

L'histoire n'est pas une science qui sert des leçons tombant à pic et sur mesure pour notre vie quotidienne. Bien sûr, penser au passé peut nous aider à mettre en perspective nos épreuves et nos tribulations, du robinet qui fuit à la dette nationale. Après tout, tout ou presque allait plus mal avant. Mais le monde change plus rapidement que jamais et le passé nous semble plus éloigné. L'écart se creuse entre nous et cet autre monde que nous avons tant de mal à comprendre. « Le passé est un pays étranger », a écrit un romancier. « On y fait les choses autrement[1]. »

1. L'écrivain britannique L. P. Hartley (1895-1972) dans son roman *The Go-Between*, 1953.

Je crois pourtant que les historiens ont davantage à nous offrir qu'un peu de distance par rapport à nos malheurs. Ce pays étranger que nous appelons « le passé » nous permet aussi de voir ce qui pourrait être, par-delà l'horizon de ce qui est. Pourquoi échafauder des théories sur un revenu de base inconditionnel, quand on peut parfaitement observer son ascension et sa chute dans les années 1970 ?

Que l'on cherche de nouveaux rêves ou qu'on en redécouvre d'anciens, on ne peut pas avancer sans regarder en arrière. Le passé est le seul endroit où une abstraction peut se concrétiser et d'où l'on s'aperçoit que nous vivons déjà en pays d'abondance. Le passé nous enseigne une leçon simple mais fondamentale : il pourrait en aller autrement. L'organisation de notre monde n'est pas le résultat de quelque évolution axiomatique. La situation actuelle pourrait tout aussi bien être le résultat des tours et détours banals et pourtant essentiels de l'histoire.

En matière de progrès ou d'économie, les historiens ne croient pas en des lois absolues. Le monde n'est pas gouverné par des forces abstraites, mais par des gens qui projettent leur propre trajectoire. C'est pourquoi le passé ne met pas seulement les choses en perspective. Il peut galvaniser notre imagination.

L'ombre de Speenhamland

S'il y a bien une histoire qui prouve qu'il pourrait en être autrement et que la pauvreté n'est pas un mal nécessaire, c'est celle de Speenhamland, en Angleterre.

C'était à l'été 1969, la fin de la décennie qui nous avait apporté le *Flower Power*, Woodstock, le rock'n'roll, le Viêtnam, Martin Luther King et le féminisme. C'était une époque où tout semblait possible, y compris un président conservateur prêt à renforcer l'État-providence.

Richard Nixon n'était pas le candidat le plus évident pour reprendre l'héritage utopiste de Thomas Moore, mais l'histoire a parfois un étonnant sens de l'humour. L'homme que le scandale du Watergate forcerait à démissionner en 1974 faillit instaurer dès 1969 un revenu inconditionnel pour toutes les familles pauvres. Cela aurait été un énorme pas en avant dans la guerre contre la pauvreté et aurait assuré à une famille de quatre personnes un revenu de 1 600 $ par an. L'équivalent de 10 000 $ environ en 2016.

Un homme commença à réaliser qu'une telle mesure risquait de conduire à un monde où l'argent serait considéré comme un droit fondamental. Conseiller du président, Martin Anderson était violemment opposé au plan. Il admirait beaucoup l'auteure Ayn Rand, dont l'utopie était plutôt axée sur l'économie de marché, et l'idée d'un revenu de base contredisait les idéaux de gouvernement restreint et de responsabilité individuelle qui lui étaient chers.

Il lança donc une offensive.

Le jour où Nixon avait prévu de rendre son plan public, Anderson lui transmit un rapport. Pendant les semaines qui suivirent, ce document de six pages, une étude de cas sur des événements qui avaient eu lieu en Angleterre cent cinquante ans auparavant, produisit l'impensable : il modifia radicalement la position Nixon et, du même coup, le cours de l'histoire.

Ce rapport intitulé « Brève histoire d'un "système de sécurité familiale" » était constitué presque entièrement d'extraits de l'ouvrage classique du sociologue Karl Polanyi, *La Grande Transformation* (1944). Au chapitre VII, Polanyi décrit l'un des premiers dispositifs de protection sociale du monde, le système de Speenhamland, établi au début du XIXe siècle en Angleterre. Or ce dispositif comportait des similitudes suspectes avec le revenu de base.

Polanyi portait sur ce système un jugement sans appel. Non seulement il incitait les pauvres à l'oisiveté en décourageant la productivité et les salaires, mais il mettait en péril les fondements mêmes du capitalisme. « Il introduisait une innovation sociale et économique qui équivalait à rien de moins qu'un "droit à la vie", écrivait Polanyi, et, jusqu'à son abolition en 1834, il empêcha efficacement l'établissement d'un marché du travail concurrentiel. » En définitive, Speenhamland avait eu pour effet « la paupérisation des masses », lesquelles, d'après Polanyi, « avaient presque perdu leur forme humaine ». Un revenu de base, estimait-il, constituait plutôt un plafond qu'un plancher.

À la fin du rapport présenté à Nixon, il y avait une citation de l'auteur hispano-américain George Santayana : « Ceux qui ne peuvent se rappeler le passé sont condamnés à le répéter[1]. »

Le président fut impressionné. Il convoqua ses principaux conseillers et leur ordonna de réunir des informations sur l'expérience qui avait eu lieu en Angleterre un siècle et demi auparavant. Ils lui présentèrent les premiers résultats des programmes pilotes de Seattle et de Denver où, à l'évidence, les gens ne s'étaient pas mis à travailler moins. En outre, soulignèrent-ils, Speenhamland ressemblait davantage à la gabegie sociale dont Nixon avait hérité et qui maintenait effectivement les gens dans un cercle vicieux de pauvreté.

Deux des principaux conseillers de Nixon, le sociologue puis sénateur Daniel Moynihan et l'économiste Milton Friedman, remarquèrent que le droit au revenu existait déjà, même si c'était « une prérogative légale que la société a pourtant réussi à stigmatiser[2] ». D'après Friedman, la pauvreté signifiait simplement qu'on était à court d'argent. Ni plus, ni moins.

1. Brian Steensland, *The Failed Welfare Revolution. America's Struggle Over Guaranteed Income Policy*, *op. cit.*, p. 93.
2. *Ibid.*, p. 96.

Mais l'ombre de Speenhamland porta bien au-delà de l'été 1969. Le président changea d'approche et de rhétorique. Alors que son plan initial de revenu de base ne prévoyait à peu près rien pour obliger les gens à travailler, il insista désormais sur l'importance d'un emploi rémunéré. Et alors que le débat sur le revenu de base avait commencé sous le mandat du président Johnson, quand des experts avaient pointé le fait que le chômage devenait endémique, Nixon se mit à parler désormais de l'absence d'emploi comme d'un « choix ». Il déplora l'interventionnisme grandissant du gouvernement, alors même que son plan prévoyait de distribuer une assistance matérielle à quelque treize millions d'Américains de plus qu'auparavant (dont 90 % de pauvres ayant un emploi).

« Nixon proposait des mesures sociales d'un nouveau genre au public américain, écrit l'historien Brian Steensland, mais pas le nouveau cadre conceptuel qui aurait permis de les comprendre[1]. » De fait, les idées progressistes de Nixon baignaient dans une rhétorique conservatrice.

On pourrait légitimement se demander ce que le président était en train de faire.

Une brève anecdote nous éclaire. Le 7 août de la même année, Nixon dit à Moynihan qu'il avait lu les biographies du Premier ministre britannique Benjamin Disraeli et de l'homme d'État britannique Lord Randolph Churchill (le père de Winston). « Les Tories et la politique libérale,

1. *Ibid.*, p. 115.

remarqua Nixon, ce sont eux qui ont changé le monde[1]. » Le président voulait faire l'histoire. Il se trouvait devant une occasion rare, historique, de jeter l'ancien système aux oubliettes, d'améliorer le sort de millions de pauvres et de remporter une victoire décisive dans la guerre contre la pauvreté. Bref, le revenu de base, pour Nixon, c'était l'alliance d'une politique conservatrice et d'une politique progressiste.

Il suffisait de convaincre la Chambre et le Sénat. Pour mettre à l'aise ses collègues républicains et répondre aux inquiétudes sur le précédent de Speenhamland, Nixon ajouta une mesure à son projet de loi. Les bénéficiaires du revenu de base qui n'avaient pas d'emploi devraient s'inscrire auprès du Département du travail. Personne, à la Maison-Blanche, ne s'attendait à ce que cette condition ait beaucoup d'effet. « Je me fiche pas mal des critères de recrutement », disait Nixon en privé. « C'est ce qu'il en coûte pour recevoir 1 600 $[2]. »

Le lendemain, le président présentait son projet de loi lors d'une allocution télévisée. S'il fallait présenter l'aide sociale sous la forme d'une « aide au travail » pour faire passer le revenu de base devant le Congrès, qu'à cela ne tienne. Ce que Nixon ne prévoyait pas, c'est que cette rhétorique consistant à prétendre lutter contre la paresse

1. Peter Passell et Leonard Ross, « Daniel Moynihan and President-Elect Nixon : How Charity Didn't Begin at Home », *New York Times*, 14 janvier 1973. [http://www.nytimes.com]
2. *Ibid.*

parmi les pauvres et les chômeurs finirait par retourner le pays contre le revenu de base et l'État-providence tout entier[1]. Le président conservateur qui rêvait d'entrer dans l'histoire comme un leader progressiste laissa passer une occasion unique de se débarrasser d'un stéréotype dont les racines remontaient à l'Angleterre du XIXe siècle : le mythe du pauvre oisif.

Pour réduire ce stéréotype à néant, il nous faut poser une simple question historique : que s'était-il vraiment passé à Speenhamland ?

L'ironie de l'histoire

Revenons en 1795.

Depuis six ans, l'onde de choc de la Révolution française se propageait dans tout le continent européen. En Angleterre aussi, le mécontentement social était sur le point d'éclater. À peine deux ans auparavant, un jeune général appelé Napoléon Bonaparte avait écrasé les Anglais lors

1. Une étude récente de l'Université Johns-Hopkins révèle que, depuis trente ans, l'État-providence américain se focalise de plus en plus sur les « pauvres riches » – des gens qui ont un emploi, sont mariés ou sont âgés et qui sont considérés comme « méritant » davantage d'être aidés. En conséquence, les conditions des familles les plus pauvres, la plupart du temps des familles monoparentales, ont empiré de 35 % depuis 1983. En 2012, près de 1,5 million de foyers, dont 2,8 millions d'enfants, vivaient en situation de « pauvreté extrême », avec moins de 2 $ par personne et par jour. Voir Gabriel Thompson, « Could You Survive on $2 a Day ? », *Mother Jones*, 13 décembre 2012. [http://www.motherjones.com]

du siège de Toulon, dans le sud de la France. Comme si cela ne suffisait pas, le pays connaissait une nouvelle année de disette et il n'y avait aucun espoir d'importer des céréales du continent. Le prix du blé augmentant, la menace d'une révolution se rapprochait dangereusement des côtes britanniques.

Dans une région du sud de l'Angleterre, on comprit que la répression et la propagande ne suffiraient bientôt plus à endiguer la vague de mécontentement. Le 6 mai 1795, les magistrats de Speenhamland se réunirent à l'auberge du village de Speen et résolurent de réformer radicalement l'assistance aux pauvres. En l'occurrence, « tous les pauvres, les hommes industrieux et leurs familles » verraient leurs revenus complétés jusqu'au niveau de subsistance, à un taux indexé sur le prix du pain et calculé au prorata du nombre de membres de la famille[1]. Plus la famille était grande, plus les versements seraient importants.

Ce n'était pas le premier programme d'aide publique en Angleterre. Pendant le règne de la reine Élisabeth Ire (1558-1603), la loi sur les pauvres avait introduit deux formes d'aide – l'une pour les pauvres méritants (personnes âgées, enfants et invalides) et l'autre pour ceux qu'il fallait forcer à travailler. Ceux de la première catégorie étaient placés dans des hospices. Ceux de la seconde

1. *Reading Mercury*, 11 mai 1795. [http://www1.umassd.edu/ir/resources/poorlaw/p1.doc]

étaient vendus aux enchères à des propriétaires terriens, le gouvernement local complétant leurs salaires jusqu'à un minimum prédéfini. Le système de Speenhamland mit fin à cette distinction, tout comme Nixon aspirerait à le faire, cent cinquante ans plus tard. Désormais, être dans le besoin, c'était mériter l'aide et y avoir droit.

Le système prit bientôt dans tout le sud de l'Angleterre. Le Premier ministre William Pitt le Jeune tenta même d'en faire une législation nationale. Selon toute apparence, ce fut un grand succès : faim et privations diminuèrent et, surtout, la révolte fut étouffée dans l'œuf. Mais à la même époque, certains mirent en doute la sagesse consistant à venir en aide aux pauvres. En 1786 déjà, près de dix ans avant Speenhamland, le vicaire Joseph Townsend avait mis en garde, notant dans sa *Dissertation sur les lois sur les pauvres* que « seule la faim peut les aiguillonner et les stimuler au travail ; cependant nos lois décrètent qu'ils n'auront jamais faim ». Un autre homme d'Église, Thomas Malthus, reprit et développa les idées de Townsend. L'été 1798, à la veille de la révolution industrielle, il décrivit « la grande difficulté » qui lui semblait « insurmontable » sur la voie du progrès. Il posait deux prémisses : (1) les humains ont besoin de se nourrir pour vivre et (2) la passion qui existe entre les sexes est indéracinable.

Il en concluait que la croissance de la population dépasserait toujours la production de nourriture. Pour le pieux Malthus, seule l'abstinence sexuelle pourrait empêcher les

Quatre Cavaliers de l'Apocalypse de répandre la guerre, la famine, la maladie et la mort. En effet, Malthus était persuadé que l'Angleterre était au bord d'un désastre aussi ravageur que la mort noire (la peste) qui avait anéanti la moitié de la population du pays entre 1349 et 1353[1].

En tout cas, les conséquences de l'aide apportée aux pauvres seraient certainement terribles. Le système de Speenhamland ne ferait qu'encourager les gens à se marier et à procréer de manière aussi rapide et prolifique que possible. Un proche de Malthus, l'économiste David Ricardo, croyait en outre que le revenu de base les inciterait aussi à travailler moins, ce qui ferait s'effondrer davantage encore la production de nourriture et attiserait les flammes d'une révolution à la française, sur le sol anglais[2].

À la fin de l'été 1830, le soulèvement redouté finit par éclater. Aux cris de « du pain ou du sang ! », des milliers d'ouvriers agricoles, dans tout le pays, détruisirent les machines des propriétaires terriens et exigèrent un salaire de subsistance. Les autorités réprimèrent durement les révoltes, arrêtant, emprisonnant et déportant deux mille émeutiers et en condamnant d'autres à mort.

1. Voir Thomas Malthus, *An Essay on the Principle of Population*, 1798. [http://www.esp.org]

2. Par souci de simplicité, je parle de David Ricardo comme d'un « économiste », mais à son époque il était considéré comme un « économiste politique ». Comme l'explique le chapitre sur le PIB (voir *infra* chapitre 5), les économistes modernes sont une invention du XXe siècle.

À Londres, les fonctionnaires du gouvernement comprirent qu'il fallait faire quelque chose. Ils commandèrent une enquête nationale sur les conditions du travail agricole, la pauvreté dans les campagnes et le système de Speenhamland lui-même. Le plus important sondage gouvernemental à ce jour fut entrepris au printemps 1832, des enquêteurs conduisant des centaines d'entretiens et collectant des quantités impressionnantes de données qui furent compilées dans un rapport de près de 13 000 pages. Tout cela se résumait en une phrase : Speenhamland avait été un désastre.

Les rédacteurs du rapport de la Commission royale reprochaient au revenu de base d'avoir entraîné une explosion démographique, des réductions de salaires, une immoralité grandissante… bref, d'avoir considérablement dégradé la classe laborieuse anglaise. Par chance, à peine le revenu de base fut-il abandonné que :

1. les pauvres redevinrent industrieux ;
2. ils développèrent des « habitudes frugales » ;
3. la « demande de main-d'œuvre » augmenta ;
4. les salaires « progressèrent en général » ;
5. ils contractèrent moins de « mariages imprévoyants et misérables » ;
6. leur « condition morale et sociale s'améliora à tous égards[1] ».

1. « Report from His Majesty's Commissioners for Inquiring into the Administration and Practical Operation of the Poor Laws », 1834, p. 257-261. [http://www.victorianweb.org/history/poorlaw/endallow.html]

Le rapport de la Commission royale circula et obtint un large écho. Il fut longtemps considéré comme une source fiable dans les sciences sociales naissantes. Après tout, c'était la première fois que, devant une situation complexe, un gouvernement avait recueilli des données de manière systématique pour éclairer sa décision.

Même Karl Marx s'y référa, trente ans plus tard, pour condamner le système de Speenhamland dans son grand œuvre, *Le Capital* (1867). Des aides trop faibles, écrivait-il, voilà une tactique dont usent les employeurs pour maintenir les salaires aussi bas que possible, se déchargeant de leurs responsabilités sur les gouvernements locaux. Comme Friedrich Engels, Marx voyait dans les anciennes lois sur les pauvres une relique du passé féodal. Il fallait une révolution pour libérer le prolétariat des chaînes de la pauvreté, pas un revenu de base.

Les critiques de Speenhamland avaient acquis une autorité incontestée. De gauche à droite, tout le monde considérait l'expérience comme un échec historique. D'éminents penseurs comme Jeremy Bentham, Alexis de Tocqueville, John Stuart Mill, puis Friedrich Hayek et surtout Karl Polanyi le dénonceraient encore jusqu'au XXe siècle[1]. Speenhamland était devenu le cas d'école

1. Polanyi avait toutefois une autre vision que ses prédécesseurs quant à cet échec prétendu. Il estimait que le système de Speenhamland avait fait baisser les salaires en sapant l'action collective des travailleurs.

d'un programme gouvernemental qui, avec les meilleures intentions du monde, avait pavé la voie de l'enfer.

Cent cinquante ans plus tard

Mais l'histoire ne s'arrête pas là.

Dans les années 1960 et 1970, des historiens s'intéressèrent à nouveau au rapport de la Commission royale sur Speenhamland et découvrirent qu'une bonne partie du texte avait été écrit avant le recueil des données. Seuls 10 % des questionnaires distribués avaient été remplis. De plus, les questions étaient orientées et les choix de réponses fixés par avance. Enfin, presque aucune des personnes interrogées n'était elle-même bénéficiaire du programme. Tous les éléments provenaient principalement de l'élite locale, et notamment du clergé, dont la vision générale était que les pauvres ne cessaient de devenir plus vicieux et oisifs.

Largement fabriqué, le rapport de la Commission royale étaya l'élaboration d'une nouvelle loi sur les pauvres. On a même dit que le secrétaire de la Commission, Edwin Chadwick, avait déjà le projet de loi en tête avant le début de l'enquête, mais avait été assez rusé pour obtenir des éléments allant dans son sens. Chadwick possédait en outre l'« admirable faculté » de faire dire ce qu'il voulait à des témoins oculaires, tout comme « un cuisinier français capable de concocter un excellent ragoût à partir d'une paire de chaussures », selon les dires d'un de ses collègues membres de la Commission[1].

Comme le notent deux chercheurs actuels, c'est à peine si les enquêteurs s'étaient souciés d'analyser les données, tout en employant « une structure élaborée d'annexes pour conférer plus de poids à leurs "résultats"[2] ». Leur approche différait autant qu'il est possible de celle des expériences rigoureuses conduites au Canada et aux États-Unis dans les années 1960 et 1970 (voir *supra* chapitre 2). Ces expériences innovantes et méticuleuses n'eurent quasiment aucune influence, alors que le rapport de la Commission royale, fondé sur de la fausse science, parvenait encore à réorienter l'action politique de Nixon cent cinquante ans plus tard.

Des recherches plus récentes ont révélé que le système de Speenhamland avait été en réalité une réussite. Malthus se trompait au sujet de l'explosion de population, qui s'expliquait d'abord par la demande croissante de travail infantile. À l'époque, les enfants étaient un peu comme des tirelires ambulantes, leurs gains représentant en quelque sorte un plan de retraite pour les parents. Aujourd'hui encore, il suffit qu'une population donnée échappe à la pauvreté pour que le taux de natalité chute

1. Boyd Hilton, *A Mad, Bad and Dangerous People ? England 1783-1846*, Oxford University Press, 2006, p. 594.

2. Fred Block et Margaret Somers, « In the Shadow of Speenhamland : Social Policy and the Old Poor Law », *Politics & Society*, juin 2003, p. 287.

et que les gens trouvent d'autres moyens d'investir dans l'avenir[1].

L'analyse de Ricardo était tout aussi défaillante. Le système de Speenhamland n'avait rien d'un piège à pauvreté, les salariés continuant à percevoir l'aide financière – au moins en partie – quand leurs revenus augmentaient[2]. Le revenu de base n'était donc pas la cause de la pauvreté, mais était adopté précisément dans les régions où régnait déjà la misère la plus aiguë[3]. Enfin, l'agitation sociale avait déjà été provoquée par la décision de 1819 de revenir à l'étalon-or sur le conseil, d'ailleurs, de David Ricardo[4].

1. Au Bangladesh, par exemple, les femmes avaient encore en moyenne sept enfants en 1970 et un quart de ces enfants mouraient avant l'âge de cinq ans. Aujourd'hui, les femmes bangladaises n'ont plus que deux enfants et la mortalité infantile n'est plus que de 4 %. Partout dans le monde, dès que la pauvreté diminue, la mortalité infantile lui emboîte le pas et la croissance démographique ralentit.

2. Frances Coppola, « An Experiment With Basic Income », pieria.co.uk, 12 janvier 2014. Voir aussi Walter I. Trattner, *From Poor Law to Welfare State. A History of Social Welfare in America*, New York, Free Press, 1999, p. 48-49.

3. Hilton, *A Mad, Bad and Dangerous People ?*, *op. cit.*, p. 592.

4. L'étalon-or est un système monétaire où la valeur de l'argent est indexée sur une quantité fixe d'or. Le retour à la valeur de la livre d'avant-guerre en 1819 provoqua une déflation (la valeur de la livre augmenta). C'était une très bonne nouvelle pour ceux qui avaient déjà beaucoup d'argent, mais pas pour le reste de la Grande-Bretagne. Les prix du blé chutaient, les fermiers avaient de plus en plus de mal à obtenir des prêts et le chômage explosait. Cent ans plus tard, Keynes réalisa que les gouvernements occidentaux répétaient l'erreur de Ricardo en continuant à maintenir l'étalon-or pendant la Grande Dépression. La même chose se produisit au moment de la crise financière de 2008, l'Europe s'accrochant à un euro qui, pour les pays

Marx et Engels se trompaient également. Il régnait entre les propriétaires terriens une telle concurrence, pour attirer une main-d'œuvre compétente, que les salaires ne pouvaient simplement être baissés. En outre, la recherche historique récente a montré que le système de Speenhamland était plus circonscrit qu'on ne l'avait supposé. Les villages où le système n'avait pas été mis en place souffraient eux aussi des difficultés économiques liées à l'étalon-or, à l'avènement de l'industrie dans le nord du pays et à l'invention de la batteuse. Ces nouvelles machines agricoles qui facilitaient l'extraction du grain des céréales détruisirent d'un coup des milliers d'emplois, faisant chuter les salaires et alourdissant le coût de l'aide aux pauvres.

Dans la même période, la tendance ascendante de la production agricole ne fléchit pas, augmentant même d'un tiers entre 1790 et 1830[1]. La nourriture était plus abondante que jamais, mais seule une fraction de plus en plus réduite de la population anglaise pouvait se l'offrir. Pas par oisiveté, mais parce que la bataille contre la machine était en passe d'être perdue.

---

du Sud, était comme un étalon-or (comme ils ne pouvaient dévaluer leur monnaie, leur compétitivité se dégrada et le chômage battit des records). Tout comme en 1834, bon nombre de politiciens, en 1930 et en 2010, attribuèrent les conséquences de cette politique macroéconomique (pauvreté, chômage, etc.) à la prétendue paresse des travailleurs et à un État-providence trop généreux.

1. B. A. Holderness, « Prices, Productivity and Output », *in* G. E. Mingay (éd.), *The Agrarian History of England and Wales*, vol. 6 : 1750-1850, Cambridge University Press, 1989, p. 140.

Un système odieux

Le système de Speenhamland fut définitivement démantelé en 1834. Le soulèvement de 1830, qui aurait sans doute eu lieu plus tôt sans le revenu de base, scella le destin de la première tentative de transfert d'argent, la faute de la pauvreté étant rejetée sur les pauvres eux-mêmes. Là où l'Angleterre avait jusqu'alors dépensé 2 % de son revenu national en aides aux indigents, ce chiffre tomba à 1 % après 1834[1].

La nouvelle loi sur les pauvres introduisit peut-être la forme la plus odieuse jamais vue d'« assistance publique ». Estimant que les « maisons de travail » [*workhouses*] étaient le seul remède efficace contre la paresse et la dépravation, la Commission royale imposa aux indigents un esclavage dépourvu de sens, du cassage de pierres aux tâches sur les machines [*treadmills*]. Entre-temps, ils avaient toujours aussi faim. Dans la ville d'Andover, les détenus finirent même par ronger les os qu'ils étaient chargés de moudre pour en faire du fertilisant.

Lorsqu'ils entraient dans une « maison de travail », les couples étaient séparés et les enfants retirés à leurs parents qui ne les revoyaient plus. On affamait les femmes pour éviter des grossesses. Charles Dickens est devenu célèbre en peignant les épreuves infligées aux pauvres à cette

1. Joseph Hanlon *et al.*, *Just Give Money to the Poor*, *op. cit.*, 2010, p. 17-18.

époque. « S'il vous plaît monsieur, j'en veux encore », dit le petit Oliver Twist dans une maison de pauvres où il reçoit trois assiettes de gruau par jour, deux oignons par semaine et un quignon de pain le dimanche. Loin d'aider les pauvres, c'est ce spectre de l'hospice et du travail forcé qui permit aux employeurs de maintenir les salaires si misérablement bas.

Moyennant quoi, le mythe de Speenhamland a joué un rôle central dans la propagation de l'idée d'une économie de marché autorégulatrice. D'après deux historiens contemporains, il a contribué à « dissimuler le premier grand échec de cette nouvelle science qu'était l'économie politique[1] ». Ce n'est qu'après la Grande Dépression qu'il apparut clairement à quel point Ricardo avait eu la vue courte, obsédé qu'il était par l'étalon-or. En définitive, le marché parfaitement autorégulateur n'avait été qu'une illusion.

Le système de Speenhamland, au contraire, avait été un moyen efficace de traiter la pauvreté. Dans un monde qui changeait à un rythme effréné, il offrait la sécurité. « Loin d'avoir eu un effet inhibiteur, il a probablement contribué à l'expansion économique », conclut une étude de 1964[2]. Simon Szreter, historien

1. Block et Somers, « In the Shadow of Speenhamland », art. cité, p. 312.

2. Mark Blaug, « The Poor Law Report Reexamined », *Journal of Economic History*, juin 1964, p. 229-245. [http://journals.cambridge.org]

à l'Université de Cambridge, affirme même que cette législation antipauvreté fut déterminante pour l'avènement de la superpuissance anglaise. D'après Szreter, en dynamisant la sécurité matérielle et la mobilité des ouvriers, la vieille loi sur les pauvres et le système de Speenhamland ont fait de l'industrie agricole anglaise la plus efficace au monde[1].

Un mythe pernicieux

On accuse parfois les politiciens de ne pas suffisamment s'intéresser au passé. Cette fois-là, Nixon s'y était intéressé plus qu'il n'aurait fallu. Un siècle et demi après le rapport fatidique, le mythe de Speenhamland était toujours bien vivant. Une fois le projet de loi rejeté par le Sénat, les penseurs conservateurs critiquèrent l'État-providence, recourant aux arguments fallacieux déjà utilisés en 1834.

Ces arguments résonnent dans *Richesse et pauvreté* [*Wealth and Poverty*], l'immense best-seller de George Gilder paru en 1981, qui en a fait l'auteur le plus souvent cité par Reagan. Gilder considérait la pauvreté comme un problème moral ancré dans la paresse et le vice. Les mêmes arguments resurgirent quelques années plus tard dans *Losing Ground*, un ouvrage influent où le sociologue conservateur Charles Murray recyclait le mythe de

1. Hanlon *et al.*, *Just Give Money to the Poor*, *op. cit.*, p. 16-17.

Speenhamland[1]. Toute aide gouvernementale, écrivait-il, ne pouvait que miner la morale sexuelle et l'éthique du travail des indigents.

C'était un peu le retour de Townsend et Malthus mais, comme le remarque justement un historien : « Partout où l'on trouve des indigents, on trouve aussi des gens aisés pour échafauder des théories sur leur infériorité et leurs dysfonctionnements[2]. » Même l'ancien conseiller de Nixon, Daniel Moynihan, cessa de défendre le revenu de base quand il sembla que le programme pilote de Seattle avait fait monter en flèche le taux de divorces, ce qui s'avéra par la suite une erreur de calcul[3]. Il en alla de même pour le président Carter, lui aussi séduit un temps par l'idée.

Martin Anderson, le fidèle émule d'Ayn Rand, sentit le parfum de la victoire. « Toute réforme sociale radicale est un rêve impossible », triompha-t-il dans le *New*

1. La même année, l'historienne Gertrud Himmelfarb publia *The Idea of Poverty*, où elle réutilisait elle aussi les critiques de Malthus, de Bentham et de Tocqueville sur le système de Speenhamland.

2. Matt Bruenig, « When Pundits Blamed White People for a "Culture of Poverty" », *The Week*, 1er avril 2014. [http://theweek.com]

3. « Je suis choqué de voir ces résultats et je dis que nous autres scientifiques avons tort », dit Moynihan au Congrès. L'une des raisons pour lesquelles lui, un républicain conservateur, avait toujours cru dans le revenu de base, était que cette mesure renforcerait l'institution du mariage. Voir R. A. Levine, « A Retrospective on the Negative Income Tax Experiments : Looking Back at the Most Innovative Field Studies in Social Policy », *USBIG Discussion Paper*, juin 2004. [http://www.usbig.net]

York Times[1]. Le temps était venu de répudier le vieil État-providence, comme avant lui la loi anglaise sur les pauvres en 1834. En 1996, le président démocrate Bill Clinton finit par débrancher « l'État-providence tel que nous le connaissons ». Pour la première fois depuis l'adoption de la loi d'assurance sociale [*Social Security Act*] de 1935, l'aide aux pauvres était à nouveau considérée comme une faveur plutôt que comme un droit. La « responsabilité personnelle » était la nouvelle expression à la mode. La perfectibilité de la société faisait place à la perfectibilité de l'individu, illustrée notamment par l'allocation de 250 millions de dollars en programmes de « formation à la chasteté » à destination des mères célibataires[2]. Le révérend Malthus aurait certainement approuvé.

Parmi les rares voix dissidentes, on trouvait le vieux Daniel Moynihan – pas parce que le système était formidable, mais parce qu'il valait mieux que rien[3]. Abandonnant ses anciennes réserves, Moynihan prédit que la pauvreté infantile augmenterait si l'État-providence devait être davantage encore vidé de son contenu. « Ils devraient avoir honte », dit-il à propos du gouvernement Clinton.

1. Cité par Steensland, *The Failed Welfare Revolution*, *op. cit.*, p. 216.

2. Barbara Ehrenreich, « Rediscovering Poverty : How We Cured "The Culture of Poverty", Not Poverty Itself », *Economic Hardship Project*, 15 mars 2012. [http://www.tomdispatch.com]

3. Austin Stone, « Welfare : Moynihan's Counsel of Despair », *First Things*, mars 1996. [http://www.firstthings.com]

« L'histoire les jugera sévèrement[1]. » Entre-temps, la pauvreté infantile aux États-Unis remonta à son niveau de 1964, au moment où avaient commencé la guerre à la pauvreté et la carrière de Moynihan.

Les leçons de l'histoire

Pourtant, il aurait pu en être autrement.

À l'Université de Princeton, l'historien Brian Steensland a minutieusement retracé l'ascension et la chute du projet de revenu de base aux États-Unis et il souligne que, si le plan de Nixon avait été appliqué, il aurait produit des effets considérables. Les programmes d'aide publique n'auraient plus été considérés comme de la complaisance à l'égard d'opportunistes paresseux. On n'aurait plus parlé de pauvres « méritants » ou « indignes ».

Depuis la loi sur les pauvres de l'époque élisabéthaine, ces distinctions sont toujours l'un des principaux obstacles à un monde sans pauvreté. Le revenu de base pourrait changer cela en garantissant un minimum pour tous[2]. Si les États-Unis, le pays le plus riche du monde, avaient

1. Daniel Patrick Moynihan, « Speech on Welfare Reform », 16 septembre 1995. [http://www.j-bradford-delong.net/Politics/danielpatrickmoynihansspee.html]

2. En outre, le plan de Nixon, une fois mis en place, aurait été difficile à démanteler, car il aurait rapidement obtenu un large soutien. « Les nouvelles mesures [*policies*] créent de nouvelles politiques [*politics*] », écrit Steensland dans *The Failed Welfare Revolution*, *op. cit.*, p. 220.

emprunté cette voie, il est quasiment certain que les autres pays auraient suivi.

Mais l'histoire a pris une autre voie. Les arguments naguère mobilisés pour soutenir le revenu de base (l'ancien système était inefficace, cher, humiliant) le sont à présent contre l'État-providence tout entier. L'ombre de Speenhamland et la rhétorique malavisée de Nixon ont mis en place les fondements des réductions budgétaires de Reagan et de Clinton[1].

Aujourd'hui, l'idée d'un revenu de base pour tous les Américains est, selon les termes employés par Steensland, aussi « impensable » que l'étaient « le suffrage des femmes et les droits égaux pour les minorités raciales » par le passé[2]. Il est difficile d'imaginer que nous parviendrons jamais à nous débarrasser du dogme selon lequel il est nécessaire de travailler pour avoir de l'argent. Le fait qu'un président aussi conservateur et aussi récent que Richard Nixon ait cherché naguère à mettre en place un revenu de base semble s'être évanoui de la mémoire collective.

L'État de surveillance

D'après l'un des plus grands auteurs du XXe siècle : « C'est la singulière petitesse inhérente à la pauvreté que

1. *Ibid.*, p. 226.
2. *Ibid.*, p. X.

l'on commence par découvrir. » George Orwell savait de quoi il parlait, puisqu'il en avait fait lui-même l'expérience. Dans son reportage intitulé *Dans la dèche à Paris et à Londres* (1933), il écrivait : « Vous pensiez que ce serait tout simple ; c'est extraordinairement compliqué. Vous pensiez que ce serait terrible, c'est simplement sordide et ennuyeux. »

Orwell évoque des journées entières passées au lit parce qu'il n'y a rien qui mérite qu'on se lève. Le fond de la pauvreté, dit-il, c'est qu'elle « annihile l'avenir ». Tout ce qui reste, c'est le simple fait de survivre, ici et maintenant. Il s'étonne aussi de la manière dont « les gens croient tout naturellement avoir le droit de vous sermonner et de vous épier dès lors que votre revenu tombe au-dessous d'un certain niveau ».

Ses mots résonnent aujourd'hui avec la même acuité. Ces dernières décennies, nos États-providence se sont mis à ressembler de plus en plus à des États de surveillance. Recourant à des tactiques à la Big Brother, le Big gouvernement nous fait entrer de force dans une Big société. Récemment, les pays développés se sont mis à surenchérir dans ce type de politique « d'activation » en direction des chômeurs, des ateliers de candidature à l'emploi au ramassage des ordures et des séances de thérapie verbale aux stages de formation à LinkedIn. Qu'importe s'il y a dix candidats pour chaque poste, le problème est obstinément renvoyé du côté de la demande et non de l'offre. Autrement dit, vers les chômeurs qui n'ont pas suffisamment développé leurs « compétences employables » ou qui ne se donnent pas suffisamment de mal.

Le plus remarquable, c'est que les économistes dénoncent depuis toujours cette industrie du chômage[1]. Certains programmes de retour à l'emploi *prolongent*, en réalité, le chômage[2] et les fonctionnaires payés pour aider les demandeurs d'emploi à trouver du travail coûtent souvent plus que les indemnités perçues par ces derniers. Élargissons notre champ de vision : le coût de l'État de surveillance est plus élevé encore. Après tout, passer une semaine de travail à suivre des ateliers inutiles ou à exécuter des tâches abêtissantes ne laisse que peu de temps pour s'occuper des enfants, s'instruire et chercher un vrai boulot[3].

Imaginez ceci : une mère de deux enfants, bénéficiant de l'aide sociale, voit ses aides suspendues pour n'avoir pas suffisamment développé ses compétences. Le gouvernement économise quelques milliers de dollars, mais

1. Une vaste méta-analyse de quatre-vingt-treize programmes européens montre que, dans au moins la moitié, aucun effet négatif ne fut trouvé. Voir Frans den Butter et Emil Mihaylov, « Activerend arbeidsmarktbeleid is vaak niet effectief », *ESB*, avril 2008. [http://personal.vu.nl]

2. Stephen Kastoryano et Bas van der Klaauw, « Dynamic Evaluation of Job Search Assistance », *IZA Discussion Papers*, janvier 2011. [http://ftp.iza.org/dp5424.pdf]

3. Ce qu'il y a de retors, c'est que bien souvent les demandeurs d'emploi ne sont pas même autorisés à faire un travail qui a du sens en contrepartie de leurs indemnités, car cela conduirait à réduire le nombre d'emplois rémunérés.

cela multiplie d'autant le coût caché de ses enfants qui, du coup, grandiront dans la pauvreté, mangeront mal, auront de mauvaises notes à l'école et risqueront davantage d'avoir affaire à la justice.

En fait, les critiques conservatrices de l'État maternant touchent juste. L'embrouillamini bureaucratique qui existe actuellement enferme les gens dans la pauvreté. Il *produit* effectivement de la dépendance. Alors que des employés sont invités à faire la preuve de leur force, les services sociaux attendent des demandeurs d'emploi qu'ils démontrent leurs faiblesses, qu'ils prouvent encore et encore qu'une maladie est suffisamment débilitante, qu'une dépression est suffisamment noire et que les chances d'être engagé sont suffisamment minces. Faute de quoi l'aide est suspendue. Formulaires, entretiens, chèques, appels, évaluations, consultations et encore des formulaires – chaque demande d'aide a son protocole avilissant et dispendieux. « Cela piétine la vie privée et l'estime de soi à un point inconcevable pour quiconque se trouve hors du système des aides », explique une assistante sociale britannique. « Cela crée un brouillard toxique de soupçon[1]. »

Ce n'est pas la guerre à la pauvreté, c'est la guerre aux pauvres. Il n'y a pas de plus sûr moyen de faire de ceux qui occupent les échelons les plus bas de la société

1. Deborah Padfield, « Through the Eyes of a Benefits Adviser : A Plea for a Basic Income », opendemocracy.net, 5 octobre 2011.

– y compris des génies comme Orwell – des légions de fainéants et de parasites. C'est à cela qu'on les forme. S'il y a une chose que nous autres capitalistes avons en commun avec les communistes d'antan, c'est une obsession pathologique pour l'emploi rémunéré. De même qu'à l'époque soviétique il fallait, dans un magasin, « trois employés pour vendre un morceau de viande », nous forçons les demandeurs d'aides sociales à exécuter des tâches sans queue ni tête, quand bien même cela nous conduirait à la faillite[1].

Dans une société capitaliste ou communiste, un pauvre est un pauvre et ces deux systèmes partagent une idée fausse qui a failli être dissipée il y a quarante ans, et qui veut qu'une vie sans pauvreté soit un privilège, qu'il faut travailler pour le mériter, et non un droit que nous méritons tous.

1. David Graeber, « On the Phenomenon of Bullshit Jobs », *Strike ! Magazine*, 17 août 2013. [http://www.strikemag.org/bullshit-job]

5

De nouveaux chiffres pour une nouvelle ère

> « Le produit national brut [...] mesure tout [...] sauf ce qui fait que la vie vaut d'être vécue. »
>
> ROBERT F. KENNEDY (1925-1968)

Ça a commencé dans l'après-midi, vers quatorze heures quarante-cinq – jusqu'à dix kilomètres sous la surface de la terre, des secousses sismiques telles qu'on n'en avait pas ressenti depuis au moins cinquante ans. À cent kilomètres de là, les sismographes se mirent à paniquer, pointant à 9 sur l'échelle de Richter. Moins d'une demi-heure plus tard, les premières vagues s'écrasaient sur la côte japonaise, marquant des pics de 6, 12 et même 18 mètres de haut. En quelques heures, 240 km^2 de terre avaient été recouverts de boue, de débris et d'eau.

Près de 20 000 personnes trouvèrent la mort.

« L'économie japonaise en chute libre », titrait le *Guardian* peu après la catastrophe[1]. Quelques mois plus tard, la Banque mondiale évaluait les dégâts à 235 milliards de dollars, l'équivalent du produit intérieur brut de la Grèce. Le tsunami du 11 mars 2011 à Sendai est entré dans l'histoire comme le désastre le plus coûteux de tous les temps.

Mais ce n'est pas tout. Le jour du séisme même, l'économiste américain Larry Summers déclara à la télévision que cette tragédie, ironiquement, contribuerait à relever l'économie japonaise. Bien sûr, à court terme, la production serait ralentie, mais au bout de quelques mois, les efforts de reprise boosteraient la demande, l'emploi et la consommation.

Larry Summers avait raison.

Après une légère baisse en 2011, l'année suivante a vu l'économie du pays croître de 2 %, et les chiffres ont été encore meilleurs en 2013. Le Japon a ainsi fait l'expérience des effets d'une loi économique constante qui veut que tout désastre a ses bons côtés – au moins pour le PIB.

La même chose a eu lieu pendant la Grande Dépression. Les États-Unis n'ont commencé à sortir de la crise qu'en entrant dans la plus grande catastrophe du siècle dernier : la Seconde Guerre mondiale. Prenons encore l'inondation

1. Tim Webb, « Japan's Economy Heads into Freefall After Earthquake and Tsunami », *The Guardian*, 13 mars 2011. [http://www.theguardian.com]

de 1953, qui a tué près de deux mille personnes dans mon pays, les Pays-Bas. Après le désastre, la reconstruction a donné une formidable impulsion à l'économie néerlandaise. Alors qu'au début des années 1950, l'industrie nationale était en crise, l'inondation d'une grande partie du sud-ouest du pays fit passer la croissance annuelle de 2 % à 8 %. Pour le dire avec les mots d'un historien, « nous nous sommes sortis de la gadoue à la force du poignet[1] ».

Ce qu'on voit

Faut-il donc accueillir les catastrophes climatiques avec le sourire ? Raser des quartiers entiers ? Faire sauter des usines ? Ce pourrait être un excellent antidote au chômage et cela ferait des merveilles pour l'économie.

Mais calmons notre ardeur, car tout le monde ne s'accorderait pas avec une telle manière de penser. En 1850 parut un essai intitulé *Ce qu'on voit et ce qu'on ne voit pas*[2], du philosophe Frédéric Bastiat. D'un certain point de vue, expliquait Bastiat, briser une vitre est une bonne idée. « À supposer qu'il faille dépenser six francs pour réparer le dommage, si l'on veut dire que l'accident apporte six francs

1. Merijn Knibbe, « Dc bestedingsgevolgenvan de watersnoodramp : een succesvolle "Keynesiaanse" schok », *Lux et Veritas*, 1er avril 2013. [http://www.luxetveritas.nl/blog/?p=3006]

2. Frédéric Bastiat, « Ce qu'on voit et ce qu'on ne voit pas », 1850. [http://bastiat.org/en/twisatwins.html]

à l'industrie vitrière, qu'il encourage dans la mesure de six francs la susdite industrie, je l'accorde, je ne conteste en aucune façon, on raisonne juste. Le vitrier va venir, il fera besogne, touchera six francs [...]. *C'est ce qu'on voit.* »

Mais comme le reconnaissait Bastiat, cette approche ne tient pas compte de ce qu'on ne voit pas. Supposons (une nouvelle fois) que les services du ministère de la Justice constatent une augmentation de 15 % d'activité dans les rues. Il conviendrait naturellement de savoir de quelle sorte d'activité il s'agit : repas de quartier ou exhibitionnisme ? Musique de rue ou vols à la tire ? Stands de limonade ou vitres cassées ? Quelle est la *nature* de cette activité ?

C'est précisément ce que ne montre pas le sacro-saint produit intérieur brut, censé mesurer le progrès de la société moderne. *Ce qu'on ne voit pas.*

Ce qu'on ne voit pas

Alors qu'est-ce que c'est vraiment, le produit intérieur brut ?

On se dit que c'est assez simple : le PIB, c'est la somme de tous les biens et services produits par un pays, corrigée par les fluctuations saisonnières, l'inflation et éventuellement le pouvoir d'achat.

À quoi Bastiat répondrait qu'il manque une part considérable du tableau. Le travail d'utilité publique, l'air pur, le deuxième café gratuit – rien de tout cela n'accroît le PIB d'un iota. Il suffit qu'une femme d'affaires épouse son homme de ménage pour faire baisser le PIB, dès lors que son chéri échange son job contre de l'entretien ménager non payé. Ou encore, prenons Wikipédia. Soutenu par des investissements en temps plutôt qu'en argent, il a mis sur la paille la vieille *Encyclopædia Universalis* – et fait baisser le PIB de quelques crans au passage.

Certains pays intègrent dans les comptes une estimation de leur économie parallèle. C'est ainsi qu'en 2006, le PIB grec a augmenté de 25 % quand les statisticiens ont pris en compte le marché noir du pays, ce qui a permis au gouvernement d'emprunter à bas taux peu avant le début de la crise de la dette européenne. L'Italie, elle, a intégré le marché noir à son PIB dès 1987, ce qui a fait gonfler son économie de 20 % en une nuit. « Une vague d'euphorie a gagné tous les Italiens, rapportait le *New York Times*, après que les économistes ont recalibré leurs statistiques en comptabilisant pour la première fois la formidable économie souterraine de l'évasion fiscale et du travail au noir[1]. »

Sans parler de tout le travail non payé qui n'entre pas même dans les chiffres du marché noir : du bénévolat à la cuisine en passant par les soins aux enfants, soit au total plus de la moitié de nos heures travaillées. Bien

1. Cité *in* Diane Coyle, *GDP. A Brief But Affectionate History*, Princeton University Press, 2014, p. 106.

sûr, nous pouvons engager des personnes à qui confier les soins aux enfants ou les tâches ménagères, et dans ce cas leur travail entre dans le PIB, mais le plus gros, c'est nous qui le faisons. Si l'on tenait compte de tout ce travail non payé, l'économie en serait accrue de 37 % (comme en Hongrie) à 74 % (au Royaume-Uni)[1]. Mais comme le note l'économiste Diane Coyle, « en général, les agences de statistiques officielles ne s'en donnent pas la peine – peut-être parce que ce sont des tâches accomplies surtout par des femmes[2] ».

Pendant que nous y sommes, seul le Danemark a cherché à quantifier la valeur de l'allaitement dans son PIB. Et ce n'est pas une somme dérisoire : aux États-Unis, la contribution potentielle du lait maternel a été estimée à 110 milliards de dollars par an[3] ; à peu près l'équivalent du budget militaire de la Chine[4].

Le PIB ne permet pas non plus de calculer les avancées en matière de connaissances. Nos ordinateurs, nos appareils photo et nos téléphones sont tous plus intelligents, plus rapides et plus élégants que jamais, mais aussi

1. OCDE, « Cooking and Caring, Building and Repairing : Unpaid Work Around the World », *Society at a Glance 2011*, 2011, p. 25. [http://www.oecd-ilibrary.org] Voir aussi : Coyle, *GDP*, *op. cit.*, p. 109.

2. Coyle, *GDP*, *op. cit.*, p. 108.

3. J. P. Smith, « "Lost Milk ?" : Counting the Economic Value of Breast Milk in Gross Domestic Product », *Journal of Human Lactation*, novembre 2013. [http://www.ncbi.nlm.nih.gov/pubmed/23855027]

4. D'après l'Institut international d'études stratégiques, la Chine a dépensé 112 milliards de dollars pour son armée en 2013.

meilleur marché. Ils comptent donc à peine[1]. Alors qu'il y a trente ans il en coûtait 300 000 $ pour un gigabyte de mémoire, le même vaut aujourd'hui moins de dix cents[2]. Dans le PIB, ces stupéfiantes avancées technologiques ne représentent pas beaucoup plus que de la petite monnaie. Les produits gratuits peuvent même peser sur l'économie (comme le service d'appels Skype, qui fait perdre une fortune aux compagnies téléphoniques). Aujourd'hui, l'Africain lambda doté d'un téléphone cellulaire accède à plus d'informations que le président Clinton dans les années 1990, et pourtant la part du secteur de l'information dans l'économie n'a pas bougé depuis vingt-cinq ans, c'est-à-dire avant l'Internet[3].

Non seulement le PIB est aveugle à bien des bonnes choses, mais il tire profit de toutes sortes de souffrances humaines. Embouteillages, toxicomanies, adultères ? Des mines d'or pour les stations d'essence, les centres de désintoxication, les avocats spécialisés en droit de la famille. Si vous étiez le PIB, votre citoyen idéal serait un

1. Les statisticiens essaient de comptabiliser les améliorations de produits, mais c'est extrêmement difficile à faire. Pour certains produits technologiques comme les lampes et les ordinateurs, les progrès n'apparaissent que très partiellement dans le PIB. Voir Diane Coyle, *The Economics of Enough. How to Run the Economy as if the Future Matters*, Princeton University Press, 2012, p. 37.

2. Robert Quigley, « The Cost of a Gigabyte Over the Years », *Geeko-System*, 8 mars 2011. [http://www.geekosystem.com/gigabyte-cost-over-years]

3. Erik Brynjolfsson et Andrew McAfee, *The Second Machine Age*, W. W. Norton & Company, 2014, p. 112.

joueur compulsif atteint d'un cancer et engagé dans une difficile procédure de divorce, affrontant ses soucis en gobant du Prozac par poignées et disjonctant le premier jour des soldes. Même la pollution environnementale fait des heures sup : telle entreprise fait fortune en contournant les réglementations, tandis que telle autre est payée pour réparer les dégâts. En revanche, un arbre plusieurs fois centenaire n'a aucune valeur tant qu'on ne l'a pas abattu pour le débiter en bois de charpente[1].

Maladie mentale, obésité, pollution, crime – en termes de PIB, plus il y en a, mieux c'est. C'est aussi la raison pour laquelle le pays qui a le plus gros PIB, les États-Unis, est aussi celui qui a le plus de problèmes sociaux. « Si on suit le critère du PIB, écrit l'auteur Jonathan Rowe, les pires familles en Amérique sont celles qui sont fonctionnelles – qui préparent leurs repas, qui se promènent après dîner, qui discutent ensemble plutôt que de confier leurs enfants à la culture commerciale[2]. »

Le PIB est tout aussi indifférent aux inégalités, croissantes dans la plupart des pays développés, et aux dettes, ce qui rend séduisante l'option consistant à vivre à crédit. Au cours du dernier trimestre de l'année 2008, alors que le

1. Clifford Cobb, Ted Halstead et Jonathan Rowe, « If the GDP is Up, Why is America Down ? », *Atlantic Monthly*, octobre 1995. [http://www.theatlantic.com/past/politics/ecbig/gdp.htm]

2. Jonathan Rowe, « The Gross Domestic Product. », témoignage devant la Commission sénatoriale américaine sur le commerce, les sciences et les transports, 12 mars 2008. [http://jonathanrowe.org/the-gross-domestic-product]

système financier mondial était au bord de l'implosion, les banques britanniques traversèrent une phase de croissance plus rapide que jamais. À l'apogée de la crise, leur part dans le PIB représentait 9 % de l'économie anglaise, soit presque autant que l'industrie manufacturière tout entière. Et dire que, dans les années 1950, leur contribution était encore quasiment nulle.

C'est dans les années 1970 que les statisticiens ont décidé qu'il serait utile de mesurer la « productivité » des banques sur la base de leur comportement en termes de prise de risque. Plus elles prenaient de risques, plus importante serait leur part dans le PIB[1]. Il n'y a donc rien d'étonnant à ce que les banques n'aient cessé d'accroître les prêts, encouragées en cela par des politiciens persuadés que la part du secteur financier valait autant que celle de toute l'industrie manufacturière. D'après le *Financial Times* : « Si la banque avait été soustraite plutôt qu'ajoutée au PIB, il est raisonnable de penser que la crise financière n'aurait jamais eu lieu[2]. »

La contribution au PIB d'un PDG qui vend inconsidérément des prêts immobiliers et des produits dérivés pour engranger des millions de dollars ou d'euros en bonus est, en l'état actuel des choses, supérieure à celle d'une école

1. Si le PIB était corrigé sur ce point, la part de l'industrie financière tomberait d'une proportion située entre un cinquième et la moitié. Voir : Coyle, *GDP*, *op. cit.*, p. 103.

2. David Pilling, « Has GDP Outgrown Its Use ? », *Financial Times*, 4 juillet 2014.

bourrée d'enseignants ou d'une usine pleine de mécaniciens automobile. Nous vivons dans un monde où la règle en vigueur semble être que plus votre activité est essentielle (nettoyage, soins, enseignement), moins vous comptez dans le PIB. Comme le disait le prix Nobel James Tobin en 1984 déjà : « Nous jetons de plus en plus de nos ressources, y compris la crème de notre jeunesse, dans des activités financières éloignées de la production de biens et de services, des activités qui génèrent des bénéfices individuels disproportionnés par rapport à leur productivité sociale[1]. »

À chaque époque ses chiffres

Ne nous y trompons pas : dans de nombreux pays, croissance économique, État-providence et santé vont joyeusement de pair. Ce sont des endroits où il y a encore des estomacs à remplir et des maisons à construire. C'est un privilège de riches que de placer d'autres objectifs avant la croissance. Mais pour la plus grande partie de la population mondiale, c'est l'argent qui compte. « Il n'y a qu'une classe qui pense davantage à l'argent que les riches, disait Oscar Wilde, ce sont les pauvres[2]. »

Cependant, en pays d'abondance, nous sommes au terme d'un long parcours historique. Depuis plus de trente ans,

1. Cité *in* European Systemic Risk Board, « Is Europe Overbanked ? », juin 2014, p. 16.
2. Oscar Wilde, *L'Âme de l'homme sous le socialisme*, 1891.

Figure 6. Croissance du secteur bancaire

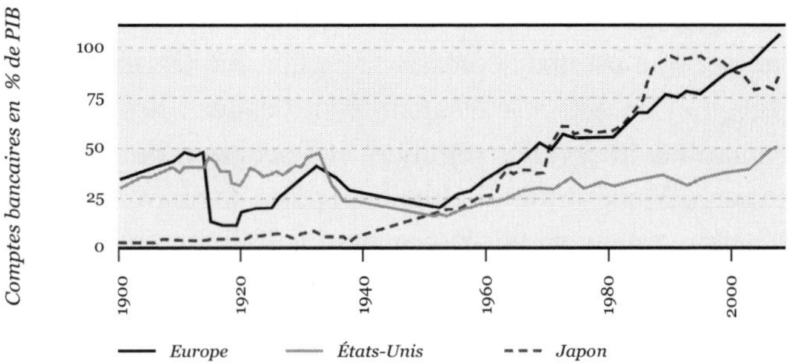

Ce graphique montre les prêts aux foyers et aux organisations hors secteur financier. « Europe » désigne la moyenne des chiffres du Danemark, de l'Angleterre, de la France, de l'Allemagne, de l'Italie, des Pays-Bas, de l'Espagne et de la Suède.

Source : Schularick et Taylor (2012).

la croissance ne nous a apporté que peu de bien-être ; et dans certains cas, elle nous en a retiré. Si nous voulons une meilleure qualité de vie, il nous faut partir en quête d'autres moyens et d'autres systèmes de mesure.

L'idée que le PIB est toujours un instrument adéquat pour mesurer le bien-être social est l'un des mythes les plus courants de notre temps. Même des politiciens en désaccord sur tout le reste s'accordent toujours sur le fait que le PIB doit croître. La croissance, c'est bien. C'est bon pour l'emploi, pour le pouvoir d'achat et pour nos gouvernements, puisque ça leur donne davantage à dépenser.

Sans le PIB, le journalisme contemporain serait perdu, tant il agite les derniers chiffres de la croissance nationale comme une sorte de bulletin scolaire gouvernemental. Un PIB qui diminue indique une récession ; s'il se contracte vraiment, c'est une dépression. En fait, le PIB offre à peu près tout ce qu'un journaliste peut désirer : des chiffres concrets à intervalles réguliers et l'occasion de citer des experts. Mais surtout, il donne un point de référence clair. Le gouvernement fait-il son boulot ? Comment le pays s'en sort-il ? La vie s'améliore-t-elle un peu ? Pas de souci, on a les derniers chiffres du PIB, ils nous diront tout ce qu'on a besoin de savoir.

Quand on voit à quel point nous en sommes obsédés, il est difficile de croire qu'il y a à peine quatre-vingts ans le PIB n'existait pas.

Bien sûr, le désir de mesurer la richesse est ancien, puisqu'il remonte à l'époque des perruques poudrées. Les économistes, alors appelés « physiocrates », croyaient que toute richesse provenait de la terre. Ils se préoccupaient donc surtout des récoltes. En 1665, l'Anglais William Petty fut le premier à proposer une estimation de ce qu'il appelait le « revenu national ». Son but était de découvrir combien d'impôts l'Angleterre pourrait lever et, par conséquent, pendant combien de temps encore elle pourrait financer la guerre contre la Hollande. À la différence des physiocrates, Petty croyait que la véritable richesse provenait non de la terre, mais des salaires. C'est pourquoi, raisonnait-il, les salaires devraient être taxés plus lourdement. (Il se trouve que Petty était un riche propriétaire terrien.)

Une autre définition du revenu national fut proposée par le politicien britannique Charles Davenant, qui vend la mèche dans le titre de son article de 1695, « Sur les moyens de renflouer la guerre ». Des estimations comme la sienne donnaient à l'Angleterre un avantage considérable dans la concurrence avec la France. Quant au roi de France, il dut attendre jusqu'à la fin du XVIIIe siècle pour obtenir des statistiques économiques correctes. En 1781, le ministre des Finances Jacques Necker soumit son *Compte rendu au roi* à Louis XVI, qui était déjà au bord de la faillite. Ce document permit au roi de prendre encore quelques emprunts, mais il arriva trop tard pour empêcher la Révolution de 1789.

Fluctuant au gré des derniers courants intellectuels et des impératifs du moment, le sens de l'expression « revenu national » n'a jamais véritablement été fixé. Chaque époque a ses idées sur ce qui définit la richesse d'un pays. Prenez Adam Smith, le père de l'économie moderne. D'après lui, la richesse des nations était fondée non seulement sur l'agriculture, mais aussi sur les produits manufacturés. Il estimait en revanche que l'économie des services tout entière – un secteur qui va des artistes du spectacle vivant aux avocats et constitue en gros deux tiers de l'économie moderne – « n'ajoute rien à la valeur de rien[1] ».

Cependant, alors que les flux monétaires passaient des fermes aux usines et des chaînes de production aux tours

1. Cité *in* : Coyle, *GDP*, *op. cit.*, p. 10.

de bureaux, toutes ces richesses étaient analysées avec les mêmes chiffres. Le premier à soutenir que ce n'est pas la *nature* des produits qui compte mais leur *prix* fut l'économiste Alfred Marshall (1842-1924). En un sens, un film avec Paris Hilton, une heure de la série *Jersey Shore* ou une bière Bud Light Lime peuvent contribuer à la richesse d'un pays. Il suffit qu'ils aient un prix.

Pourtant, il y a seulement quatre-vingts ans, quand le président des États-Unis Herbert Hoover eut à lutter contre la Grande Dépression avec pour tout viatique un paquet de chiffres hétéroclites allant des valeurs boursières au volume des transports routiers en passant par le prix du fer, cela avait tout d'une mission impossible. Même la mesure la plus importante d'alors – l'« indicateur des hauts-fourneaux » – n'était qu'une construction peu maniable chargée de déterminer les niveaux de production de l'industrie de l'acier.

Si vous aviez demandé à Hoover comment se portait « l'économie », il vous aurait regardé d'un air interrogateur. Pas seulement parce qu'il n'avait pas ce chiffre dans son arsenal, mais parce qu'il n'aurait eu aucune idée de ce que nous comprenons aujourd'hui sous le terme « économie ». L'« économie », ça n'existe pas vraiment, après tout. Ce n'est qu'une idée – une idée qui était encore à naître.

En 1931, le Congrès réunit les plus grands statisticiens du pays, mais ils furent incapables de répondre aux questions les plus élémentaires sur l'état de la nation. Il semblait clair que quelque chose n'allait pas, mais les derniers chiffres fiables dataient de 1929. Manifestement, la population des sans-abri allait croissant et des entreprises faisaient faillite un peu partout, mais personne n'était capable de prendre la mesure du problème.

Quelques mois plus tôt, le président Hoover avait envoyé des fonctionnaires du Département du commerce en mission dans tout le pays pour l'informer de la situation. Ils avaient rapporté de nombreux témoignages qui concordaient avec la croyance de Hoover lui-même que l'économie était sur le point de se rétablir. Mais le Congrès n'était pas rassuré. En 1932, il chargea un brillant jeune professeur russe du nom de Simon Kuznets de répondre à une question simple : combien sommes-nous capables de produire ?

Les années suivantes, Kuznets posa les fondements de ce qui allait devenir le PIB. Ses premiers calculs suscitèrent un frisson d'agitation et le rapport qu'il présenta au Congrès devint un best-seller national (contribuant du même coup au PIB, à 20 cents l'exemplaire). Bientôt, il fut impossible d'allumer la radio sans entendre parler du « revenu national » par-ci ou de « l'économie » par-là.

On ne saurait surestimer l'importance du PIB. D'après certains historiens, la bombe atomique elle-même pâlit en comparaison. Le PIB s'est révélé un excellent critère permettant de mesurer la puissance d'un pays en temps de guerre. « Seuls ceux qui ont pris part personnellement à la mobilisation économique pendant la Première Guerre mondiale peuvent comprendre comment et à quel point des estimations du revenu national sur vingt ans, classifiées de différentes manières, ont facilité l'effort de guerre pour la Seconde », écrivit, peu après la guerre, Wesley C. Mitchell, directeur du Bureau national américain de la recherche économique[1].

De bons chiffres peuvent même faire pencher la balance entre vie et mort. Dans son article de 1940, « Comment payer la guerre », Keynes se plaignait de statistiques britanniques erratiques. À Hitler aussi, il manquait les chiffres nécessaires pour remettre en selle l'économie allemande. Ce n'est qu'en 1944, alors que les Russes menaient le combat sur le front de l'Est et que les Alliés débarquaient à l'Ouest, que l'économie allemande atteignit des pics de production[2].

Mais le PIB américain – dont la mesure valut à Kuznets le prix Nobel – avait déjà emporté la mise.

Le critère ultime

Le PIB émergea des décombres de la dépression et de la guerre comme le critère ultime du progrès – la boule de cristal des nations, l'atout plus fort que tous les chiffres. Et cette fois, il n'était pas chargé de sou-

1. Cité *in* J. Steven Landefeld, « GDP : One of the Great Inventions of the 20th Century », Bureau of Economic Analysis. [http://www.bea.gov]

2. Maarten van Rossem, *Drie Oorlogen. Een kleine geschiedenis van de 20e eeuw*, Nieuw Amsterdam Uitgevers, 2008, p. 120.

tenir l'effort de guerre, mais de consolider la société de consommation. « De même qu'un satellite spatial permet de voir le temps qu'il fait à travers tout un continent, le PIB donne un tableau d'ensemble de l'état de l'économie », écrit l'économiste Paul Samuelson dans son manuel devenu un best-seller, *Economics*. « Sans instruments permettant de mesurer les ensembles économiques, comme le PIB, les politiciens dériveraient dans un océan de données désorganisées », poursuit-il. « Le PIB et les données associées sont comme des balises qui aident les décideurs à orienter l'économie vers les objectifs économiques clés[1]. »

Au début du XXe siècle, le gouvernement américain employait en tout et pour tout un économiste ; plus précisément, un « ornithologue économique », dont la tâche était d'étudier les oiseaux. Moins de quarante ans plus tard, le Bureau national de la recherche économique employait quelque 5 000 économistes, au sens que nous donnons aujourd'hui à ce mot. Parmi eux, Simon Kuznets et Milton Friedman, deux des plus grands penseurs du siècle[2]. Dans le monde entier, les économistes se mirent à jouer un rôle prépondérant en politique. La plupart étaient formés aux États-Unis, berceau du PIB, où se pratiquait une nouvelle forme d'économie scientifique

1. Cité *in* Landefeld, « GDP : One of the Great Inventions of the 20th Century », art. cité.

2. Timothy Shenk, « The Long Shadow of Mont Pèlerin », *Dissent*, automne 2013. [https://www.dissentmagazine.org]

axée sur des modèles, des équations et des chiffres. Des tas et des tas de chiffres.

C'était là une forme d'économie complètement différente de celle que John Maynard Keynes et Friedrich Hayek avaient apprise à l'école. Vers 1900, quand on parlait d'« économie », la plupart du temps ça voulait dire « société ». Mais les années 1950 introduisirent une nouvelle génération de technocrates qui inventèrent un tout nouvel objectif : faire « croître » l'économie. Surtout, ils croyaient savoir comment y parvenir.

Avant l'invention du PIB, les économistes étaient rarement cités dans la presse. Après la Seconde Guerre mondiale, dans toutes les rédactions, ils se mirent à faire partie des meubles. Ils maîtrisaient un tour que personne d'autre ne connaissait : gérer la réalité et prédire l'avenir. De plus en plus, l'économie fut considérée comme une machine dont les politiciens pouvaient actionner les leviers pour promouvoir la « croissance ». En 1949, pour représenter l'économie, l'inventeur et économiste Bill Phillips construisit même une vraie machine au moyen de récipients et de tuyaux en plastique ; de l'eau était pompée à l'intérieur pour figurer les afflux de revenus fédéraux.

Un historien l'explique en ces termes : « Dans les années 1950 et 1960, la première chose qu'on fait quand on est une nouvelle nation, c'est ouvrir une compagnie aérienne nationale, créer une armée nationale et commencer à mesurer le PIB[1]. » Mais ce dernier aspect est devenu de plus en plus délicat. Quand les Nations unies ont publié leurs premières lignes directrices pour le calcul du PIB en 1953, le document faisait un peu moins de cinquante pages. L'édition la plus récente, parue en 2008, s'élève à 722 pages. Mais alors que c'est une donnée qui circule abondamment dans les médias, peu de gens comprennent vraiment comment on détermine le PIB. Même de nombreux économistes professionnels n'en ont aucune idée[2].

Pour calculer le PIB, il faut relier de nombreux points de données et opérer des centaines de choix tout à fait subjectifs quant à ce qu'il convient de compter et ce qui peut être ignoré. Malgré cette méthodologie, le PIB est toujours présenté comme relevant d'une science exacte, des variations fractionnelles pouvant mesurer l'écart entre une réélection et l'anéantissement politique. Mais cette précision apparente est illusoire. Le PIB n'est pas un objet clairement défini qui attend d'être « mesuré ». Mesurer le PIB, c'est chercher à mesurer une idée.

Une grande idée, reconnaissons-le. On ne peut nier que le PIB est arrivé à point nommé en temps de guerre, quand l'ennemi était aux portes et que l'existence même d'un pays dépendait de sa production, et notamment de la production d'autant de chars, d'avions, de bombes et de

1. Cité *in* Jacob Goldstein, « The Invention of "The Economy" », *Planet Money*, 28 février 2014. [http://www.npr.org]
2. Coyle, *GDP*, *op. cit.*, p. 25.

grenades que possible. En temps de guerre, il est parfaitement raisonnable d'emprunter sur l'avenir. En temps de guerre, il peut être nécessaire de polluer l'environnement et de s'endetter. Il peut même être préférable de négliger sa famille, de mettre ses enfants au travail sur une chaîne de production, de sacrifier son temps libre et d'oublier tout ce qui fait que la vie vaut la peine d'être vécue.

C'est vrai, en temps de guerre, aucune mesure n'est aussi utile que le PIB.

Alternatives

Mais il s'agit de bien comprendre que la guerre est finie. Nos critères de progrès ont été conçus à une autre époque, pour affronter d'autres problèmes. Nos statistiques ne saisissent plus la forme de notre économie. Et cela a des conséquences. Chaque époque a besoin de ses propres chiffres. Au XVIIIe siècle, c'était l'importance de la récolte. Au XIXe, le rayon du réseau ferré, le nombre d'usines et le volume d'extraction de charbon dans les mines. Au XXe siècle, c'est la production industrielle de masse dans les frontières de l'État-nation.

Aujourd'hui, notre prospérité ne peut plus être exprimée simplement en dollars, en livres ou en euros. De la santé à l'éducation, du journalisme à la finance, nous restons fixés sur le « rendement » et les « gains », comme si la société n'était qu'une grande chaîne de production. Mais c'est

Figure 7. Prévalence des termes « GNP » [PNB »] et « GDP » [« PIB »] dans les livres publiés en anglais 1930-2008

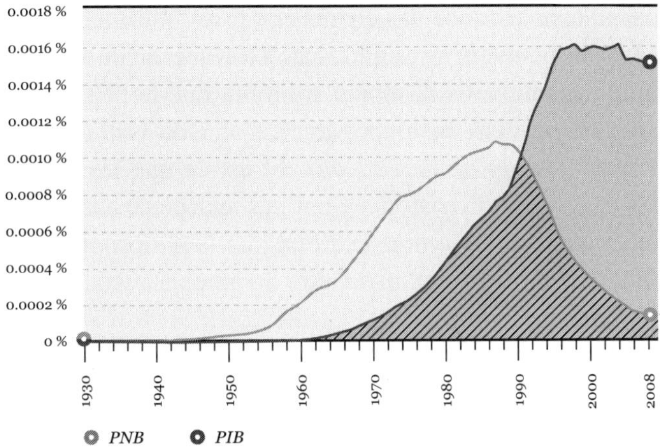

Au départ, la mesure la plus courante était le produit national brut (PNB), mais dans les années 1990 c'est le PIB qui a pris le relais. Le PNB additionne toute l'activité économique d'un pays (y compris les activités à l'étranger), tandis que le PIB additionne toutes les activités à l'intérieur des frontières de ce pays (y compris par les entreprises étrangères). Dans la plupart des pays, l'écart entre PNB et PIB ne dépasse jamais quelques pourcents.

Source : Google Ngram

précisément dans une économie fondée sur les services que les objectifs quantitatifs simples font défaut. « Le produit national brut [...] mesure tout [...] sauf ce qui fait que la vie vaut d'être vécue », disait Robert Kennedy[1].

Il nous faut de nouveaux ensembles de chiffres.

En 1972 déjà, le quatrième roi-dragon du Bhoutan proposait de passer à la mesure du « bonheur national

1. Discours de Kennedy ici : « RFK on GDP », youtube.com.

brut », en considérant que le PIB ignorait des facettes essentielles de la culture et du bien-être (à commencer par la connaissance des chants et danses traditionnelles). Mais le bonheur ne semble pas être une qualité moins unidimensionnelle ni moins arbitraire que le PIB ; après tout, on peut être heureux parce qu'on a du vent dans les voiles – *ce qu'on ne voit pas*. Et est-ce que les revers, les chagrins et la tristesse n'ont pas leur place aussi dans une vie pleine ? Comme le dit un jour le philosophe John Stuart Mill : « Il vaut mieux être Socrate insatisfait qu'un fou content[1]. »

Non seulement cela, mais nous avons *besoin* d'une bonne dose d'irritation, de frustration et de mécontentement pour nous faire avancer. Si le pays d'abondance est un endroit où tout le monde est heureux, c'est aussi un endroit qui est plongé dans l'apathie. Si les femmes n'avaient jamais manifesté, elles n'auraient jamais obtenu le droit de vote ; si les Afro-Américains ne s'étaient jamais révoltés, les lois Jim Crow seraient peut-être toujours en vigueur. Si nous préférons apaiser nos doléances en nous fixant sur le bonheur national brut, cela risque de mettre fin à tout progrès. « Le mécontentement, disait Oscar Wilde, est le premier pas vers le progrès d'un homme ou d'une nation[2]. »

Et s'il y avait d'autres options ? Deux candidats potentiels sont l'indicateur de progrès véritable (IPV) et l'indice

1. John Stuart Mill, *L'Utilitarisme*, 1863, chapitre II.
2. Oscar Wilde, *Une femme sans importance*, 1893, acte II.

de bien-être économique durable (IBED), qui intègrent dans l'équation la pollution, la criminalité, les inégalités et le bénévolat. En Europe occidentale, l'IPV avance beaucoup moins vite que le PIB, et aux États-Unis il est en recul par rapport aux années 1970. Mais que pensez-vous de l'indice de planète heureuse, un classement qui comptabilise l'empreinte écologique, où la plupart des pays développés sont en milieu de classement et les États-Unis presque tout en bas ?

Mais même ces calculs-là me laissent sceptique.

Le Bhoutan parade en tête de son propre classement, qui laisse bien entendu de côté la dictature du roi-dragon et le nettoyage ethnique des Lhotshampas. La RDA avait un « produit social brut » qui augmentait régulièrement d'année en année, en dépit des dégradations sociales, écologiques et économiques massives perpétrées par le régime. De même, si l'IPV et l'IBED corrigent effectivement quelques-uns des défauts du PIB, ils laissent complètement de côté les énormes avancées technologiques de ces dernières décennies. Ces deux indices témoignent que tout n'est pas pour le mieux dans le monde – mais c'est précisément pour montrer cela qu'ils ont été conçus.

En fait, il est constant que les classements simples dissimulent plus qu'ils ne révèlent. Un bon classement à partir de l'indice de développement humain de l'ONU ou de l'indicateur du vivre mieux de l'OCDE mérite peut-être d'être applaudi, mais *pas si on ne sait pas ce qui est mesuré*. Ce qui est certain, c'est que plus les pays deviennent riches, plus il devient difficile de mesurer cette richesse. Paradoxalement, nous vivons à une ère d'information où nous dépensons des sommes de plus en plus importantes en activités sur lesquelles nous avons peu d'informations concrètes.

Le secret de l'expansion du gouvernement

Il faut remonter à Mozart.

Quand ce génie de la musique composa son *Quatuor à cordes n° 14 en sol majeur* (K.387) en 1782, il lui fallait quatre personnes pour le jouer. Deux cent cinquante ans plus tard, il en faut toujours quatre, ni plus ni moins[1]. Si vous cherchez à améliorer votre productivité au violon, vous pouvez tout au plus jouer un peu plus vite. Pour le dire autrement, il y a des choses dans la vie, comme la musique, qui résistent à toutes les tentatives d'en accroître le rendement. On peut produire des machines à café plus vite et moins cher, mais un violoniste ne peut accélérer la cadence sans gâcher les choses.

Dans notre course contre la machine, il est logique que l'on continue à dépenser moins pour des produits qui peuvent aisément être fabriqués avec un meilleur rendement et plus pour des services et des aménagements

1. Voir : William Baumol, *The Cost Disease. Why Computers Get Cheaper and Health Care Doesn't*, Yale University Press, 2012.

qui demandent un travail intense comme l'art, la santé, l'éducation et la sécurité. Ce n'est pas par hasard que les pays bien classés du point de vue du bien-être, comme le Danemark, la Suède et la Finlande, disposent de larges secteurs publics. Leurs gouvernements subventionnent des domaines où la productivité ne peut être influencée. Contrairement à ce qui vaut pour la fabrication d'un réfrigérateur ou d'une voiture, on ne peut simplement pas améliorer le « rendement » d'un cours d'histoire ou d'une visite médicale[1].

Il en résulte tout naturellement que le gouvernement engloutit une part de plus en plus importante du gâteau économique. D'abord noté par l'économiste William Baumol dans les années 1960, ce phénomène, aujourd'hui connu sous le nom de « maladie des coûts de Baumol » veut en somme que les prix, dans les secteurs à travail intensif comme la santé et l'éducation, augmentent plus rapidement que ceux des secteurs où le travail peut être en grande partie automatisé.

Mais… un instant !

N'est-ce pas une bénédiction plutôt qu'une maladie ? Après tout, plus nos usines et nos ordinateurs ont un bon rendement, *moins* notre système de santé et d'enseignement ont à être rentables. En d'autres termes, plus nous

1. Des tentatives sont faites dans ce sens, bien sûr. Par exemple dans l'enseignement, avec des examens standardisés utilisant des QCM, des cours en ligne et des classes plus nombreuses. Mais ces gains en rendement sont au détriment de la qualité.

avons de temps pour nous occuper des personnes âgées ou handicapées et pour organiser l'enseignement à un niveau personnalisé. Et ça, c'est super, non ? D'après Baumol, le principal obstacle à l'allocation de nos ressources à d'aussi nobles fins est « l'illusion que nous ne pouvons nous le permettre ».

Or c'est une illusion particulièrement têtue. Quand on est obsédé par le rendement et la productivité, on a du mal à voir la valeur réelle de l'enseignement et du soin. C'est pourquoi tant de politiciens et de contribuables ne voient que des coûts. Ils ne comprennent pas que plus un pays devient riche, plus il devrait dépenser en enseignants et en médecins. Au lieu d'être considéré comme une bénédiction, l'accroissement de ces dépenses est perçu comme une maladie.

Pourtant, à moins de préférer diriger nos écoles et nos hôpitaux comme si c'étaient des usines, on peut être sûr que dans la course contre la machine, les coûts des soins de santé et d'enseignement ne feront que croître. Parallèlement, des produits comme les réfrigérateurs et les voitures sont devenus *trop bon marché*. Ne considérer que le prix d'un produit, c'est ignorer une large part des coûts. Un *think tank* britannique a estimé que pour chaque livre sterling gagnée par un cadre travaillant dans la publicité, c'est l'équivalent de sept livres qui est détruit sous forme de stress, de surconsommation, de pollution et de dette. Inversement, chaque livre payée pour un éboueur crée l'équivalent de douze livres en termes de santé et de durabilité[1].

Alors que les secteurs de services publics s'accompagnent souvent d'une pléthore de bénéfices cachés, le secteur privé entraîne une série de coûts cachés. « Nous pouvons nous permettre de payer plus pour les services dont nous avons besoin », écrit Baumol. « Ce que nous ne pourrons peut-être pas nous permettre, ce sont les conséquences de coûts en chute libre. »

On peut toujours balayer ça en considérant que de telles « externalités » ne peuvent tout simplement pas être quantifiées parce qu'elles impliquent trop de présupposés subjectifs, mais ce n'est pas exactement la question. « Valeur » et « productivité » ne peuvent s'exprimer en chiffres objectifs, même si nous feignons de croire le contraire : « Nous avons un fort taux d'obtention de diplômes, nous proposons donc un bon enseignement. » – « Nos médecins sont concentrés et efficaces, nous offrons donc de bons soins de santé. » – « Nous avons un taux élevé de publication, nous sommes donc une excellente université. » – « Nous avons un fort taux d'audience, nous produisons donc des émissions télévisées de qualité. » – « L'économie est en croissance, notre pays va donc bien… »

1. Susan Steed et Helen Kersley, « A Bit Rich : Calculating the Real Value to Society of Different Professions », *New Economics Foundation*, 14 décembre 2009. [http://www.neweconomics.org]

Les objectifs de notre société régie par l'idée de performance ne sont pas moins absurdes que les plans quinquennaux de l'ancienne URSS. Fonder notre système politique sur des chiffres de production, c'est transposer une bonne vie sur un tableur. Comme le dit l'écrivain Kevin Kelly : « La productivité, c'est pour les robots. Les humains sont très doués pour perdre leur temps, faire des expériences, jouer, créer et explorer[1]. » Gouverner par les chiffres, c'est le dernier recours d'un pays qui ne sait plus ce qu'il veut, un pays qui n'a pas de vision utopique.

Un tableau de bord pour le progrès

« Il y a trois sortes de mensonges : les mensonges, les sacrés mensonges et les statistiques », raillait, dit-on, le Premier ministre britannique Benjamin Disraeli. Pour ma part, je m'en tiens fermement au vieux principe des Lumières selon lequel toute décision doit être fondée sur des informations et des données fiables.

Élaboré en des temps de crise profonde, le PIB répondait aux grands défis des années 1930. Devant nos propres crises de chômage, de dépression et de changement climatique, nous aurons nous aussi à chercher un nouvel indicateur. Ce qu'il nous faut, c'est un « tableau de bord » comprenant un arsenal d'indicateurs permettant de suivre

1. Kevin Kelly, « The Post-Productive Economy », *Technium*, 1er janvier 2013. [http://kk.org/thetechnium/2013/01/the-post-produc]

à la trace ce qui fait que la vie vaut d'être vécue – l'argent et la croissance, évidemment, mais aussi le travail d'utilité publique, les emplois, les savoirs, la cohésion sociale. Et, bien sûr, le bien le plus rare de tous : le temps.

« Mais en aucun cas un tel tableau de bord ne peut être objectif », protestera-t-on. C'est vrai. Mais il n'y a pas de mesure neutre. Derrière toute statistique, il y a un ensemble de présupposés et de préjugés. De plus, ces chiffres – et leurs présupposés – guident nos actions. C'est vrai du PIB, mais aussi du développement humain et des indices de planète heureuse. Et c'est précisément parce que nous devons changer nos actions qu'il nous faut de nouvelles données pour nous guider.

Simon Kuznets nous mettait en garde il y a quatre-vingts ans : « Il est difficile d'inférer le bien-être d'une nation […] à partir des mesures du revenu national », expliquait-il devant le Congrès. « Les mesures du revenu national sont sujettes à ce type d'illusion et aux abus qui en résultent, surtout si l'on songe qu'elles touchent à des questions qui sont au cœur du conflit entre groupes sociaux adverses, quand l'efficacité d'un argument dépend de sa simplification excessive[1]. »

L'inventeur du PIB déconseillait d'inclure dans les données prises en compte les dépenses militaires, la

1. Simon Kuznets, « National Income, 1929-1932 », National Bureau of Economic Research, 7 juin 1934. [http://www.nber.org/chapters/c2258.pdf]

publicité et le secteur financier[1], mais son conseil resta lettre morte. Après la Seconde Guerre mondiale, Kuznets exprima de plus en plus d'inquiétude quant au monstre qu'il avait créé. « Il faut garder à l'esprit des distinctions entre quantité et qualité de la croissance, entre les coûts et les retours sur investissement, et entre le court et le long terme », écrivait-il en 1962. « Les objectifs de croissance doivent préciser ce qui doit croître et pourquoi[2]. »

C'est aujourd'hui à nous de reconsidérer ces vieilles questions. Qu'est-ce que la croissance ? Qu'est-ce que le progrès ? Ou plus fondamentalement encore, qu'est-ce qui fait que la vie vaut d'être vécue ?

1. Coyle, *GDP*, *op. cit.*, p. 14.

2. Simon Kuznets, « How to Judge Quality », *New Republic*, 20 octobre 1962.

6

La semaine de quinze heures

> « Être capable de remplir intelligemment les loisirs, tel est l'ultime produit de la civilisation. »
>
> BERTRAND RUSSELL (1872-1970)

Si vous aviez demandé au plus grand économiste du XXe siècle quel serait le plus grand défi du XXIe, il n'aurait pas hésité.

Les loisirs.

À l'été 1930, alors que la Grande Dépression s'intensifiait, l'économiste britannique John Maynard Keynes donna une étrange conférence à Madrid. Après avoir testé quelques-unes de ses nouvelles idées sur ses étudiants à Cambridge, il avait choisi de les révéler publiquement dans une brève allocution intitulée « Possibilités économiques pour nos petits-enfants[1] ».

1. John Maynard Keynes, « Economic Possibilities for our Grandchildren », art. cité. [http://www.econ.yale.edu/smith/econ116a/keynes1.pdf]

En d'autres termes, pour nous.

À l'époque de cette visite, les choses allaient mal à Madrid. Le chômage était à son plus haut niveau, le fascisme gagnait du terrain et l'Union soviétique recrutait activement des soutiens. Une guerre civile dévastatrice allait éclater quelques années plus tard. Comment *les loisirs* pouvaient-ils donc constituer le plus grand défi ? Cet été-là, Keynes semblait atterrir d'une autre planète. « Nous souffrons actuellement d'un mauvais accès de pessimisme économique », écrivait-il. « On entend couramment dire que l'époque d'immenses progrès économiques qui a caractérisé le XIXe siècle est révolue… » Non sans raison. La pauvreté se répandait, les tensions internationales s'intensifiaient et il faudrait la machine de mort de la Seconde Guerre mondiale pour réinsuffler de la vie dans l'industrie mondiale.

Parlant dans une ville au bord du désastre, c'est une prédiction contre-intuitive que hasardait l'économiste britannique. En 2030, disait Keynes, l'espèce humaine serait confrontée au plus grand défi auquel elle eût jamais fait face : savoir que faire d'un océan de temps libre. Si les politiciens ne faisaient pas « des erreurs désastreuses » (imposer l'austérité en période de crise économique, par exemple), il prévoyait qu'un siècle plus tard le niveau de vie occidental serait au moins quatre fois supérieur à celui de 1930.

La conséquence ? En 2030, nous ne travaillerions plus que quinze heures par semaine.

Un avenir de loisirs

Keynes n'était ni le premier ni le dernier à prédire un avenir baigné de loisirs. Un siècle et demi plus tôt, l'un des Pères fondateurs des États-Unis, Benjamin Franklin, avait déjà prophétisé que quatre heures de travail par jour finiraient par suffire. Mieux encore, la vie ne serait plus que « loisirs et plaisirs ». Karl Marx, lui aussi se réjouissait à l'idée du jour où chacun aurait le temps de « chasser le matin, pêcher l'après-midi, s'occuper d'élevage le soir et s'adonner à la critique après le repas [...] sans jamais devenir chasseur, pêcheur, berger ni critique ».

À peu près à la même époque, le philosophe britannique John Stuart Mill, père du libéralisme classique, affirmait que le meilleur usage à faire de plus de richesses serait plus de loisirs. Mill s'opposait à « l'Évangile du travail » prêché par son grand adversaire Thomas Carlyle (qui se trouvait également être un grand défenseur de l'esclavage), auquel il opposait terme à terme son propre « Évangile du loisir ». D'après Mill, la technologie devait servir à restreindre autant que possible la durée de la semaine de travail. « Il y aurait plus de place que jamais pour toutes les formes de culture de l'esprit, ainsi que pour le progrès moral et social, écrivait-il, mais aussi pour améliorer l'Art de vivre[1]. »

1. John Stuart Mill, *Principles of Political Economy with Some of Their Applications to Social Philosophy*, Livre IV, 1848, chapitre VI. [http://www.econlib.org]

C'est pourtant tout le contraire qu'avait apporté dans son sillage la révolution industrielle en propulsant l'explosive croissance économique du XIXe siècle. Là où un fermier anglais, en l'an 1300, travaillait environ 1 500 heures par an pour gagner sa vie, un ouvrier d'usine de l'époque de Mill devait passer deux fois plus de temps à son poste pour seulement survivre. Dans une ville comme Manchester, la semaine de travail de soixante-dix heures – sans vacances ni week-ends – était la norme, même pour les enfants. « À quoi serviraient aux pauvres des jours fériés ? » interrogeait une duchesse vers la fin du XIXe siècle. « Ils feraient mieux de travailler[1] ! » Trop de temps libre n'incitait qu'au vice.

Pourtant, à partir de 1850 environ, un peu de la prospérité créée par la révolution industrielle commença à rejaillir sur les classes inférieures. Or l'argent, c'est du temps. En 1855, les tailleurs de pierre de Melbourne, en Australie, furent les premiers à obtenir la journée de huit heures. À la fin du siècle, dans certains pays, la semaine de travail était déjà tombée à moins de soixante heures. Le dramaturge et prix Nobel George Bernard Shaw prédisait en 1900 qu'à ce rythme, les ouvriers de l'an 2000 pointeraient à peine deux heures par jour.

Naturellement, les employeurs résistaient. En 1926, un groupe de trente-deux éminents hommes d'affaires améri-

1. Cité par Bertrand Russell dans son article, « In Praise of Idleness », 1932. [http://www.zpub.com/notes/idle.html]

cains furent interrogés sur ce qu'ils pensaient d'une réduction de la semaine de travail : deux seulement trouvèrent l'idée intéressante. De l'avis des trente autres, davantage de temps libre ne ferait qu'accroître le taux de criminalité, d'endettement et de dégénérescence[1]. Cependant, la même année, le premier à mettre en place la semaine de cinq jours fut Henry Ford – magnat de l'industrie, fondateur de la Ford Motor Company et créateur de la Ford-T.

Les gens le traitèrent de fou. Puis ils l'imitèrent.

Capitaliste bon teint, inventeur de la chaîne de production, Henry Ford avait compris qu'une semaine de travail plus courte améliorerait la productivité de ses employés. Le temps de loisir, observait-il, était affaire d'intérêt bien compris[2]. Un ouvrier bien reposé était plus efficace. Et d'ailleurs, un employé peinant à l'usine de l'aube au crépuscule, dépourvu du temps libre qui lui permettrait de prendre la route le temps d'une escapade ou d'une virée, n'achèterait jamais l'une de ses voitures. Ford le dit en ces termes à un journaliste : « Il est largement temps de nous débarrasser de l'idée que les loisirs des ouvriers sont "du temps perdu" ou un privilège de classe[3]. »

Il ne fallut pas plus d'une décennie pour rallier les sceptiques. L'Association nationale des manufacturiers (NAM),

1. Benjamin Kline Hunnicutt, « The End of Shorter Hours », *Labor History*, été 1984, p. 373-404.

2. *Ibid.*

3. Samuel Crowther, « Henry Ford : Why I Favor Five Days' Work With Six Days' Pay », *World's Work*. [https://en.wikisource.org]

qui vingt ans auparavant mettait en garde contre la ruine de l'économie que provoquerait une réduction de la semaine de travail, proclamait à présent fièrement que les États-Unis avaient la semaine de travail la plus courte au monde. Pendant leurs nouvelles heures de loisirs, les ouvriers au volant de leur Ford longèrent bientôt des panneaux de la NAM à la gloire de l'*American way of life*[1].

« Une race de machinistes »

Tout semblait indiquer que la suite donnerait raison à ces grands esprits qu'avaient été Marx, Mill, Keynes et Ford.

En 1933, le Sénat américain approuva un projet de loi introduisant la semaine de trente heures. Sous la pression des industriels, le projet resta en souffrance à la Chambre des représentants, mais la semaine écourtée resta une priorité pour les syndicats ouvriers. En 1938, la loi qui instaurait la semaine de cinq jours finit par passer. L'année suivante, la chanson folk *Big Rock Candy Mountain* parvint en tête des classements. Elle peignait une utopie où « les poules pondent des œufs à la coque », les cigarettes poussent sur les arbres et « le crétin qui a inventé le travail » est pendu à la plus haute branche.

1. Andrew Simms et Molly Conisbee, « National Gardening Leave », *in* Anna Coote et Jane Franklin (éd.), *Time on Our Side. Why We All Need a Shorter Workweek*, New Economics Foundation, 2013, p. 155.

Le temps libre continua à augmenter régulièrement après la Seconde Guerre mondiale. En 1956, le vice-président Richard Nixon promit aux Américains que « dans un avenir pas très lointain », ils ne travailleraient plus que quatre jours par semaine. Le pays avait atteint un « plateau de prospérité » et d'après lui, la semaine écourtée était inévitable[1]. Bientôt, les machines feraient tout le travail, ce qui, s'enthousiasma un professeur d'anglais, ferait « abondamment place aux activités de détente » par « immersion dans la vie de l'imaginaire, dans l'art, le théâtre, la danse et cent autres manières de transcender les contraintes de la vie quotidienne[2] ».

L'audacieuse prédiction de Keynes était devenue un truisme. Au milieu des années 1960, un rapport de commission sénatoriale prédisait qu'en 2000, la semaine de travail serait abaissée à quatorze heures, avec au moins sept semaines de vacances par an. La RAND Corporation, un influent *think tank*, prévoyait qu'un jour, 2 % de la population suffiraient à produire tout ce dont la société avait besoin[3]. Le travail serait bientôt réservé à une élite.

Au cours de l'été 1964, le *New York Times* demanda au grand écrivain de science-fiction Isaac Asimov de

1. « Nixon Defends 4-Day Week Claim », *Milwaukee Sentinel*, 25 septembre 1956.

2. Jared Cohen, *Human Robots in Myth and Science*, Allen et Unwin, 1966.

3. Hillel Ruskin (éd.), *Leisure. Toward a Theory and Policy*, 1984, p. 152.

tenter de prédire l'avenir[1]. À quoi ressemblerait le monde dans cinquante ans ? Sur certains points, Asimov était prudent : les robots de 2014 ne seraient « ni banals ni très bons ». Mais à d'autres égards, il attendait beaucoup. Les voitures voleraient dans les airs et des villes entières seraient construites sous l'eau.

En définitive, une seule chose l'inquiétait : la propagation de l'ennui. L'espèce humaine, écrivait-il, deviendrait « une race de machinistes », ce qui aurait « de sérieuses conséquences mentales, émotionnelles et sociologiques ». En 2014, la psychiatrie serait la plus importante spécialité médicale, à cause des millions de personnes à la dérive dans un océan de « loisirs forcés ». « Le travail », disait-il, deviendrait « le mot le plus splendide du vocabulaire ».

Plus on avançait dans les années 1960, plus il y avait de penseurs inquiets. Le politologue Sebastian de Grazia, lauréat du prix Pulitzer, confia ainsi à l'Associated Press : « Il y a de bonnes raisons de redouter [...] que le temps libre, l'obligation du temps libre, apporte avec lui l'infini tic-tac de l'ennui, de l'oisiveté, de l'immoralité et de la violence personnelle accrue. » Et en 1974, le département américain de l'Intérieur tira la sonnette d'alarme, déclarant que « les loisirs, dont beaucoup pensent qu'ils sont la quintessence du

1. Isaac Asimov, « Visit to the World's Fair of 2014 », *New York Times*, 16 août 1964. [http://www.nytimes.com]

paradis, pourraient devenir le problème le plus insoluble de l'avenir[1] ».

Malgré ces craintes, le cours que prendrait l'histoire faisait peu de doutes. Aux alentours de 1970, les sociologues parlaient avec assurance de l'imminente « fin du travail ». L'espèce humaine était au bord d'une véritable révolution des loisirs.

George et Jane

Je vous présente George et Jane Jetson. C'est un couple bien sous tous rapports qui vit avec ses deux enfants dans un spacieux appartement d'Orbit City. Il travaille comme « opérateur digital d'indexation » dans une importante société ; elle est mère au foyer, comme beaucoup d'Américaines. George est tourmenté par des cauchemars au sujet de son travail. Comment le lui reprocher ? Il est chargé d'appuyer sur un unique bouton à intervalles réguliers et son patron, M. Spacely – un petit homme rond, pourvu d'une impressionnante moustache – est un tyran.

« Hier, j'ai travaillé *deux heures entières* ! », se plaint George après son énième cauchemar. Son épouse Jane est atterrée : « Mais qu'est-ce qu'il croit qu'il dirige, ce Spacely ? Un atelier clandestin[2] ? »

1. Cité par Daniel Akst, « What Can We Learn from Past Anxiety Over Automation ? », wilsonquarterly.com, été 2013.

2. Cette scène des *Jetsons* se trouve dans l'épisode 19 de la première série.

À Orbit City, la semaine moyenne de travail est de neuf heures. Hélas, cette ville n'existe qu'à la télévision, dans *The Jetsons*, « l'œuvre d'art d'anticipation la plus importante du XXe siècle[1] ». Située en 2062, la série fut diffusée à partir de 1962. C'est un peu *La Famille Pierrafeu* (*The Flintstones*), mais dans le futur. Des générations d'enfants ont grandi en regardant les rediffusions en boucle de *The Jetsons*.

Cinquante ans plus tard, une partie de ce qu'anticipaient les créateurs de la série pour 2062 s'est réalisée. Robot ménager ? Coché. Lits bronzants ? On connaît. Écrans digitaux ? Fait. Tchat vidéo ? Pfff ! Mais à d'autres égards, nous sommes encore loin d'Orbit City. Quand ces voitures volantes finiront-elles par décoller ? Et toujours pas de signe de trottoirs roulants dans les rues.

Mais l'échec le plus décevant, c'est l'accroissement du temps de loisir.

Le rêve oublié

Dans les années 1980, les réductions du temps de travail s'arrêtent net. La croissance économique ne se traduit plus par davantage de loisirs, mais par davantage de choses. Dans des pays comme l'Australie, l'Autriche,

1. Cité par Matt Novak, « 50 Years of the Jetsons : Why the Show Still Matters », *Smithsonian*, 19 septembre 2012. [http://www.smithsonianmag.com]

la Norvège, l'Espagne et l'Angleterre, la semaine de travail cesse tout à fait de diminuer[1]. Aux États-Unis, elle augmente. Soixante-dix ans après le passage à la semaine de quarante heures par décret de loi, les trois quarts de la population active travaillent plus de quarante heures par semaine[2].

Mais ce n'est pas tout. Même dans des pays qui ont vu une réduction *individuelle* de la semaine de travail, les familles sont plus pressurées par le temps qu'auparavant. Pourquoi ? C'est lié à la plus importante évolution des dernières décennies : la révolution féministe.

Les futurologues ne l'ont pas vue venir. La Jane Jetson de 2062 était encore une femme au foyer obéissante. En 1967, le *Wall Street Journal* prédisait que l'offre de robots permettrait à l'homme du XXIe siècle de passer des heures à se détendre chez lui, sur son canapé en compagnie de son épouse[3]. Personne n'imaginait qu'en janvier 2010, pour la première fois depuis la mobilisation masculine de la Seconde Guerre mondiale, la majorité de la population active américaine serait composée de femmes.

1. Sangheon Lee, Deirdre McCann et Jon C. Messenger, *WorkingTime Around the World. Trends in Working Hours, Laws and Policies in a Global Comparative Perspective*, International Labour Organization, 2007. [http://www.ilo.org]

2. Rasmussen Reports, « Just 31 % Work a 40-Hour Week », 13 décembre 2013. [http://www.rasmussenreports.com]

3. Wall Street Journal Staff, *Here Comes Tomorrow ! Living and Working in the Year 2000*, Dow Jones Books, 1967.

Alors qu'en 1970, elles ne contribuaient que de 2 à 6 % du revenu familial, ce chiffre dépasse désormais les 40 %[1].

La rapidité avec laquelle cette révolution a eu lieu est vertigineuse. Si l'on inclut le travail non payé, les femmes d'Europe et d'Amérique du Nord travaillent plus que les hommes[2]. « Ma grand-mère n'avait pas le droit de vote, ma mère n'avait pas la pilule et moi, je n'ai pas le temps », résume lapidairement une humoriste néerlandaise[3].

Les femmes prenant désormais d'assaut le marché du travail, les hommes auraient dû se mettre à travailler moins (et à consacrer plus de temps à la cuisine, au ménage et à la famille).

Ce n'est pas vraiment ce qui s'est passé. Alors que les couples cumulaient au total cinq ou six jours de travail par semaine dans les années 1950, aujourd'hui on est plus près des sept ou huit. En même temps, le boulot de parent est devenu beaucoup plus prenant. Les recherches indiquent qu'un peu partout les parents consacrent considérablement plus de temps à leurs enfants[4]. Aux États-Unis, les mères

1. Hanna Rosin, « The End of Men », *Atlantic*, juillet-août 2010. [http://www.theatlantic.com]

2. New Economics Foundation, « 21 Hours. Why a Shorter Working Week Can Help Us All to Flourish in the 21st Century », neweconomics.org, 2010, p. 10.

3. Cité par Mirjam Schöttelndreier, « Nederlanders leven vooral om te werken », *De Volkskrant*, 29 janvier 2001.

4. D'Vera Cohn, « Do Parents Spend Enough Time With Their Children ? », *Population Reference Bureau*, janvier 2007. [http://www.prb.org]

qui travaillent à l'extérieur passent aujourd'hui plus de temps avec leurs enfants que ne le faisaient les mères au foyer dans les années 1970[1].

Même les citoyens des Pays-Bas – le pays où la semaine de travail est la plus courte au monde – ressentent le poids croissant des heures supplémentaires, mais aussi des tâches de soin et d'éducation, depuis les années 1980. En 1985, ces activités occupaient 43,6 heures par semaine ; en 2005, ce sont 48,6 heures[2]. Les trois quarts de la population active néerlandaise se sentent surmenés et sous pression, un quart fait régulièrement des heures supplémentaires et une personne sur huit souffre de symptômes de burn-out[3].

En outre, il devient de plus en plus difficile de séparer le travail des loisirs. Une étude conduite à la Harvard Business School montre que la technologie moderne conduit les cadres et personnels qualifiés en Europe, en Asie et en Amérique du Nord, à passer désormais quatre-vingts ou quatre-vingt-dix heures par semaine « soit à travailler soit à surveiller le travail à distance en restant

1. Rebecca Rosen, « America's Workers : Stressed Out, Overwhelmed, Totally Exhausted », *Atlantic*, mars 2014. [http://www.theatlantic.com]

2. Netherlands Institute for Social Research, *Nederland in een dag. Tijdsbesteding in Nederland vergeleken met die in vijftien andere Europese landen*, 2011.

3. « Dutch National Working Conditions Survey » (*Nationale Enquête Arbeidsomstandigheden*), 2012. [http://www.monitorarbeid.tno.nl]

accessibles[1] ». Et d'après des recherches en Corée, le smartphone fait travailler l'employé moyen onze heures de plus par semaine[2].

On peut, sans risque de se tromper, affirmer qu'il s'en faut de beaucoup que les prédictions des grands esprits ne se soient réalisées. Asimov avait peut-être raison de dire qu'en 2014, le mot « travail » serait le plus valorisé de notre vocabulaire, mais c'est pour de tout autres raisons. Ce n'est pas l'oisiveté qui nous tue, mais le travail. Ce n'est pas contre la progression de l'ennui que lutte une armée de psychologues et de psychiatres, mais contre une épidémie de stress.

La prophétie de Keynes ne s'est jamais réalisée. Autour de l'année 2000, des pays comme la France, les Pays-Bas et les États-Unis étaient cinq fois plus riches que dans les années 1930[3]. Mais, alors que nous avançons à toute allure dans le XXIe siècle, nos plus grands défis ne sont pas le loisir et l'ennui, mais bien le stress et l'incertitude.

Le capitalisme cornflakes

Un poète médiéval décrivait avec enthousiasme le pays de Cocagne, mythique terre d'abondance, comme

1. Derek Thompson, « Are We Truly Overworked ? An Investigation – In 6 Charts », *Atlantic*, juin 2013. [http://www.theatlantic.com]
2. Yoon Ja-young, « Smartphones Leading to 11 Hours' Extra Work a Week », *Korea Times*. [http://www.koreatimes.co.kr]
3. Ces calculs ont été effectués à l'aide du site http://www.gapminder.org.

Figure 8. Les femmes au travail, 1970-2012

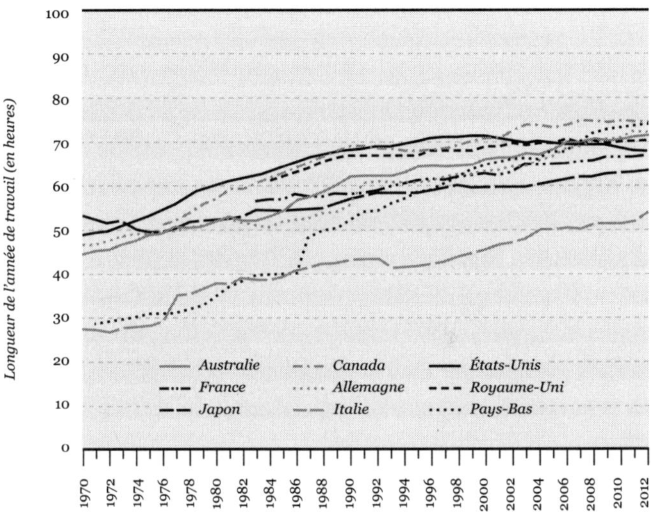

Le nombre d'heures travaillées par personne et par an a chuté depuis le XIXe siècle. Cependant, après 1970, les chiffres sont trompeurs, de plus en plus de femmes rejoignant la population active. Il en résulte une pression croissante pour les familles en termes de temps, même si le nombre d'heures travaillées par employé continue de décroître dans certains pays.

Source : OCDE.

le pays « où l'argent a été remplacé par la bonne vie », et où « c'est celui qui dort le plus longtemps qui gagne le plus[1] ». Au pays de Cocagne, l'année est une suite infinie de jours fériés : quatre jours à chaque fois pour Pâques, Pentecôte, la Saint-Jean et Noël. Quiconque veut

1. Cité par Herman Pleij, *Dromen van Cocagne. Middeleeuwse fantasieën over het volmaakte leven*, *op. cit.*, p. 49.

Figure 9. Réduction progressive du temps de travail (jusqu'en 1980)

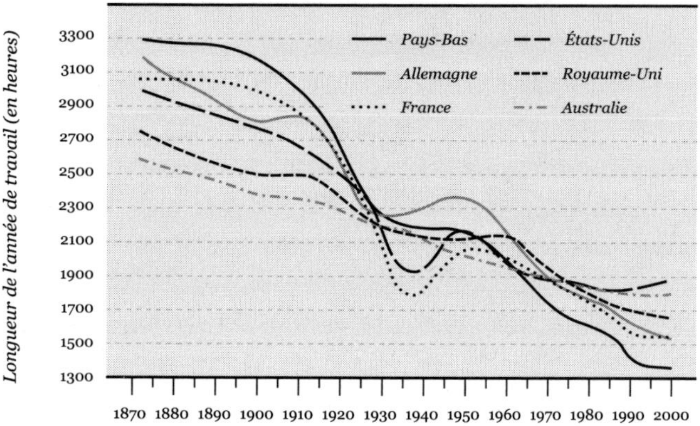

Le nombre d'heures travaillées par personne et par an a chuté depuis le XIXe siècle. Cependant, après 1970, les chiffres sont trompeurs, de plus en plus de femmes rejoignant la population active. Il en résulte une pression croissante pour les familles en termes de temps, même si le nombre d'heures travaillées par employé continue de décroître dans certains pays.

Source : Organisation internationale du travail.

travailler, on l'enferme dans une cave. Le simple fait de prononcer le mot « travail » est une grave infraction.

Mais l'ironie de l'histoire, c'est qu'au Moyen Âge, on était sans doute plus près qu'aujourd'hui d'atteindre l'oisiveté satisfaite du pays de Cocagne. Vers 1300, le calendrier abondait en jours fériés et chômés. L'historienne et économiste Juliet Schor, qui enseigne à Harvard, estime qu'au moins un tiers de l'année était constitué de jours fériés. En Espagne, ça allait jusqu'à cinq mois, six en France ! La plupart des paysans ne travaillaient pas plus que ce qu'il fallait pour vivre. « Le rythme de la vie était lent », écrit Schor. « Nos ancêtres n'étaient peut-être pas riches, mais ils jouissaient d'une abondance de loisirs[1]. »

Mais où est passé tout ce temps ?

C'est assez simple en fait. Le temps, c'est de l'argent. La croissance économique peut apporter plus de loisirs ou plus de consommation. De 1850 à 1980, nous avons eu les deux, mais depuis, c'est surtout la consommation qui s'est accrue. Même là où les revenus réels sont restés au même niveau et où l'inégalité a explosé, la folie consommatrice a continué à s'amplifier, à crédit cette fois.

Et c'est précisément là le principal argument qui est opposé à la réduction de la semaine de travail : nous ne pouvons nous le permettre. Plus de loisirs, c'est un merveilleux idéal, mais c'est tout simplement trop cher. Si on travaillait tous moins, notre niveau de vie s'effondrerait et l'État social s'émietterait.

Vraiment ?

Au début du XXe siècle, Henry Ford conduisit une série d'expériences qui démontrèrent que ses ouvriers étaient plus productifs quand ils travaillaient quarante heures par

1. Juliet Schor, *The Overworked American. The Unexpected Decline of Leisure*, Basic Books, 1992, p. 47. Il faut noter que les chasseurs et les cueilleurs travaillaient probablement encore moins. Les archéologues évaluent leur semaine de travail à vingt heures au maximum.

semaine. Les faire travailler vingt heures de plus était rentable pendant quatre semaines, puis la productivité *diminuait*.

D'autres firent un pas supplémentaire. Le 1er décembre 1930, alors que la Grande Dépression faisait rage, le magnat des cornflakes, W. K. Kellogg, décida d'introduire la journée de six heures dans son usine de Battle Creek, Michigan. Ce fut un franc succès : Kellogg put engager 300 nouveaux employés et réduisit le nombre d'accidents de 41 %. De plus, ses employés devinrent considérablement plus productifs. « Pour nous, ce n'est pas seulement une théorie », expliqua fièrement Kellogg à un journal local. « Le coût de l'unité de production est tellement réduit que nous pouvons nous permettre de payer autant pour six heures qu'auparavant pour huit[1]. »

Pour Kellogg comme pour Ford, la semaine écourtée était simplement une bonne affaire[2]. Mais pour les habitants de Battle Creek, c'était beaucoup plus que ça. Pour la première fois, rapportait un quotidien local, ils avaient « de véritables loisirs[3] ». Les parents avaient du temps à consacrer à leurs enfants. Ils pouvaient lire, jardiner,

1. Benjamin Kline Hunnicutt, *Kellogg's Six-Hour Day*, Temple University Press, 1996, p. 35.

2. Dans son ouvrage classique *La Richesse des nations*, Adam Smith écrivait : « L'homme qui travaille assez modérément pour être en état de travailler de même tous les jours, non seulement conserve sa santé aussi longtemps que possible, mais produit encore dans le cours de l'année une plus grande somme d'ouvrage. »

3. Kline Hunnicutt, *Kellogg's Six-Hour Day*, *op. cit.*, p. 62.

faire du sport. Soudain, les églises et les centres de la vie culturelle et sociale débordaient de gens disponibles pour les activités de la vie citoyenne[1].

Près d'un demi-siècle plus tard, le Premier ministre britannique Edwart Heath découvrit lui aussi, par inadvertance, les avantages du capitalisme cornflakes. C'était à la fin de l'année 1973 et il était à court d'idée. L'inflation atteignait des niveaux record et les dépenses du gouvernement flambaient, les syndicats rejetant tous les compromis. Comme si cela ne suffisait pas, les mineurs décidèrent de se mettre en grève. Devant la pénurie énergétique, les Britanniques baissèrent leurs thermostats et revêtirent leurs pulls les plus chauds. Décembre arriva et même le sapin de Noël de Trafalgar Square resta éteint.

Heath décida de prendre des mesures radicales. Le 1er janvier 1974, il imposa la semaine de trois jours. Les employés ne furent autorisés qu'à trois jours d'électricité par semaine tant que les réserves en énergie n'auraient pas

1. La journée de travail chez Kellogg revint brièvement à huit heures pendant la Seconde Guerre mondiale, mais après la guerre, une grande majorité de ses employés votèrent en faveur d'une reprise de la journée de six heures. Ce n'est que lorsque les directeurs des usines Kellogg furent autorisés à fixer eux-mêmes les heures de travail que, l'un après l'autre, ils en revinrent à la journée à huit heures. Mais d'après le professeur Benjamin Kline Hunnicutt de l'Université de l'Iowa, ce fut finalement la pression extérieure poussant à travailler et à consommer au même rythme que les autres qui sapa véritablement la journée de six heures. Toutefois, ce n'est qu'en 1985 que les derniers 530 ouvriers de Kellogg y renoncèrent définitivement.

retrouvé leur niveau. Les magnats de l'acier prédisaient une plongée de 50 % de la production industrielle. Le chef du parti conservateur, James Prior, craignait une catastrophe. Quand la semaine de cinq jours fut réinstaurée en mars 1975, des responsables calculèrent l'étendue des pertes de production. Ils eurent du mal à en croire leurs yeux : pas plus de 6 %, tout compris[1].

Ce qu'avaient découvert Ford, Kellogg et Heath, c'est que la productivité *n'est pas* mécaniquement liée au nombre d'heures de travail. Dans les années 1980, les employés d'Apple portaient fièrement des t-shirts disant : « Je travaille 90 heures par semaine et j'adore ça ! » Plus tard, des experts en productivité calculèrent que s'ils avaient travaillé moitié moins d'heures, le monde entier aurait pu bénéficier un an plus tôt de l'ordinateur révolutionnaire Macintosh[2].

Il y a de bonnes raisons de penser que dans l'économie moderne du savoir, quarante heures par semaine, c'est encore trop. Les recherches indiquent qu'une personne qui puise constamment dans ses capacités créatives ne peut

1. New Economics Foundation, *21 Hours*, art. cité, p. 11.

2. Une récente analyse d'expériences de travail indépendant depuis le début du XXe siècle conclut que l'autonomie et le contrôle sont beaucoup plus importants que le nombre d'heures travaillées. Les gens qui peuvent organiser leur temps sont plus motivés et obtiennent de meilleurs résultats. Voir M. Travis Maynard, Lucy L. Gilson et John E. Mathieu, « Empowerment – Fad or Fab ? A Multilevel Review of the Past Two Decades of Research », *Journal of Management*, juillet 2012. [http://jom.sagepub.com/content/38/4/1231]

en moyenne être productive plus de six heures par jour[1]. Ce n'est pas une coïncidence si les pays les plus riches du monde, ceux qui ont une importante classe créative et des populations très éduquées, sont aussi ceux qui ont le plus réduit leur semaine de travail.

La solution à (presque) tout

Un ami m'a récemment demandé : « Qu'est-ce que ça résout, de travailler moins ? »

J'aurais envie d'inverser la question : y a-t-il quelque chose que le fait de travailler moins ne résout *pas* ?

Le stress ? D'innombrables études ont montré que les gens qui travaillent moins sont plus satisfaits de leur vie[2]. Dans un sondage récent réalisé auprès de femmes qui travaillent, des chercheurs allemands ont même quantifié la « journée parfaite ». Le plus grand nombre de minutes (106) iraient aux « relations intimes ». « Vie sociale » (82), « détente » (78) et « repas » (75) obtenaient aussi des scores élevés. « S'occuper des enfants » (46), « travail » (36) et « déplacements » (33) étaient en bas de la liste. Les chercheurs remarquaient sèchement que « pour

1. Sara Robinson, « Bring Back the 40-Hour Work Week », *Salon*, 14 mars 2012. [http://www.salon.com]

2. Pour une vue d'ensemble, voir Nicholas Ashford et Giorgos Kallis, « A Four-day Workweek : A Policy for Improving Employment and Environmental Conditions in Europe », *European Financial Review*, avril 2013. [http://www.europeanfinancialreview.com/?p=902]

maximiser le bien-être, il est probable que le travail et la consommation (qui accroissent le PIB) doivent jouer un rôle moindre que ce n'est le cas aujourd'hui dans les activités quotidiennes[1] ».

Le changement climatique ? Une réduction du temps de travail au niveau mondial pourrait faire diminuer de moitié la quantité de CO_2 émise au XXIe siècle[2]. Les pays où la semaine de travail est la plus courte ont aussi une empreinte écologique plus légère[3]. Pour consommer moins, il faut commencer par travailler moins – ou, mieux encore, par consommer notre prospérité sous forme de loisirs.

Les accidents ? Les heures supplémentaires sont mortelles[4]. De longues journées de travail conduisent

1. Christian Kroll et Sebastian Pokutta, « Just a Perfect Day ? Developing a Happiness Optimised Day Schedule », *Journal of Economic Psychology*, février 2013. [http://www.sciencedirect.com]

2. David Rosnick, « Reduced Work Hours as a Means of Slowing Climate Change », Center for Economic and Policy Research.

3. Kyle Knight, Eugene A. Rosa et Juliet B. Schor, « Reducing Growth to Achieve Environmental Sustainability : The Role of Work Hours », novembre 2012. [http://www.peri.umass.edu]

4. Une étude a montré que les internes des hôpitaux font cinq fois plus d'erreurs de diagnostic quand ils font des semaines trop longues que pendant les semaines normales. Christopher P. Landrigan *et al.*, « Effect of Reducing Interns' Work Hours on Serious Medical Errors in Intensive Care Units », *New England Journal of Medicine*, octobre 2004. [http://www.nejm.org] Quantité de recherches attestant aussi de ce qu'il est mauvais pour la santé de travailler trop dur. Voir la méta-analyse de Kate Sparks *et al.*, « The Effects of Hours of Work on Health : A Meta-Analytic Review », *Journal of Occupational and Organizational Psychology*, août 2011. [http://onlinelibrary.wiley.com]

à davantage d'erreurs : un chirurgien fatigué commet plus facilement des maladresses, un soldat qui ferme trop rarement l'œil est plus enclin à manquer sa cible. De Tchernobyl à la navette spatiale *Challenger*, il s'avère souvent que des cadres surmenés ont joué un rôle déterminant dans ces désastres. Ce n'est pas une coïncidence si le secteur financier, qui a déclenché la plus grande catastrophe de la dernière décennie, croule sous les heures supplémentaires.

Le chômage ? À l'évidence, on ne peut se contenter de découper un emploi en morceaux. Le marché du travail n'est pas un jeu de chaises musicales où n'importe qui peut occuper n'importe quel siège et où il n'y a qu'à distribuer les places. Mais des chercheurs de l'Organisation internationale du travail ont démontré que le partage du travail – deux employés à mi-temps se partageant une charge de travail traditionnellement assignée à un employé à plein temps – avait contribué pour une part considérable à résoudre la dernière crise[1]. C'est particulièrement en temps de récession, avec un chômage atteignant des pics et une production dépassant la demande, que le partage des emplois peut aider à atténuer le choc[2].

1. Jon C. Messenger et Naj Ghosheh, « Work Sharing During the Great Recession », International Labour Organization. [http://www.ilo.org]

2. En Allemagne, qui est sortie de la crise plus forte que les autres pays d'Europe, cela a sauvé des centaines de milliers d'emplois. Voir aussi Nicholas Ashford et Giorgos Kallis, « A Four-day Workweek », art. cité.

L'émancipation des femmes ? Les pays où la semaine de travail est la plus courte sont aussi en haut des classements pour l'égalité des genres. Le principal problème est d'atteindre une répartition plus équitable du travail. C'est seulement quand les hommes feront leur part de cuisine, de ménage et des autres tâches domestiques que les femmes seront libres de prendre pleinement part à l'économie au sens large. En d'autres termes, l'émancipation des femmes est un problème d'hommes. Mais ces changements ne dépendent pas uniquement des choix individuels : la loi joue un rôle important. Nulle part l'écart de temps de travail entre hommes et femmes n'est plus réduit qu'en Suède, un pays qui dispose d'un système vraiment convenable de garde d'enfants et de congé parental.

Le congé de paternité est particulièrement important : les hommes qui passent quelques semaines chez eux après la naissance d'un enfant consacrent plus de temps à leurs épouses, à leurs enfants et aux fourneaux qu'ils ne le feraient autrement. Et puis c'est un effet qui dure – tenez-vous bien – toute la vie ! En Norvège, des recherches ont montré que les hommes qui prennent des congés de paternité ont 50 % de chances de plus de partager la corvée de lessive avec leurs épouses[1]. Des recherches

1. Andreas Kotsadam et Henning Finseraas, « The State Intervenes in the Battle of the Sexes : Causal Effects of Paternity Leave », *Social Science Research*, novembre 2011. [http://www.sciencedirect.com]

canadiennes montrent qu'ils consacrent plus de temps aux tâches domestiques et aux soins aux enfants[1]. Le congé de paternité est un cheval de Troie qui peut véritablement changer les choses dans la lutte pour l'égalité entre hommes et femmes[2].

Le vieillissement de la population ? Une part croissante de la population âgée souhaite continuer à travailler après l'âge de la retraite. Mais alors que les trentenaires croulent sous le travail, les responsabilités familiales et les emprunts, les seniors ont du mal à se faire engager, même si le travail est excellent pour leur santé. Outre le fait de répartir les emplois plus équitablement entre les sexes, il nous faut donc aussi les partager par-delà les générations. Les jeunes actifs qui arrivent tout juste sur le marché du travail pourraient continuer à travailler jusqu'à quatre-vingts ans et plus. En échange, ils feraient non plus quarante, mais trente ou même vingt heures par semaine. « Au XXe siècle, nous avons eu une redistribution des richesses », observe un important démographe. « Au siècle qui est le nôtre, la grande redistribution concernera les heures de travail[3]. »

1. Ankita Patnaik, « Merging Spheres : The Role of Policy in Promoting Dual-Earner Dual-Carer Households », Population Association of America 2014 Annual Meeting. [https://www.researchgate.net]

2. Rutger Bregman, « Zo krijg je mannen achter het aanrecht », *De Correspondent*. [https://decorrespondent.nl]

3. Niels Ebdrup, « We Should Only Work 25 Hours a Week, Argues Professor », *Science Nordic*, 3 février 2013. [http://sciencenordic.com]

Les inégalités ? Les pays où les disparités de richesse sont les plus importantes sont précisément ceux où la semaine de travail est la plus longue. Alors que les pauvres travaillent de plus en plus d'heures pour pouvoir seulement s'en sortir, les riches trouvent qu'à mesure que leur salaire horaire augmente, prendre du temps de congé leur revient de plus en plus « cher ».

Au XIXe siècle, les gens riches se distinguaient par le fait de refuser purement et simplement de remonter leurs manches. Le travail, c'était pour les paysans. Plus on travaillait, plus on était pauvre. Depuis, les mœurs sociales se sont inversées. De nos jours, l'excès de travail et la pression sont des signes statutaires. Se plaindre d'avoir trop de travail, c'est souvent chercher de manière voilée à donner l'impression qu'on est important et intéressant. Prendre du temps pour soi, cela renvoie souvent au chômage et à la paresse, du moins dans les pays où les écarts de richesses se sont accrus.

Douleurs de croissance

Il y a près de cent ans, notre vieil ami John Maynard Keynes fit une autre prédiction courageuse. Keynes avait compris que le krach boursier de 1929 n'avait pas mis fin à toute l'économie mondiale. Les producteurs étaient en mesure de fournir autant de marchandise que l'année précédente ; mais pour de nombreux produits, la demande s'était tarie. « Nous ne souffrons pas des rhumatismes propres à la vieillesse, écrivait Keynes, mais des douleurs de croissance résultant de changements trop rapides. »

Plus de quatre-vingts ans plus tard, nous sommes face à un problème identique. Ce n'est pas que nous soyons pauvres. C'est seulement qu'il n'y a pas assez de travail payé pour tout le monde. Et en fait, c'est une bonne nouvelle.

Cela veut dire que nous pouvons commencer à nous préparer pour ce qui est peut-être le plus grand défi auquel nous ayons jamais eu à faire face : remplir un véritable océan de temps de loisir. Évidemment, la semaine de quinze heures est encore une utopie éloignée. Keynes prédisait qu'en 2030 les économistes ne joueraient plus qu'un rôle mineur, « équivalent à celui des dentistes ». Mais ce rêve semble aujourd'hui plus éloigné que jamais. Les économistes dominent les arènes médiatiques et politiques. Et le rêve d'une semaine de travail plus courte a fait long feu, lui aussi. Difficile de trouver un politicien prêt à la défendre, même si le stress et le chômage atteignent des niveaux record.

Pourtant, Keynes n'était pas fou. À son époque, la semaine de travail diminuait à vue d'œil et il ne faisait qu'extrapoler pour l'avenir une tendance qui avait débuté en 1850. « Bien sûr, tout cela arrivera progressivement, tempérait-il, pas comme une catastrophe. » Imaginez que la révolution des loisirs reprenne de la vigueur au cours du siècle qui est le nôtre. Même dans des conditions de croissance économique lente, nous, habitants du pays d'abondance, pourrions travailler moins de quinze heures par semaine d'ici 2050, tout en gagnant autant qu'en 2000[1].

Si nous pouvons faire advenir cela, il est grand temps de s'y préparer.

Stratégie nationale

D'abord, il faut se demander : est-ce bien ce que nous voulons ?

Il se trouve qu'on nous a déjà posé cette question, dans des sondages. Notre réponse : oui, absolument, s'il vous plaît. Nous sommes même prêts à échanger notre précieux pouvoir d'achat contre plus de temps libre[2]. Il faut toutefois noter que la frontière qui sépare le travail du loisir s'est estompée ces derniers temps. Le travail est aujourd'hui souvent perçu comme une sorte de passe-temps, voire comme le cœur même de notre identité. Dans son ouvrage de référence *Théorie de la classe de loisir* (1899), le sociologue Thorstein Veblen décrivait encore le loisir comme le privilège d'une élite. Mais ce qui entrait alors dans la catégorie des loisirs (arts, sport,

1. Erik Rauch, « Productivity and the Workweek », http://groups.csail.mit.edu/mac/users/rauch/worktime.

2. Pour un panorama des attitudes qui prévalent dans différents pays, voir Robert Skidelsky et Edward Skidelsky, *How Much Is Enough ? The Love of Money and the Case for the Good Life*, Penguin, 2012, p. 29-30.

sciences, soin des enfants, philanthropie) est aujourd'hui classé comme travail.

À l'évidence, notre pays d'abondance comporte encore trop de boulots inintéressants et mal payés. Et les emplois bien rémunérés sont souvent considérés comme peu utiles. Pourtant, l'objectif ici n'est pas de plaider pour la fin de la semaine de travail. Au contraire. Il est temps que les femmes, les pauvres et les seniors aient la possibilité d'avoir davantage accès à un bon travail. Un travail stable et qui a du sens joue un rôle central dans toute vie bien vécue[1]. C'est pourquoi le loisir forcé – être licencié, par exemple – est une catastrophe. Les psychologues ont démontré que le chômage prolongé a un plus grand impact sur le bien-être qu'un divorce ou la perte d'un être aimé[2]. Le temps soigne toutes les plaies, sauf le chômage. Plus on reste sur la touche, plus on s'enfonce.

Mais quelle que soit l'importance du travail dans nos vies, dans le monde entier, du Japon aux États-Unis, les gens aspirent à une semaine de travail plus courte[3].

1. Pour un panorama, voir Jonathan Gershuny et Kimberly Fisher, « Post-Industrious Society : Why Work Time Will Not Disappear for Our Grandchildren », *Sociology Working Papers*, avril 2014. [http://www.sociology.ox.ac.uk]

2. Richard Layard, *Happiness*, 2005, p. 64. Voir aussi Don Peck, « How a New Jobless Era Will Transform America », *Atlantic*, mars 2010. [http://www.theatlantic.com]

3. Juliet Schor, « The Triple Dividend », *in* Anna Coote et Jane Franklin (éd.), *Time on Our Side. Why We All Need a Shorter Workweek*, *op. cit.*, p. 14.

Des scientifiques américains ont sondé des salariés pour savoir s'ils préféreraient avoir deux semaines de salaire en plus ou deux semaines de congé : ils ont été deux fois plus nombreux à opter pour le temps libre supplémentaire. Et quand des chercheurs britanniques ont demandé à des employés s'ils préféreraient gagner à la loterie ou travailler moins, là encore, ils ont été deux fois plus nombreux à choisir la seconde option[1].

Tout porte donc à penser que nous ne pouvons pas nous passer d'une bonne dose de loisir quotidien. Travailler moins nous laisse de la largeur de bande pour d'autres choses tout aussi importantes pour nous, comme la famille, l'engagement dans la vie locale et les distractions. Ce n'est pas une coïncidence si les pays où la semaine de travail est la plus courte ont aussi le plus grand nombre de bénévoles et le plus important capital social.

Puisque nous savons à présent que nous voulons travailler moins, la question suivante est : comment y parvenir ?

Nous ne pouvons pas simplement passer tous, d'un seul coup, à une semaine de vingt ou de trente-deux heures. La réduction du temps de travail doit d'abord redevenir un idéal politique. Puis nous pourrons réduire peu à peu le nombre d'heures travaillées en échangeant de l'argent

1. Carl Honoré, *In Praise of Slow*, Harper SanFrancisco, 2004, chapitre VIII.

contre du temps, en investissant davantage dans l'éducation et en développant un système de retraites plus souple ainsi que des dispositions favorables au congé de paternité et à la garde des enfants.

Cela commence par une inversion du système des incitations. Il est aujourd'hui moins cher pour un employeur de payer des heures supplémentaires à un salarié que d'engager deux personnes à mi-temps[1]. De nombreuses charges patronales, comme la sécurité sociale, sont en effet calculées par employé et non par heure travaillée[2]. C'est aussi la raison pour laquelle nous ne pouvons décider individuellement de travailler moins. En le faisant, nous risquerions de perdre certains de nos droits, des opportunités de carrière et peut-être même nos emplois. Et puis les employés se surveillent les uns les autres : qui est resté le plus tard à son bureau ? Qui pointe le plus d'heures ? Dans presque tous les bureaux, à la fin d'une journée de travail, on voit des gens épuisés rester à leur poste et passer inutilement en revue des profils Facebook de gens qu'ils ne connaissent pas, en attendant que l'un de leurs collègues parte le premier.

1. Schor, *The Overworked American*, *op. cit.*, p. 66.

2. Pensez aux coûts de formation, de plans de retraite, d'assurance chômage et d'assurance santé (surtout aux États-Unis pour ce dernier poste). La plupart des pays ont vu ces « coûts horaires fixes » augmenter ces dernières années. Voir Schor, « The Triple Dividend », art. cité, p. 9.

Pour rompre avec ce cercle vicieux, il faut des actions collectives – à l'échelle des entreprises ou, mieux encore, à l'échelle des pays.

La bonne vie

Tandis que j'écrivais ce livre, quand je disais que j'y abordais le plus grand défi du siècle, l'intérêt de mes interlocuteurs était immédiatement en éveil. Écrivais-je sur le terrorisme ? Le changement climatique ? La Troisième Guerre mondiale ?

La déception était perceptible quand je développais sur le thème du temps libre. « Est-ce que tout le monde ne finirait pas rivé à l'écran de télévision ? »

Cela m'évoquait les sombres prophéties des marchands de malheur du XIXe siècle, qui croyaient que la plèbe ne saurait que faire d'un droit de vote, d'un salaire décent ou, pire encore, de temps libre, et qui défendaient la semaine de soixante-dix heures comme un moyen efficace de lutter contre l'alcoolisme. Ce qui est ironique, c'est que c'est précisément dans les villes industrielles les plus surexploitées que de plus en plus de gens cherchaient refuge dans la bouteille.

Nous vivons à présent à une autre époque, mais c'est toujours la même histoire : dans des pays comme le Japon, la Turquie et bien sûr les États-Unis, où les gens sont surmenés, ils absorbent des quantités aberrantes de programmes télévisés. Jusqu'à cinq heures par jour aux États-Unis, c'est-à-dire près de neuf ans dans une vie. Les enfants américains passent moitié autant d'heures devant la télévision qu'à l'école[1].

Le loisir véritable n'est pourtant ni un luxe ni un vice. Il est aussi vital pour notre cerveau que la vitamine C l'est pour notre corps. Pas une seule personne sur terre ne se dit sur son lit de mort : « Si seulement j'avais passé quelques heures de plus au bureau ou devant la télévision. » Bien sûr, il n'est pas aisé de nager dans un océan de temps libre. L'éducation du XXIe siècle ne doit pas seulement préparer les gens à rejoindre la force de travail, elle doit aussi (et surtout) les préparer à la vie. « Puisque les hommes ne seront pas fatigués pendant leur temps libre, écrivait le philosophe Bertrand Russell en 1932, ils ne réclameront plus seulement des amusements passifs et insipides[2]. »

Nous pouvons faire avec la bonne vie, il suffit de prendre le temps.

1. Nielsen Company, « Americans Watching More TV Than Ever », nielsen.com. Voir aussi http://www.statisticbrain.com.

2. Bertrand Russell, *In Praise of Idleness* [1935], Routledge, 2004, p. 14. [*Éloge de l'oisiveté*, tr. fr. Michel Parmentier, éditions Allia, 2002].

7

Pourquoi il n'est pas payant d'être banquier

« Le travail est le refuge de gens qui n'ont rien d'autre à faire dans la vie. »

OSCAR WILDE (1854-1900)

Un épais brouillard enveloppe City Hall Park à l'aube du 2 février 1968[1]. Sept mille employés des services sanitaires de la ville de New York sont rassemblés et le temps est à la révolte. Du toit d'un camion, le porte-parole syndical John DeLury s'adresse aux manifestants. Quand il annonce que le maire refuse toute nouvelle concession, la colère de la foule menace de déborder. Tandis que les premiers œufs pourris volent déjà, DeLury réalise que le temps du compromis est passé. L'heure est venue d'entrer dans l'illégalité, de recourir à des méthodes

1. Cette reconstitution de la grève est basée sur la couverture des événements par le *New York Times*.

interdites aux employés des services de la voirie pour la simple raison qu'ils font un travail d'utilité publique.

Le temps est venu de se mettre en grève.

Le lendemain, dans toute la ville, les poubelles ne sont pas vidées. Presque toutes les équipes de ramassage sont restées chez elles. « Nous n'avons jamais eu aucun prestige et jusqu'à présent ça ne m'a jamais gêné », déclare un éboueur, dans un journal local. « Mais maintenant, oui. On nous traite comme de la saleté. »

Quarante-huit heures plus tard, quand le maire va se rendre compte de la situation sur le terrain, la ville baigne dans les ordures et 10 000 tonnes supplémentaires viennent s'y ajouter chaque jour. Une puanteur nauséabonde flotte dans les rues de la ville et on aperçoit des rats jusque dans les quartiers les plus huppés. En quelques jours, l'une des villes les plus emblématiques du monde ressemble à un bidonville. Et pour la première fois depuis l'épidémie de poliomyélite de 1931, les autorités municipales décrètent l'état d'urgence.

Le maire refuse pourtant de transiger. La presse locale se range de son côté et décrit les grévistes comme des égoïstes cupides. Il faut une semaine pour que l'idée commence à faire son chemin que les éboueurs vont l'emporter. « New York est impuissante face à eux », déclarent, désespérés, les éditorialistes du *New York Times*. « Cette ville, la plus grande de toutes, doit capituler ou sombrer dans la crasse. » Neuf jours après le début de la grève, alors que s'entassent cent mille tonnes d'ordures, les employés de la voirie obtiennent gain de cause. « La morale que l'on peut tirer de la récente excursion de New York dans le chaos, écrira plus tard le magazine *Time*, c'est qu'il est payant de faire grève[1]. »

Riches sans lever le petit doigt

Peut-être, mais pas dans tous les métiers.

Imaginez, par exemple, que les 100 000 lobbyistes qui travaillent à Washington se mettent en grève demain[2]. Ou que tous les comptables fiscalistes de Manhattan décident de rester chez eux. Il est peu probable que le maire déclare l'état d'urgence. Surtout, il est peu vraisemblable qu'un de ces scénarios cause beaucoup de dégâts. Une grève de consultants en réseaux sociaux, d'employés en télémarketing ou d'opérateurs de transactions à haute fréquence, par exemple, ne serait peut-être pas même mentionnée aux informations.

Pour les éboueurs, c'est différent. Quel que soit l'angle considéré, c'est un emploi dont on ne peut se passer. Et la dure vérité, c'est que de plus en plus de gens ont un emploi dont on pourrait très bien se passer. S'ils s'arrêtaient

1. « Fragrant Days in Fun City », *Time*, 16 février 1968.

2. Il est vrai qu'officiellement il n'y avait que 12 281 lobbyistes à Washington en 2014. Mais ce chiffre ne rend pas compte de la situation réelle, un nombre croissant de lobbyistes agissant souterrainement. Lee Fang, « Where Have All the Lobbyists Gone ? », *The Nation*, 19 février 2014. [http://www.thenation.com]

soudain de travailler, le monde ne deviendrait ni plus pauvre, ni plus laid, ni pire en aucune manière. Prenez ces traders performants de Wall Street qui se remplissent les poches aux dépens de tel ou tel fonds de retraite. Ou encore ces avocats si futés qu'ils peuvent prolonger une action en justice jusqu'à la fin des temps. Ou même ce rédacteur publicitaire à qui l'on doit le slogan de l'année et qui a mis la concurrence en faillite.

Au lieu de *créer* de la richesse, ces emplois se contentent, la plupart du temps, de la *déplacer*.

Bien sûr, il n'y a pas de ligne distinguant clairement ceux qui créent la richesse de ceux qui la déplacent. Un nombre incalculable de métiers font les deux. Il est indéniable que le secteur financier peut contribuer à notre richesse, tout en huilant au passage les rouages d'autres secteurs. Les banques peuvent aider à étaler les risques et à soutenir des gens aux idées brillantes. Mais de nos jours, les banques se sont tellement agrandies qu'une part importante de ce qu'elles font consiste à transférer la richesse d'un endroit à un autre, voire à la détruire. Plutôt que de faire grossir le gâteau, l'expansion explosive du secteur banquier a permis d'accroître la part qu'il se sert à lui-même[1].

Ou encore, prenez le domaine juridique. Il va sans dire que l'État de droit est indispensable pour qu'un

1. Jean-Louis Arcand, Enrico Berkes et Ugo Panizza, « Too Much Finance ? », *IMF Working Paper*, juin 2012.

pays prospère. Mais le fait qu'il y ait aujourd'hui aux États-Unis dix-sept fois plus d'avocats par habitant qu'au Japon donne-t-il dix-sept fois plus d'autorité à la loi aux États-Unis[1] ? Les Américains sont-ils dix-sept fois mieux protégés ? Non, loin de là. Certains cabinets d'avocats se spécialisent dans l'acquisition de brevets pour des produits qu'ils n'ont aucune intention de fabriquer, à seule fin de pouvoir poursuivre des gens pour contrefaçon.

Étrangement, ce sont précisément ces emplois consistant à déplacer l'argent – sans rien ou presque rien créer qui ait une valeur tangible – qui offrent les meilleurs salaires. C'est un état de choses fascinant et paradoxal. Comment est-il possible que ceux qui participent à la prospérité – les enseignants, les policiers, les infirmières – soient si mal payés, alors que des métiers superflus et parfois destructeurs, qui ne font que *déplacer* de l'argent, rapportent autant ?

Quand l'oisiveté était un droit du sang

Peut-être l'histoire peut-elle éclairer cette énigme.

Il y a quelques siècles à peine, presque tout le monde travaillait dans l'agriculture. Cela laissait à la classe aisée tout loisir de fainéanter, de vivre de ses rentes et de

1. Scott L. Cummings (éd.), *The Paradox of Professionalism. Lawyers and the Possibility of Justice*, Cambridge University Press, 2011, p. 71.

guerroyer – des passe-temps qui ne créent pas de richesses mais au mieux les déplacent, au pire les détruisent. Tout noble au « sang bleu » s'enorgueillissait d'un style de vie qui permettait à quelques-uns de se remplir les poches aux dépens des autres. Le travail ? C'était pour les paysans.

En ce temps-là, avant la révolution industrielle, une grève de fermiers aurait paralysé l'économie tout entière. Aujourd'hui, les graphiques, les diagrammes et les camemberts indiquent que tout a changé. La part de l'économie occupée par l'agriculture semble marginale. De fait, le secteur financier aux États-Unis est sept fois plus important que le secteur agricole.

Cela veut-il dire que si les paysans se lançaient dans une grève, cela nous gênerait moins qu'un boycott organisé par des banquiers ? (Non, au contraire.) D'ailleurs, la production agricole n'a-t-elle pas grimpé en flèche ces dernières décennies ? (Certainement.) Les fermiers gagnent-ils donc plus d'argent que jamais ? (Hélas non.)

Car dans une économie de marché, les choses fonctionnent de manière précisément inverse. Plus l'offre est importante, plus le prix est bas. Là est le problème. Ces dernières décennies, l'offre de nourriture a explosé. En 2010, les vaches américaines produisaient deux fois plus de lait qu'en 1970[1]. Pendant la même période, la productivité du blé a également doublé, tandis que celle

1. Aalt Dijkhuizen, « Hoogproductieve en efficiënte landbouw : een duurzame greep !? », mars 2013. [https://www.wageningenur.nl]

des tomates triplait. Plus l'agriculture progresse, moins nous sommes prêts à payer pour ce qu'elle produit. De nos jours, ce que nous mettons dans nos assiettes ne coûte quasiment plus rien.

C'est ça, le progrès économique. Plus nos fermes et nos usines améliorent leur rendement, plus leur part dans notre économie diminue. Et plus les secteurs de l'agriculture et des biens manufacturés sont productifs, moins ils font travailler de gens. Dans le même temps, ce transfert génère plus d'emplois dans le secteur des services. Mais pour pouvoir dénicher un job dans ce nouveau monde de consultants, de comptables, de programmeurs, de conseillers, de courtiers et d'avocats, il faut des références.

C'est cette évolution qui a créé une immense richesse.

Ironiquement, pourtant, elle a aussi donné naissance à un système où de plus en plus de gens peuvent gagner de l'argent sans contribuer à rien qui ait une valeur tangible pour la société. On peut appeler ça le paradoxe du progrès : ici, en pays d'abondance, plus nous devenons riches et intelligents, plus on peut se passer de nous.

Quand les banquiers frappent

« FERMETURE DES BANQUES. »

Cette notice parut dans l'*Irish Independant* le 4 mai 1970. Au terme de négociations aussi longues que stériles portant sur le montant des salaires en retard sur l'inflation, les employés de la banque d'Irlande décidèrent de se mettre en grève.

Dans la nuit, 85 % des réserves du pays furent bloquées. Tout indiquait que la grève risquait de durer et dans toute l'Irlande les commerçants se mirent à garder leurs liquidités chez eux. Deux semaines après le début de la grève, l'*Irish Times* rapportait que la moitié des 7 000 banquiers du pays avaient déjà réservé des vols à destination de Londres pour chercher du travail.

Les experts commencèrent par prédire que la vie en Irlande allait s'arrêter. D'abord, les réserves d'argent liquide s'épuiseraient, puis le commerce stagnerait et enfin, le chômage exploserait. C'est en ces termes qu'un économiste décrit la peur qui régnait : « Imaginez que toutes les veines de votre corps se mettent soudain à se resserrer et à disparaître et vous pourrez commencer à comprendre comment les économistes conçoivent la fermeture des banques[1]. » À l'approche de l'été 1970, l'Irlande se préparait au pire.

C'est alors que quelque chose d'étrange se passa. Plus exactement, il ne se passa rien.

En juillet, le *Times* de Londres rapporta que « les chiffres et les tendances disponibles indiquent que le conflit n'a pas eu, à ce jour, d'effet négatif sur l'économie ». Quelques mois plus tard, la Banque centrale d'Irlande dressa un

1. Umair Haque, « The Irish Banking Crisis : A Parable », *Harvard Business Review*, 29 novembre 2010.

bilan définitif. « L'économie irlandaise a continué à fonctionner pendant une assez longue période alors que ses principales banques de compensation étaient fermées au public », conclut-elle. Non seulement cela, mais l'économie avait continué de progresser.

La grève allait durer six mois – vingt fois plus longtemps que la grève des éboueurs de New York. Mais alors qu'outre-Atlantique l'état d'urgence avait été décrété après six jours seulement, l'Irlande tenait encore solidement sur ses jambes au bout de six mois sans banquiers. « La principale raison pour laquelle je ne me rappelle pas la grève des banquiers, songea un journaliste irlandais en 2013, c'est parce qu'elle n'a pas eu d'impact débilitant sur la vie quotidienne[1]. »

Mais, sans banquiers, comment faisait-on, pour l'argent ?

C'est assez simple : les Irlandais se mirent à émettre leurs propres liquidités. Après la fermeture des banques, ils continuèrent à faire des chèques comme d'habitude, la seule différence étant que ces chèques ne pouvaient plus être encaissés à la banque. D'autres commerces en biens liquides – les pubs irlandais – occupèrent la place ainsi laissée vacante. À une époque où les Irlandais s'arrêtaient encore pour boire leur pinte au pub du coin au moins trois fois par semaine, chacun – et surtout le barman – savait assez clairement à qui on pouvait faire confiance.

1. Ann Crotty, « How Irish Pubs Filled the Banks' Role in 1970 », *Business Report*, 18 septembre 2013.

« Les responsables de ces points de vente et lieux publics étaient très bien informés sur leurs clients », explique l'économiste Antoin Murphy. « On ne sert pas à boire à quelqu'un pendant des années sans découvrir ce qu'il en est de ses ressources liquides[1]. »

En un rien de temps, les gens fabriquèrent un système monétaire radicalement décentralisé, les 11 000 pubs du pays fonctionnèrent comme principaux carrefours avec la confiance comme mécanisme de base. Quand les banques finirent par rouvrir en novembre, les Irlandais avaient imprimé quelque 5 milliards de livres en monnaie maison. Certains chèques avaient été rédigés par des entreprises, d'autres avaient été griffonnés au dos de boîtes de cigares ou même sur du papier toilette. D'après les historiens, l'une des raisons pour lesquelles les Irlandais se débrouillèrent aussi bien sans banques fut en définitive la cohésion sociale.

Alors il n'y eut pas eu de problème du tout ?

Bien sûr que si. Prenez le gars qui achète un cheval de course à crédit, puis paie sa dette avec l'argent encaissé une fois que le cheval est arrivé premier – au fond, il a joué avec l'argent de quelqu'un d'autre[2]. Cela ressemble beaucoup à ce que les banques font aujourd'hui, mais à une plus petite échelle. Et puis, pendant la grève, les

1. Antoin Murphy, « Money in an Economy Without Banks – The Case of Ireland », *Manchester School*, mars 1978, p. 44-45.

2. Donal Buckley, « How Six-Month Bank Strike Rocked the Nation », *The Independent*, 29 décembre 1999.

entreprises irlandaises avaient plus de mal à acquérir du capital pour des investissements importants. Le simple fait que les gens aient élaboré ce bricolage bancaire montre de manière patente qu'ils ne pouvaient se passer d'un secteur financier de quelque sorte que ce soit.

Mais ce dont ils se passèrent très bien, c'est la fumée et les jeux de miroir, les spéculations risquées, les gratte-ciel étincelants et les imposants bonus payés avec l'argent des contribuables. « Peut-être, au fond, conjecture l'auteur et économiste Umair Haque, que les banques ont beaucoup plus besoin des gens que les gens n'ont besoin de banques[1]. »

Une autre forme de taxation

Quel contraste avec cette autre grève, deux ans plus tôt et à cinq mille kilomètres plus loin. Alors que les New-Yorkais avaient contemplé, désespérés, leur ville qui se dégradait à mesure qu'elle se transformait en décharge publique, les Irlandais étaient, eux, devenus leurs propres banquiers. Alors qu'au bout de six jours, New York était au bord de l'abîme, en Irlande tout roulait encore au bout de six mois.

Une précision cependant. Faire de l'argent sans rien créer qui ait de la valeur est tout sauf facile. Il faut du talent, de l'ambition et de l'intelligence. Et le milieu de la

1. Haque, « The Irish Banking Crisis : A Parable », *op. cit.*

finance déborde d'esprits brillants. « Le génie des grands investisseurs spéculatifs est de voir ce que les autres ne voient pas, ou de le voir plus tôt », explique l'économiste Roger Bootle. « C'est une compétence. Mais c'en est une aussi que de savoir se tenir sur la pointe des pieds, en équilibre sur une jambe avec une théière sur la tête sans rien renverser[1]. »

En d'autres termes, il ne suffit pas qu'une chose soit difficile à faire pour qu'elle ait de la valeur.

Au cours des dernières décennies, ces brillants esprits ont concocté toutes sortes de produits financiers complexes qui, loin de créer de la richesse, la détruisent. Ces produits fonctionnent fondamentalement comme une taxe sur le reste de la population. À votre avis, qui paie tous ces costumes sur mesure, ces manoirs démesurés, ces yachts de luxe ? Si les banquiers ne génèrent pas eux-mêmes la valeur qui est à la base de tout cela, cette valeur doit bien venir de quelque part – ou de quelqu'un. Le gouvernement n'est pas le seul à redistribuer la richesse. Le secteur financier le fait aussi, mais sans mandat démocratique.

Bref, le fait que la richesse soit *concentrée* quelque part ne veut pas dire que c'est là qu'elle est *créée*. C'était tout aussi vrai des anciens propriétaires féodaux que ça l'est aujourd'hui du PDG de Goldman Sachs. La seule différence, c'est que les banquiers se prennent parfois à

1. Roger Bootle, « Why the Economy Needs to Stress Creation Over Distribution », *Telegraph*, 17 octobre 2009.

croire qu'ils sont les créateurs de toute cette richesse. Le seigneur qui vivait fièrement du labeur de ses paysans ne se payait pas de telles illusions.

*Les boulots de merde [***bullshit jobs***]*

Dire qu'il aurait pu en aller tout autrement.

Rappelons-nous que l'économiste John Maynard Keynes prédisait qu'en 2030 nous finirions par travailler seulement quinze heures par semaine[1]. Que notre prospérité crèverait le plafond et que nous échangerions une bonne part de notre richesse contre du temps de loisir.

Or ce n'est pas du tout ce qui s'est passé. Nous sommes infiniment plus prospères, mais on ne peut pas dire que nous nagions dans un océan de temps libre. Bien au contraire. Nous travaillons plus dur que jamais. Dans le précédent chapitre, j'ai décrit la manière dont nous avons sacrifié notre temps libre sur l'autel du consumérisme. Keynes n'avait sûrement pas prévu cela.

Mais il y a encore une pièce qui ne s'ajuste pas au puzzle. La plupart des gens ne jouent aucun rôle dans la production des coques d'iPhone colorées, des shampoings exotiques aux extraits végétaux ou du Mocha Cookie Crumble Frappuccino de Starbucks. Notre addiction à

1. John Maynard Keynes, « Economic Possibilities for our Grandchildren », art. cité. [http://www.econ.yale.edu/smith/econ116a/keynes1.pdf]

la consommation est essentiellement rendue possible par des robots et des esclaves salariés dans le tiers monde. Et alors que la capacité de production agricole et industrielle a connu une croissance exponentielle ces dernières décennies, l'emploi, dans ces secteurs, s'est effondré. Notre mode de vie effréné est-il donc uniquement le fait d'un consumérisme devenu incontrôlable ?

D'après David Graeber, anthropologue à la London School of Economics, c'est autre chose. Il y a quelques années, il a écrit un passionnant article qui attribuait la faute, non à ce que nous achetons, mais au travail que nous faisons. Le titre est clair : « Sur le phénomène des boulots de merde[1] ».

Selon l'analyse de Graeber, un nombre incalculable de gens passent toute leur vie professionnelle à faire des boulots qu'ils considèrent eux-mêmes comme inutiles : opérateur en télémarketing, responsable en ressources humaines, stratège en réseaux sociaux, conseiller en relations publiques et toute une série de postes administratifs dans les hôpitaux, les universités et les bureaux des gouvernements. Graeber leur donne le nom de « *bullshit jobs* » (« boulots de merde »). Ce sont des emplois que même ceux qui les occupent trouvent, au fond, superflus.

La première fois que j'ai écrit un article sur ce phénomène, j'ai reçu une quantité de messages d'aveux.

1. David Graeber, « On the Phenomenon of Bullshit Jobs », art. cité. [http://www.strikemag.org/bullshit-job]

« Personnellement, je préférerais faire quelque chose de vraiment utile, m'a écrit un agent de change, mais je ne pourrais pas faire face à une réduction de salaire. » Il décrivait aussi son « ancien condisciple incroyablement talentueux, docteur en physique », qui développait des technologies de détection de cancer, mais qui « gagne tellement moins que moi que c'en est déprimant ». Bien sûr, œuvrer à une tâche qui a un immense intérêt public et qui nécessite un grand talent, de l'intelligence et de la persévérance ne conduit pas automatiquement à gagner beaucoup d'argent.

Et inversement. Est-ce une coïncidence si la prolifération des *bullshit jobs* bien payés est contemporaine d'un énorme boom dans l'enseignement supérieur et d'une économie centrée sur le savoir ? Rappelons-nous qu'il n'est pas facile de faire de l'argent sans rien créer qui ait de la valeur. Pour commencer, il faut mémoriser un jargon ronflant mais dépourvu de sens (essentiel quand on a une réunion stratégique trans-sectorielle P2P pour faire du brainstorming sur la cocréation de valeur ajoutée dans une société en réseau). Presque n'importe qui peut ramasser les poubelles, mais rares sont ceux qui peuvent faire carrière dans la banque.

Dans un monde qui s'enrichit, où les vaches produisent de plus en plus de lait et les robots de plus en plus de trucs, il y a plus de place pour les amis, la famille, le travail bénévole, la science, l'art, le sport et toutes ces choses qui font que la vie vaut d'être vécue. Mais il y a aussi plus de place pour le n'importe quoi. Tant que nous continuerons à être obsédés par le travail, le travail et encore le travail (alors même que les activités utiles sont de plus en plus automatisées ou délocalisées), le nombre de jobs superflus ne fera que grandir. Un peu comme le nombre de cadres qui, dans le monde développé, s'est accru ces trente dernières années sans nous enrichir d'un cent. Au contraire, les études montrent que les pays qui ont le plus grand nombre de cadres sont en réalité *moins* productifs et *moins* innovants[1]. Une étude menée par la *Harvard Business Review* auprès de 12 000 professionnels indique que la moitié d'entre eux ont l'impression que leur emploi n'a « ni sens ni importance » et la même proportion ne parviennent pas à se sentir concernés par la mission de leur entreprise[2]. Un autre sondage récent révèle que pas moins de 37 % de travailleurs britanniques estiment avoir un *bullshit job*[3].

Cela ne veut pas dire que tous ces nouveaux emplois dans le secteur des services sont dépourvus de sens – loin de là. Il suffit de regarder du côté de la santé, de l'enseignement, des services de pompiers et de police pour

1. Alfred Kleinknecht, Ro Naastepad et Servaas Storm, « Overdaad schaadt : meer management, minder productiviteitsgroei », *ESB*, 8 septembre 2006.

2. Voir Tony Schwartz et Christine Poratz, « Why You Hate Work », *New York Times*, 30 mai 2014. [http://www.nytimes.com]

3. Will Dahlgreen, « 37 % of British Workers Think Their Jobs Are Meaningless », *YouGov*, 12 août 2015. [https://yougov.co.uk/news/2015/08/12/british-jobs-meaningless]

trouver nombre de gens qui rentrent chez eux le soir certains, malgré leurs salaires modestes, d'avoir contribué à un monde meilleur. « C'est comme si on leur disait », écrit Graeber : « Vous avez la chance d'avoir un vrai travail ! Et en plus vous avez le culot de réclamer une retraite et une couverture santé digne de la classe moyenne ? »

Une autre voie

Ce qui rend tout cela particulièrement choquant, c'est que cela a lieu dans un système capitaliste, fondé sur des valeurs comme le rendement et la productivité. Alors que les politiciens insistent constamment sur la nécessité de réduire le rôle de l'État, ils restent muets sur ces *bullshit jobs* qui ne cessent de croître. Le résultat, ce sont des scénarios où, d'un côté, les gouvernements font des coupes là où se trouvent des emplois utiles comme dans la santé, l'enseignement et les travaux publics – avec pour conséquence le chômage – tout en investissant des millions dans les secteurs associés à la gestion comme la formation ou la surveillance, dont le manque d'efficacité est avéré depuis longtemps[1].

1. Comme nous l'avons vu au chapitre 4, une importante méta-analyse de 99 programmes européens de « marché du travail actif » a montré qu'au moins la moitié n'avait eu aucun effet ou avait eu des effets négatifs. Voir Frans den Butter et Emil Mihaylov, « Activerend arbeidsmarktbeleidis vaak nieteffectief », art. cité. [http://personal.vu.nl]

Le marché moderne se désintéresse tout autant de l'utilité, de la qualité et de l'innovation. Tout ce qui compte, c'est le profit. Cela conduit parfois à de magnifiques réalisations, mais pas toujours. D'opérateurs en télémarketing en conseillers fiscaux, une logique solide comme le roc permet de créer des *bullshit jobs* les uns après les autres et d'engranger des fortunes sans jamais rien produire.

Dans cette situation, les inégalités ne font qu'exacerber le problème. Plus la richesse se concentre au sommet, plus on a besoin d'avocats d'affaires, de lobbyistes et de chargés de transactions à haute fréquence. Après tout, la demande n'existe pas dans le vide : elle résulte d'une constante négociation déterminée par les lois et les institutions d'un pays et, bien sûr, par ceux qui tiennent les cordons de la bourse.

Peut-être est-ce là aussi un indice des raisons pour lesquelles les innovations des trente dernières années – une époque d'inégalités en spirale – n'ont pas tout à fait répondu à nos attentes. « Nous voulions des voitures volantes, au lieu de quoi nous avons eu Twitter et ses 140 caractères », raille Peter Thiel, celui qui se décrit lui-même comme l'intellectuel en résidence à Silicon Valley[1]. Si l'après-guerre nous a apporté ces fabuleuses inventions que sont le lave-linge, le réfrigérateur, la navette spatiale et la pilule, depuis quelque temps nous n'avons plus que

1. Peter Thiel, « What Happened to the Future ? », foundersfund.com/the-future.

des versions légèrement améliorées du téléphone acheté deux ans auparavant.

En fait, il devient de plus en plus profitable de *ne pas* innover. Imaginez tous les progrès à côté desquels nous passons pour la simple raison que des milliers de brillants esprits perdent leur temps à inventer des produits financiers hypercomplexes, en fin de compte plus destructeurs qu'autre chose. Ou parce qu'ils passent les plus belles années de leur vie à imiter des médicaments existants en y introduisant des différences infinitésimales, mais suffisantes pour permettre à un avocat futé de déposer un nouveau brevet, donnant l'occasion à un brillant département de relations publiques de lancer une campagne de marketing flambant neuve pour ce nouveau remède pas si nouveau.

Imaginez ce qui se passerait si tous ces talents étaient investis dans la création de richesse plutôt que dans son déplacement. Qui sait, peut-être aurions-nous déjà des réacteurs dorsaux, des villes sous-marines ou des médicaments contre le cancer.

Il y a longtemps, Friedrich Engels décrivait la « fausse conscience » des classes laborieuses de son époque – le « prolétariat ». D'après Engels, si les ouvriers des usines du XIXe siècle ne se soulevaient pas contre l'élite foncière, c'est parce que leur vision du monde était brouillée par la religion et le nationalisme. Peut-être aujourd'hui la société est-elle bloquée dans une ornière analogue, sauf que cette fois cela se passe au sommet de la pyramide. Peut-être certaines de ces personnes ont-elles la vision brouillée par tous les zéros qui figurent au bas de leur fiche de paie, leurs énormes bonus et leurs confortables plans de retraite. Peut-être qu'un épais portefeuille déclenche une fausse conscience similaire : la conviction de produire quelque chose de grande valeur *pour la seule raison* qu'on gagne beaucoup d'argent.

Quoi qu'il en soit, le fait qu'il en aille ainsi ne veut pas dire qu'il ne peut en aller autrement. Notre économie, nos impôts et nos universités peuvent être réinventés de sorte que les vraies innovations et la créativité rapportent. « Nous n'avons pas à attendre patiemment un lent changement culturel », déclarait il y a plus de vingt ans l'économiste non conformiste William Baumol[1]. Nous n'avons pas à attendre qu'il ne soit plus profitable de jouer avec l'argent d'autrui ; que les employés de la voirie, les agents de police et les infirmières aient un salaire décent ; et que les génies des maths se remettent à rêver de coloniser la planète Mars plutôt que de lancer leur propre fonds spéculatif.

Nous pouvons avancer vers un monde différent et nous pouvons commencer, comme c'est souvent le cas, par les impôts. Même les utopies ont besoin d'une clause fiscale. Par exemple, on pourrait débuter par une taxe sur les transactions, afin de contenir l'industrie financière.

1. William Baumol, « Entrepreneurship : Productive, Unproductive, and Destructive », *Journal of Political Economy*, 1990, p. 893-920.

En 1970, les valeurs mobilières américaines étaient détenues en moyenne pendant cinq ans ; quarante ans plus tard, c'est à peine cinq jours[1]. Si une taxe devait être payée chaque fois qu'un titre est acheté ou vendu, ces opérateurs de transactions à haute fréquence qui ne contribuent quasiment en rien à la valeur sociale ne profiteraient plus de la fraction de seconde qui sépare l'achat et la vente des actifs financiers. En réalité, on ferait des économies sur les dépenses extravagantes qui soutiennent et encouragent le secteur financier. Prenez le câble en fibre optique posé pour accélérer les transmissions entre les marchés financiers de Londres et de New York en 2012. Coût : 300 millions de dollars. Gain de temps : 5,2 millisecondes en tout et pour tout.

Mais surtout, ces taxes nous enrichiraient tous. Non seulement elles conféreraient à chacun une part plus importante du gâteau, mais le gâteau tout entier serait plus gros. Les petits génies qui filent tous à Wall Street pourraient alors redevenir des enseignants, des inventeurs et des ingénieurs.

C'est exactement le contraire qui s'est produit ces dernières décennies. Une étude menée à Harvard a montré que les baisses d'impôts sous Reagan ont causé un changement massif dans les choix de carrières des plus

1. Sam Ro, « Stock Market Investors Have Become Absurdly Impatient », *Business Insider*, 7 août 2012. [http://www.businessinsider.com/stock-investor-holding-period-2012-8]

brillants esprits du pays : de professeurs et ingénieurs, ils sont devenus banquiers et comptables. Alors qu'en 1970 deux fois plus d'hommes diplômés de Harvard optaient encore pour une vie consacrée à la recherche plutôt qu'à la banque, vingt ans plus tard, la tendance s'était inversée. Une fois et demie plus d'anciens de Harvard sont employés dans la finance que dans la recherche.

Le résultat, c'est que nous sommes tous devenus plus pauvres. Pour chaque dollar gagné par une banque, on estime que 60 cents sont détruits quelque part dans la chaîne économique. Inversement, pour chaque dollar gagné par un chercheur, c'est une valeur d'au moins 5 $ – et souvent beaucoup plus – qui est réinjectée dans le circuit économique[1]. Des augmentations d'impôts pour ceux qui gagnent le plus serviraient, pour parler le langage scientifique de Harvard, « à réaffecter les individus doués, des professions génératrices d'externalités négatives vers des professions aux externalités positives ».

En français de tous les jours : une augmentation d'impôts permettrait à plus de gens de faire un travail utile.

Les observateurs de tendance

S'il y a un endroit où devrait commencer la quête d'un monde meilleur, c'est bien dans la salle de classe.

1. Benjamin Lockwood, Charles Nathanson et E. Glen Weyl, « Taxation and the Allocation of Talent ». [http://papers.ssrn.com]

Certes, l'enseignement a peut-être renforcé le phénomène des *bullshit jobs*, mais il est aussi une source de prospérité nouvelle et tangible. S'il fallait dresser une liste des métiers les plus influents, le métier d'enseignant serait sans doute dans les premiers. Non parce que les enseignants sont récompensés par l'argent, le pouvoir ou le statut, mais parce qu'il contribue à la formation de quelque chose de bien plus important – le cours de l'histoire humaine.

Cela peut paraître un peu emphatique, mais prenez un instituteur ou une institutrice ordinaire. En quarante ans à la tête d'une classe de vingt-cinq élèves, il ou elle influence les vies d'un millier d'enfants. De plus, cet enseignant forme les élèves à un âge où ils sont le plus malléables. Après tout, ils ne sont encore que des enfants. Son travail ne consiste pas seulement à les armer pour l'avenir mais, au passage, il ou elle participe aussi à la formation de cet avenir.

S'il y a donc un endroit où nous pourrions intervenir d'une manière qui rapporterait des dividendes à la société par la suite, c'est dans une salle de classe.

Ce n'est pourtant pas le cas. Tous les grands débats sur l'enseignement portent sur la forme. Sur la manière de transmettre. La pédagogie. L'enseignement est constamment présenté comme un moyen d'adaptation – un lubrifiant qui doit permettre de glisser à travers la vie avec moins d'effort. Dans le circuit des conférences sur l'enseignement, une suite interminable d'observateurs de tendances prophétise sur l'avenir et les savoir-faire essentiels au XXIe siècle, les mots clés étant « créativité », « adaptabilité » et « souplesse ».

Invariablement, on se concentre sur les compétences, pas sur les valeurs. Sur la pédagogie, pas sur les idéaux. Sur la « capacité à résoudre les problèmes », pas sur l'identification de ces problèmes. Invariablement, tout tourne autour de la question : quels savoirs et quelles compétences faut-il aux élèves d'aujourd'hui pour trouver du travail demain – en 2030 ?

Or c'est précisément la mauvaise question.

En 2030, il y aura sans doute une forte demande de comptables futés dotés d'une conscience peu scrupuleuse. Si la tendance actuelle se poursuit, des pays comme le Luxembourg, les Pays-Bas et la Suisse deviendront des paradis fiscaux encore plus importants, qui permettront aux multinationales de se soustraire plus efficacement encore à l'impôt et laisseront les pays en développement moins bien lotis encore. Si le but de l'enseignement est de suivre plutôt que d'inverser ce genre de tendance, alors l'égoïsme sera la compétence fondamentale du XXIe siècle. Pas parce que la loi ou le marché ou la technologie l'exigent, mais uniquement parce que c'est ainsi, apparemment, que nous préférons gagner notre argent.

Mais nous pourrions nous poser une tout autre question : quels savoirs et quelles compétences *voulons-nous* que nos enfants aient en 2030 ? Au lieu d'anticiper et de nous adapter, nous nous concentrerions alors sur le fait d'orienter et de créer. Au lieu de nous demander ce qu'il nous *faut* pour gagner notre vie dans tel ou tel *bullshit job*, nous pourrions songer à la manière dont nous *voulons* gagner notre vie. C'est une question à laquelle les observateurs de tendance ne peuvent répondre. Comment le pourraient-ils ? Ils ne font que suivre les tendances, ils ne les font pas. C'est nous qui les faisons.

Pour répondre à cette question, nous devons nous examiner, nous-mêmes et nos idéaux personnels. Que voulons-nous ? Plus de temps pour nos amis, par exemple, ou pour notre famille ? Pour du travail bénévole ? Pour les pratiques artistiques ? Le sport ? L'enseignement à venir ne doit pas seulement nous préparer à entrer sur le marché du travail, mais aussi, plus fondamentalement, à la vie. Voulons-nous freiner le secteur financier ? Peut-être alors faudrait-il donner aux économistes en herbe quelques notions de philosophie et de morale. Voulons-nous plus de solidarité entre les groupes de sexe et de statut socio-économique différents ? Cela commence en cours de sciences sociales.

Si nous restructurons l'enseignement autour de nos nouveaux idéaux, le marché du travail suivra joyeusement. Imaginons que nous intégrions davantage d'enseignement artistique, d'histoire et de philosophie dans le cursus scolaire. On peut parier qu'il y aura une demande accrue d'artistes, d'historiens et de philosophes. C'est comme le rêve de 2030 que faisait John Maynard Keynes en 1930. Une prospérité accrue – mais aussi une plus grande robotisation du travail – finirait par nous permettre « de valoriser les fins plus que les moyens et de préférer le bien à l'utile ».

En définitive, ce ne sont ni le marché ni la technologie qui décident de ce qui a de la valeur, mais la société. Si nous voulons que ce siècle contribue à nous enrichir tous, nous devons nous libérer du dogme selon lequel tout travail est utile. Et pendant que nous y sommes, délivrons-nous aussi de l'erreur qui veut qu'un haut salaire soit automatiquement un reflet de la valeur dans la société.

Alors nous pourrions comprendre qu'en termes de création de valeur, il n'est pas payant d'être banquier.

New York, cinquante ans plus tard

Un demi-siècle après la grève, la Grande Pomme semble avoir appris la leçon. « À NEW YORK, TOUT LE MONDE VEUT ÊTRE ÉBOUEUR », titrait récemment un quotidien. De nos jours, les gens qui ramassent les ordures de la mégapole ont un salaire enviable. Au bout de cinq ans d'ancienneté, ils peuvent gagner jusqu'à 70 000 $ par an sans compter les heures supplémentaires et les divers avantages. « Ils font tourner la ville », explique un porte-parole du Département de la voirie, dans l'article. « S'ils s'arrêtaient de travailler, même brièvement, toute la ville de New York serait immobilisée[1]. »

Le journal interviewe aussi un ouvrier des services municipaux de voirie. En 2006, Joseph Lerman, alors âgé de vingt ans, reçut un appel de la ville l'informant qu'il était engagé comme éboueur. « J'ai eu l'impression d'avoir gagné le gros lot », se rappelle-t-il. Aujourd'hui, Lerman se lève tous les matins à quatre heures pour aller transporter des sacs poubelles, des journées qui durent parfois douze heures. « Franchement, dit le porte-parole de la ville en souriant, ce n'est pas pour rien que ces hommes et ces femmes sont appelés les héros de la ville de New York. »

1. Stijn Hustinx, « Iedereen in New York wil vuilnisman worden », *Algemeen Dagblad*, 12 novembre 2014.

8

La course contre la machine

« L'objectif de l'avenir est le chômage complet, pour que nous puissions faire ce qui nous plaît. »

ARTHUR C. CLARKE (1917-2008)

Ce ne serait pas la première fois. Au début du XXe siècle déjà, les machines ont rendu obsolète une activité ancienne et vénérable. Alors qu'en 1901 on comptait plus d'un million de ces emplois en Angleterre, ils avaient quasiment disparu quelques décennies plus tard[1]. Lentement mais sûrement, l'avènement des véhicules motorisés grignota leurs revenus jusqu'à ce qu'ils ne soient même plus en mesure de payer ce qu'ils coûtaient en nourriture.

Je parle naturellement des chevaux de trait.

Les habitants du pays d'abondance ont toutes les raisons de craindre eux aussi pour leurs emplois, avec le

1. « Categories of Horse as Reported by the Agricultural Census », *A Vision of Britain Through Time*. [http://www.visionofbritain.org.uk]

développement à toute blinde de robots conducteurs, de robots lisant, parlant, écrivant et – surtout – calculant. « Le rôle des humains comme facteur le plus important de la production est voué à diminuer », écrivait déjà en 1983 le prix Nobel Wassily Leontief, « de même que le rôle des chevaux dans la production agricole a d'abord été réduit, puis éliminé par l'introduction des tracteurs[1] ».

Les robots. Ils sont aujourd'hui l'un des plus puissants arguments en faveur de la réduction du temps de travail et d'un revenu universel de base. En fait, si la tendance actuelle se maintient, il n'y a qu'une alternative : le chômage structurel et des inégalités croissantes. « La machinerie... est une voleuse et cambriolerait des milliers de gens », fulminait en 1830 un artisan anglais du nom de William Leadbeater, lors d'un meeting à Huddersfield. « Nous verrons qu'elle causera la destruction de ce pays[2]. »

Cela a commencé par nos salaires. Aux États-Unis, le salaire réel d'un employé moyen a diminué de 14 % entre 1969 et 2009[3]. Dans d'autres pays développés aussi, de l'Allemagne au Japon, la croissance des salaires stagne depuis des années pour la plupart des activités, alors même que la production continue à augmenter. La principale

1. Cité par Erik Brynjolfsson et Andrew McAfee, *The Second Machine Age*, *op. cit.*, p. 175.
2. Cité in *Leeds Mercury*, 13 mars 1830.
3. Michael Greenstone et Adam Looney, « Trends », *Milken Institute Review*, automne 2011. [http://www.milkeninstitute.org]

raison est simple : le travail devient de moins en moins rare. Les avancées technologiques mettent les habitants du pays d'abondance en concurrence directe avec des milliards de gens qui travaillent dans le monde entier, mais aussi avec les machines.

Évidemment, les gens ne sont pas des chevaux. Il y a des limites à ce qu'on peut enseigner à un cheval. Les humains, eux, peuvent apprendre et grandir. C'est pourquoi nous injectons de l'argent dans l'enseignement et applaudissons l'économie du savoir.

Il y a un seul problème. Même ceux qui ont un bout de papier encadré au mur ont du souci à se faire. William Leadbeater était un artisan compétent, ce qui ne l'a pas empêché d'être supplanté par un métier à tisser mécanique en 1830. Le problème n'est pas qu'il n'était pas bien formé, mais que son savoir-faire était superflu. C'est une expérience à laquelle de plus en plus de gens seront confrontés dans l'avenir. « À la fin, je m'aventurerai à dire que cela sera la destruction de l'univers », avertit William Leadbeater.

Bienvenue dans la course contre la machine.

La puce et le conteneur

Au printemps 1965, Gordon Moore, technicien influent et futur cofondateur d'Intel, reçut une lettre d'*Electronics Magazine* lui proposant d'écrire un article sur l'avenir de la puce électronique à l'occasion du trente-cinquième anniversaire de la revue. À l'époque, les meilleurs prototypes n'avaient pas plus de trente transistors. Les transistors, ces briques élémentaires présentes dans chaque ordinateur, étaient alors très gros et les ordinateurs, très lents.

Moore se mit donc à rassembler quelques chiffres et fit une découverte qui l'étonna. Depuis 1959, le nombre de transistors par puce avait doublé chaque année. Naturellement, cela le fit réfléchir : et si la tendance continuait ? En 1975, on parviendrait au chiffre exorbitant de 60 000 transistors par puce. Cette découverte le déconcerta. Bientôt, les ordinateurs seraient capables de faire des additions mieux que tous les meilleurs mathématiciens réunis[1] ! Le titre du papier de Moore était révélateur : « Entasser de plus en plus de composants dans les circuits intégrés. » Bourrées à craquer, ces puces nous apporteraient « des merveilles telles que des ordinateurs domestiques », ainsi que « des équipements de communication portatifs », et peut-être même « des dispositifs de contrôle automatique pour les voitures ».

Moore savait son hypothèse hasardeuse. Mais quarante ans plus tard, Intel, le plus grand producteur de puces, offrait 10 000 $ à quiconque trouverait un exemplaire

1. Gordon Moore, « Cramming More Components onto Integrated Circuits », *Electronics Magazine*, 19 avril 1965. [https://www.cs.utexas.edu]

original de ce numéro d'*Electronics Magazine*. L'hypothèse hasardeuse est entrée dans l'histoire sous le nom de loi de Moore.

« Plusieurs fois, j'ai cru que nous avions atteint la limite », raconte l'auteur en 2005. « Les choses s'émoussent[1]. » Mais elles ne se sont toujours pas émoussées. Pas encore. En 2013, la nouvelle console de jeux vidéo Xbox One dépendait d'une puce qui contenait pas moins de cinq milliards de transistors. Personne ne peut dire combien de temps cela durera encore, mais, pour le moment, la loi de Moore a toujours le vent en poupe[2].

Arrive alors *le conteneur*.

De même que les transistors sont devenus l'unité standard de l'information à la fin des années 1950, les conteneurs sont un jour devenus l'unité standard de transport[3]. Il est vrai qu'une caisse rectangulaire en métal peut sembler moins révolutionnaire qu'une puce ou un ordinateur, mais considérez ceci : avant les conteneurs, les marchandises étaient transportées une à une sur les bateaux, les trains ou les camions. Entre le chargement,

1. Intel, « Excerpts from a Conversation with Gordon Moore : Moore's Law », 2005. [http://large.stanford.edu]

2. En 1965, Moore estimait encore que le nombre de transistors doublerait tous les douze mois. En 1970, il révisa son estimation à vingt-quatre mois. Aujourd'hui, le chiffre généralement admis est de dix-huit mois.

3. Arthur Donovan et Joseph Bonner, *The Box That Changed the World : Fifty Years of Container Shipping*, Commonwealth Business Media, 2006.

le déchargement et le rechargement, c'étaient des journées entières qui s'ajoutaient à chaque segment du voyage.

Un conteneur, en revanche, on ne le charge et on ne le décharge qu'une fois. C'est en avril 1956 que le premier navire porte-conteneurs quitta New York pour Houston. Cinquante-huit conteneurs furent débarqués en quelques heures et, le lendemain, le vaisseau reprenait la mer dans l'autre sens, avec une nouvelle charge. Avant l'invention de la caisse en acier, un bateau pouvait passer quatre à six jours au port, soit 50 % de son temps. Deux ans plus tard, cette proportion n'était plus que de 10 %.

L'arrivée de la puce et du conteneur a fait rétrécir le monde à mesure que les biens, les services et les capitaux faisaient de plus en plus rapidement le tour du globe terrestre[1]. Technologie et globalisation avançaient de concert et plus vite que jamais. Puis il arriva quelque chose que personne n'imaginait possible.

Travail vs capital

Quelque chose qui, d'après les manuels, ne *pouvait pas* se produire.

1. C'est un article de *The Atlantic* qui m'a fait réfléchir à l'émergence parallèle de la puce et du conteneur. Bien sûr, la mondialisation est inséparable du développement technologique qui la rend possible. Voir Charles Davi, « The Mystery of the Incredible Shrinking American Worker », *The Atlantic*, 11 février 2013. [http://www.theatlantic.com]

Figure 10. La loi de Moore

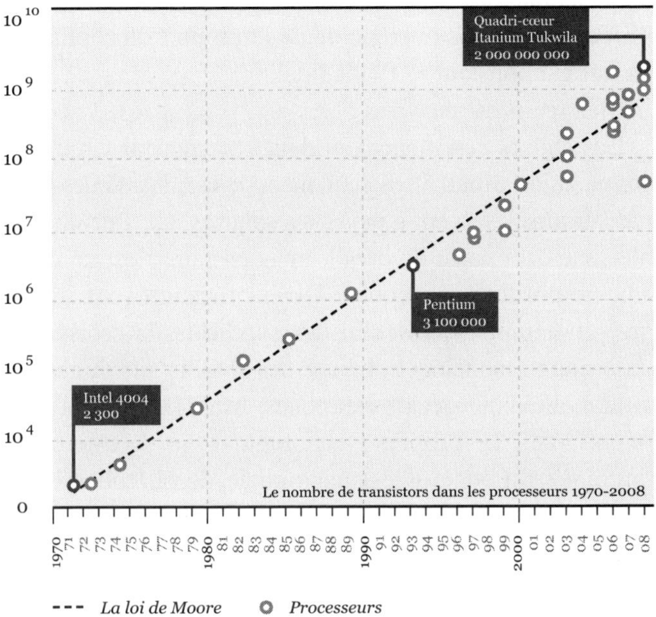

Source : Wikimedia Commons.

En 1957, l'économiste Nicholas Kaldor avait établi ses six fameux « faits » sur la croissance économique. Le premier était : « Les parts du revenu national qui vont au travail et au capital sont constantes sur de longues périodes de temps. » La constante étant que les deux tiers du revenu d'un pays vont en salaires pour les travailleurs et le tiers restant dans les poches des propriétaires du capital – ceux qui possèdent les valeurs boursières et les machines. Des générations de jeunes économistes se sont enfoncé dans le crâne que « le rapport du capital au travail est constant ». Point final.

Mais ce n'est pas vrai.

Les choses commençaient déjà à changer il y a trente ans et, aujourd'hui, 58 % seulement de la richesse des pays industrialisés servent à payer les salaires. Cela peut sembler une différence de détail, mais en fait, c'est un écart aux proportions sismiques. Divers facteurs sont impliqués, notamment le déclin des syndicats, la croissance du secteur financier, la baisse des impôts sur le capital et la montée des géants asiatiques. Mais la cause la plus importante ? Le progrès technologique[1].

Prenez l'iPhone. C'est un miracle de la technologie, inconcevable sans la puce et le conteneur. C'est un téléphone construit à partir d'éléments fabriqués aux États-Unis, en Italie, à Taiwan et au Japon, assemblés en Chine, puis expédiés dans le monde entier. Ou bien prenez un banal pot de Nutella. La marque italienne est produite dans des usines situées au Brésil, en Argentine, en Europe, en Australie et en Russie, avec du chocolat

1. L'OCDE estime que la technologie (surtout de l'information et de la communication) est responsable de 80 % de la baisse de la part des salaires dans le PIB. Cette tendance est tout aussi manifeste dans des pays comme la Chine et l'Inde, où la part du travail a également diminué. Voir aussi : Loukas Karabarbounis et Brent Neiman, « The Global Decline of the Labor Share », *Quarterly Journal of Economics*, février 2014. [http://qje.oxfordjournals.org]

importé du Nigeria, de l'huile de palme de Malaisie, de l'arôme vanillé de Chine et du sucre du Brésil.

Nous vivons peut-être à une époque d'individualisme, mais nos sociétés n'ont jamais été aussi dépendantes les unes des autres.

La grande question est de savoir à qui cela profite. Les innovations de Silicon Valley engendrent ailleurs des licenciements de masse. Prenez les commerces en ligne, comme Amazon. Leur émergence a conduit à la perte de millions d'emplois dans le commerce de détail. L'économiste Alfred Marshall avait déjà relevé cette dynamique à la fin du XIXe siècle : plus le monde se rétrécit, plus le nombre de ceux qui tirent leur épingle du jeu est réduit. À son époque, Marshall avait observé un oligopole de plus en plus resserré sur la production des pianos à queue. Chaque fois qu'une nouvelle route était tracée ou un nouveau canal creusé, le coût du transport baissait d'un cran, ce qui facilitait plus encore l'exportation des pianos. Avec leur capacité de marketing et l'économie d'échelle, les petits artisans locaux furent bientôt débordés par les grands fabricants. Et à mesure que le monde se contractait, les petits joueurs étaient chassés du terrain.

Le même processus a changé la face du sport, de la musique et de l'édition, aujourd'hui également dominés par quelques poids lourds. À l'ère de la puce, du conteneur et du commerce en ligne, il suffit d'être à peine un peu meilleur que les autres pour gagner non seulement la bataille, mais la guerre. Les économistes appellent cela la société du « gagnant-emporte-tout[1] ». De la petite entreprise de comptabilité anéantie par l'arrivée des logiciels spécialisés aux librairies de quartier luttant pour se maintenir face aux mégastores en ligne, dans tous les secteurs l'un après l'autre, les géants ne cessent de croître à mesure que le monde devient plus petit.

Aujourd'hui, les inégalités augmentent de manière exponentielle dans presque tous les pays développés. Aux États-Unis, l'écart entre riches et pauvres est déjà plus important qu'il ne l'était dans la Rome antique, où l'économie était fondée sur l'esclavage[2]. En Europe aussi, l'écart s'élargit entre possédants et démunis[3].

Même le Forum économique mondial, clique d'entrepreneurs, de politiciens et de pop stars, décrit cette escalade des inégalités comme la plus grande menace à laquelle l'économie mondiale ait à faire face.

D'accord, tout s'est passé très vite. En 1964, chacune des quatre plus grandes entreprises américaines avait environ 430 000 employés ; en 2011 elles ne faisaient plus travailler qu'un quart de ces effectifs, alors que leur chiffre d'affaires

1. Robert H. Frank et Philip J. Cook, *The Winner-Take-All Society : Why the Few at the Top Get So Much More Than the Rest of Us*, Penguin Books, 1996.

2. Walter Scheidel et Steven J. Friesen, « The Size of the Economy and the Distribution of Income in the Roman Empire », *Journal of Roman Studies*, novembre 2009. [http://journals.cambridge.org]

3. Kaja Bonesmo Fredriksen, « Income Inequality in the European Union », *OECD Working Papers*, 16 avril 2012. [http://search.oecd.org]

Figure 11. D'où vient un pot de Nutella

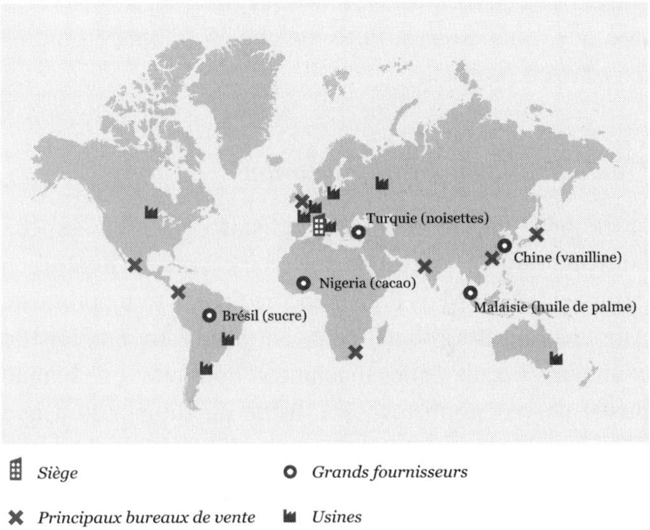

Source : OCDE.

avait doublé[1]. Ou encore, voyez le destin tragique de Kodak, l'entreprise qui a inventé l'appareil photo numérique et qui employait 145 000 personnes à la fin des années 1980. En 2012, Kodak se déclarait en faillite tandis qu'Instagram – service en ligne gratuit de partage d'images sur appareils mobiles, animé à l'époque par une équipe de treize personnes – était vendu à Facebook pour un milliard de dollars.

1. Derek Thompson, « This Is What the Post-Employee Economy Looks Like », *The Atlantic*, 20 avril 2011. [http://www.theatlantic.com]

La réalité, c'est qu'il faut de moins en moins de personnes pour créer une affaire qui marche, ce qui veut dire que, quand une affaire marche, de moins en moins de gens en profitent.

L'automatisation du travail savant

En 1964, Isaac Asimov prédisait déjà : « L'espèce humaine sera [...] devenue une race dévouée à l'entretien des machines. » Mais il était encore un peu trop optimiste. Aujourd'hui, des robots menacent jusqu'aux emplois de ceux qui s'occupent des machines[1]. Pour citer une blague prisée des économistes : « L'usine du futur n'aura que deux employés, un homme et un chien. L'homme sera

1. Prenez la radiologie : avec plus de dix ans d'études, c'est la spécialité médicale la mieux payée. Mais pour combien de temps encore ? Les radiologues risquent d'être bientôt en concurrence avec des scanners high-tech qui, pour un centième du prix, feront mieux qu'eux le même travail. Les avocats font face à un problème similaire. Des recherches qui nécessitaient naguère encore des juristes bien rémunérés et capables d'éplucher des piles de documents peuvent désormais être effectuées par des ordinateurs qui ne redoutent ni maux de tête ni fatigue oculaire. Une importante société pharmaceutique a récemment soumis à ses logiciels des tâches effectuées dans les années 1980 et 1990 par ses équipes juridiques et a découvert que le taux de précision des recherches humaines n'avait été que de 60 %. « Songez à l'argent qui a été dépensé pour un résultat à peine meilleur que pile ou face », songea l'un des anciens avocats. Voir John Markoff, « Armies of Expensive Lawyers, Replaced by Cheaper Software », *New York Times*, 4 mars 2011. [http://www.nytimes.com]

là pour nourrir le chien. Le chien sera là pour empêcher l'homme de toucher à l'équipement[1]. »

Désormais, ce ne sont plus seulement les observateurs de tendances et les techno-prophètes de Silicon Valley qui sont inquiets. Des savants de l'Université d'Oxford estiment que non moins de 47 % de tous les emplois américains et 54 % de tous ceux d'Europe courent un risque élevé d'être remplacés par des machines[2]. Et pas dans un siècle, mais dans les vingt prochaines années. « La seule vraie différence entre un enthousiaste et un sceptique, c'est le cadre temporel », remarque un professeur de l'Université de New York. « Dans un siècle, on ne se souciera guère de savoir *combien de temps* ça a pris, mais plutôt de ce qui s'est passé ensuite[3]. »

D'accord, ce sont des choses déjà entendues. Il y a deux cents ans que les employés s'inquiètent de la vague d'automatisation et il y a deux cents ans que les employeurs leur promettent que de nouveaux emplois viendront tout naturellement remplacer les anciens postes.

1. L'auteur de cette boutade est Warren G. Bennis. Cité par Mark Fisher, *The Millionaire's Book of Quotations*, Thorsons, 1991, p. 15.

2. Carl Benedikt Frey et Michael A. Osborne, « The Future of Employment : How Susceptible Are Jobs to Computerisation ? », *Oxford Martin School*, 17 septembre 2013. [http://www.agcas.org.uk] Pour le calcul concernant l'Europe, voir http://www.bruegel.org/nc/blog/detail/article/1399-chart-of-the-week-54-percent-of-eu-jobs-atrisk-of-computerisation.

3. Gary Marcus, « Why We Should Think About the Threat of Artificial Intelligence », *New Yorker*, 24 octobre 2013. [http://www.newyorker.com]

Après tout, si on regarde l'année 1800, quelque 74 % des Américains étaient des fermiers, tandis que ce chiffre était tombé à 31 % en 1900 et à 3 % en 2000[1]. Pourtant, cela n'a pas conduit au chômage de masse. Et voyez Keynes parlant dans les années 1930 de la « nouvelle maladie » du chômage technologique qui ferait bientôt les unes des quotidiens ; à sa mort en 1946, tout roulait encore parfaitement.

Dans les années 1950 et 1960, l'industrie automobile américaine a traversé des vagues successives d'automatisation, ce qui n'a pas empêché les salaires et les offres d'emploi de continuer à croître régulièrement. Une étude menée en 1963 démontrait que, certes, les nouvelles technologies avaient balayé treize millions d'emplois au cours de la décennie précédente, mais elles en avaient aussi créé vingt millions de nouveaux. « Au lieu de s'alarmer de l'automatisation croissante, nous devrions l'applaudir », remarquait l'un des chercheurs[2].

Mais c'était en 1963.

Au cours du XXe siècle, croissance de la productivité et croissance des emplois sont allées plus ou moins de pair. L'homme et la machine marchaient de concert.

1. Susan B. Carter, « Labor Force for Historical Statistics of the United States, Millennial Edition », septembre 2003. [http://economics.ucr.edu]

2. Yale Brozen, « Automation : The Retreating Catastrophe », *Left & Right*, septembre 1966. [https://mises.org/library/automation-retreating-catastrophe]

Aujourd'hui, alors que nous entrons dans un nouveau siècle, les robots ont accéléré le pas. Ça a commencé autour de l'an 2000, avec ce que deux économistes du MIT ont appelé « le grand découplement ». « C'est le grand paradoxe de notre époque », disait l'un d'eux. « La productivité est à un niveau record, l'innovation n'a jamais été aussi rapide, mais en même temps notre revenu moyen diminue et il y a de moins en moins d'emplois[1]. »

Aujourd'hui, les nouveaux jobs se concentrent surtout en bas de la pyramide – dans les supermarchés, les chaînes de fast-foods et les maisons de retraite. C'est là que sont les emplois sûrs. Pour l'instant.

Quand les gens avaient de l'importance

Il y a cent ans, les « computeurs » étaient encore des gens comme vous et moi. Je ne plaisante pas. À l'époque, le mot « computeur » désignait un type d'emploi. Les « computeurs » étaient des personnes – des femmes, le plus souvent – qui faisaient de simples additions toute la journée. Il ne fallut pas longtemps pour que leur tâche puisse être exécutée par des calculatrices, première d'une longue série d'emplois engloutis par les *computers* de la variété automatisée.

1. David Rotman, « How Technology Is Destroying Jobs », *MIT Technology Review*, 12 juin 2013. [http://www.technologyreview.com]

Figure 12. Productivité et emplois aux États-Unis, 1947-2011

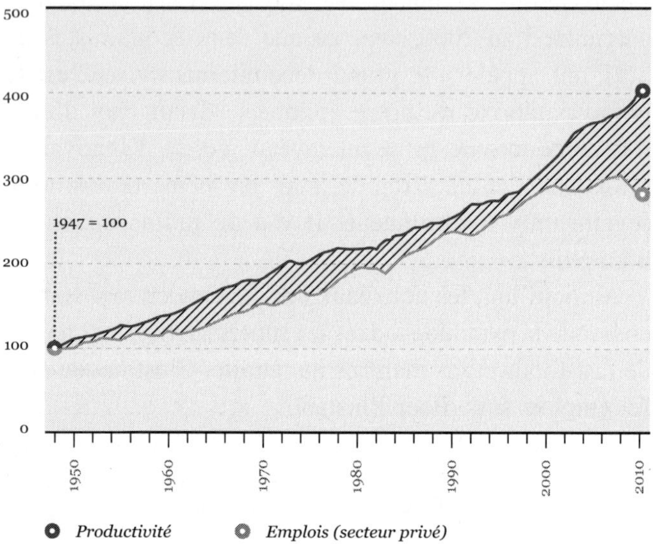

Source : Département américain du travail, Bureau des statistiques du travail.

En 1990, le techno-prophète Ray Kurzweil prédisait qu'un ordinateur pourrait battre un maître des échecs dès 1998. Il se trompait, bien sûr. C'est en 1997 que Deep Blue battit Gary Kasparov, la légende des échecs. L'ordinateur le plus rapide du monde, à l'époque, était l'ASCI Red, développé par l'armée américaine, et qui atteignait une vitesse de pointe d'un téraflop. Il avait les dimensions d'un court de tennis et coûtait 55 millions de dollars. Seize ans plus tard, en 2013, un nouveau superordinateur fut commercialisé. Pour une fraction du prix de l'ASCI Red, il atteignait facilement deux téraflops : c'était la PlayStation 4.

En 2011, des ordinateurs concouraient dans des jeux télévisés. Cette année-là, les deux plus brillants esprits du monde des quiz, Ken Jennings et Brad Rutter, se mesurèrent à « Watson » dans l'émission télévisée *Jeopardy !* Jennings et Rutter avaient amassé des gains de plus de trois millions de dollars quand ils furent massacrés par leur concurrent informatique. Bourré à craquer de 200 millions de pages d'informations, y compris tout Wikipedia, Watson donna plus de bonnes réponses que Jennings et Rutter réunis. « Concurrent de jeu télévisé, c'est peut-être le premier boulot rendu obsolète par Watson, observa Jennings, mais je suis sûr que ce ne sera pas le dernier[1]. »

Ce n'est pas seulement notre puissance musculaire que nous déléguons aux nouvelles générations de robots, mais aussi nos capacités mentales. Mes amis, bienvenue dans le « deuxième âge des machines », comme on appelle de plus en plus souvent ce meilleur des mondes fait de puces et d'algorithmes. Le premier a commencé avec l'inventeur écossais James Watt qui, alors qu'il se promenait un jour de 1765, eut une idée qui allait permettre d'améliorer le rendement de la machine à vapeur. C'était un dimanche

1. Cité par Brynjolfsson et McAfee, *The Second Machine Age*, *op. cit.*, p. 27.

et le pieux Watt dut attendre le lendemain pour mettre son idée en œuvre, mais dès 1776 il avait construit une machine capable de pomper 18 mètres d'eau d'une mine en soixante minutes à peine[1].

À une époque où tout le monde, partout, était encore pauvre, affamé, sale, effrayé, stupide, malade et laid, la courbe du développement technologique se mit à croître. Ou plutôt à monter en flèche, à un angle de 90 degrés. Alors qu'en 1800, l'énergie hydraulique fournissait encore en Angleterre trois fois plus d'énergie que la vapeur, soixante-dix ans plus tard, les machines à vapeur anglaises produisaient l'équivalent énergétique de quarante millions d'hommes adultes[2]. La puissance des machines remplaçait la force musculaire à une échelle massive.

Deux siècles plus tard, c'est au tour de nos cerveaux. Et il est plus que temps. « Dans tous les domaines, on voit que nous sommes à l'ère informatique, sauf dans les statistiques de productivité », disait l'économiste Bob Solow en 1987. Les ordinateurs savaient déjà faire des choses assez chouettes, mais leur impact économique était minimal. Comme la machine à vapeur, l'ordinateur avait encore besoin de temps pour prendre de l'élan. Ou comme l'électricité : toutes les innovations technologiques

1. Ian Morris, *Why the West Rules – For Now*, Profile Books, 2010, p. 495.
2. *Ibid.*, p. 497.

majeures s'étaient produites dans les années 1870, mais ce n'est que vers 1920 que la plupart des usines se sont mises à l'énergie électrique[1].

Appuyons sur le bouton « avance rapide » : aujourd'hui les puces font des choses qui paraissaient impossibles il y a dix ans. En 2004, deux éminents scientifiques signèrent un texte au titre provocant : « Pourquoi les gens ont encore de l'importance[2]. » L'argument ? Conduire une voiture était une activité qui ne pourrait jamais être automatisée. Six ans plus tard, les voitures sans chauffeur de Google avaient déjà parcouru 1 609 344 km.

Le futurologue Ray Kurzweil est persuadé que, d'ici à 2029, les ordinateurs seront aussi intelligents que les humains. En 2045, ils pourraient même l'être un milliard de fois plus que tous les cerveaux humains réunis. D'après les techno-prophètes, il n'y a tout simplement pas de limite à la croissance exponentielle de la puissance de calcul des machines. Bien sûr, Kurzweil est aussi fou qu'il est génial. Et il faut garder à l'esprit que puissance de calcul et intelligence sont deux choses différentes.

Cependant, c'est à nos risques et périls que nous balayons ses prédictions. Après tout, ce ne serait pas la première fois que nous aurions sous-estimé la puissance de la croissance exponentielle.

1. Diane Coyle, *GDP. A Brief But Affectionate History*, *op. cit.*, p. 79.
2. Frank Levy et Richard Murnane, *The New Division of Labor*, Princeton University Press, 2004.

Cette fois, c'est différent

La question à un million de dollars, c'est : que faut-il faire ? Quels nouveaux emplois apportera l'avenir ? Et surtout : en voudrons-nous ?

Les employés d'entreprises comme Google seront bien sûr choyés : repas fins, massages quotidiens et généreux salaires. Mais pour être engagé à Silicon Valley, il faudra un talent, une ambition et une chance hors du commun. C'est un aspect de ce que les économistes appellent « la polarisation du marché du travail », ou l'écart croissant entre les « sales boulots » et les « super boulots ». Si la part des emplois très qualifiés et non qualifiés reste relativement stable, le travail moyennement qualifié est sur le déclin[1]. Lentement mais sûrement, la classe moyenne, socle de la démocratie moderne, se délite. Et si les États-Unis mènent le processus, les autres pays développés suivent de près[2].

Dans notre moderne pays d'abondance, certains se retrouvent même complètement sur la touche alors qu'ils

1. Certains éléments indiquent que même des emplois destinés à des personnes hautement qualifiées sont sous pression depuis 2000, ce qui conduit ces personnes à prendre des emplois moins qualifiés. Les employés sont de plus en plus fréquemment surqualifiés. Voir Paul Beaudry, David A. Green et Ben Sand, « The Great Reversal in the Demand for Skill and Cognitive Tasks », National Bureau of Economic Research, janvier 2013. [http://www.economics.ubc.ca]

2. Bas ter Weel, « Banen in het midden onder druk », *CPB Netherlands Bureau for Economic Policy Analysis Policy Brief*, juin 2012. [http://www.cpb.nl]

sont en pleine santé et prêts à retrousser leurs manches. Un peu comme pour les chevaux de trait au début du XXe siècle, ils ne trouvent plus d'employeur qui veuille les engager, pour quelque salaire que ce soit. En Asie ou en Afrique, le travail sera toujours moins cher. Et puis il y a les robots : même s'il est souvent plus rentable de délocaliser le travail[1], ceux-ci emporteront la mise en Asie et en Afrique aussi, dès que là-bas les salaires et les technologies commenceront à rattraper les nôtres. En fin de compte, la délocalisation n'est qu'un tremplin. Même au Viêtnam et au Bangladesh, les ateliers finiront par être automatisés[2].

Les robots ne tombent pas malades, ne prennent pas de jours de congé et ne se plaignent jamais, mais s'ils poussent des masses laborieuses à accepter des emplois mal payés et sans perspectives, cela finira forcément par générer des problèmes. L'économiste britannique Guy Standing a prédit l'émergence d'un nouveau « précariat » dangereux : une classe sociale de plus en plus importante,

1. La mondialisation a peut-être même freiné le progrès technologique. Après tout, nos vêtements sont aujourd'hui produits non par des cyborgs intelligents, mais par les doigts fragiles d'enfants au Viêtnam et en Chine. Pour de nombreuses entreprises, la délocalisation du travail vers l'Asie est encore plus rentable que les robots. C'est peut-être aussi la raison pour laquelle on attend toujours que se réalisent certains des grands rêves technologiques du XXe siècle. Voir David Graeber, « Of Flying Cars and the Declining Rate of Profit », *The Baffler*, 2012.

2. Andrew McAfee, « Even Sweatshops Are Getting Automated. So What's Left ? », 22 mai 2014. [http://andrewmcafee.org]

composée de gens qui occupent à bas salaires des emplois temporaires, et qui sont privés de voix politique. Leurs frustrations résonnent étrangement avec celles de William Leadbeater. L'artisan anglais qui redoutait que les machines détruisent son pays – voire l'univers tout entier – faisait partie d'une classe tout aussi dangereuse et d'un mouvement qui jeta les fondations du capitalisme.

Je vous présente les luddites.

La bataille de Rawfolds Mill

11 avril 1812. Entre cent et deux cents hommes masqués se rassemblent à la nuit tombée sur un terrain situé près de Huddersfield, entre Manchester et Leeds, en Angleterre. Armés jusqu'aux dents de marteaux, de haches et de pistolets, ils sont réunis autour d'une colonne de pierre appelée Dumb Steeple. Leur leader est un charismatique jeune cultivateur du nom de George Mellor. Il lève son pistolet à canon long – certains disent qu'il l'a rapporté de Russie – assez haut pour que tous le voient. Leur cible est Rawfolds Mill, une usine qui appartient à un certain William Cartwright. Riche homme d'affaires, Cartwright vient tout juste d'introduire un nouveau type de machine à tisser capable d'accomplir la tâche de quatre habiles tisserands. Depuis, dans le Yorkshire, le chômage est monté en flèche chez les luddites, comme ces hommes masqués s'appellent eux-mêmes.

Mais Cartwright a été prévenu. Il a fait appel à des soldats qui attendent de pied ferme. Vingt minutes, cent quarante balles et deux morts plus tard, Mellor et ses hommes doivent battre en retraite. À en juger par les taches de sang qu'on trouve jusqu'à 6 km de là, des dizaines d'hommes ont été touchés.

Il se passe deux semaines avant que William Horsfall, un propriétaire de moulin furieux de l'attaque contre Rawfolds Mill, parcoure à cheval la distance de Huddersfield à Marsden, jurant que bientôt il pataugera « jusqu'à la selle dans le sang luddite ». Ce qu'il ignore, c'est que quatre luddites, au nombre desquels se trouve Mellor, préparent une embuscade. Avant midi, Horsfall est mort, abattu par une balle provenant du baril du pistolet russe.

Au cours des mois suivants, tout le Yorkshire est en armes. Un comité dirigé par l'énergique magistrat Joseph Radcliff est chargé d'enquêter sur la bataille de Rawfolds Mill et sur le meurtre de William Horsfall. C'est le début d'une chasse à l'homme. Bientôt, Benjamin Walker, l'un des hommes qui ont tendu le piège à Horsfall, se rend de lui-même à Radcliff, espérant avoir la vie sauve et obtenir les 2 000 $ de récompense. Walker identifie ses coconspirateurs : William Thorpe, Thomas Smith et leur chef, George Mellor.

Bientôt, ils se balancent tous trois du haut d'un échafaud.

Les luddites avaient-ils raison ?

« Pas un prisonnier n'a versé une larme », rapporte le *Leeds Mercury* le lendemain des exécutions. Mellor a prié et demandé pardon pour ses péchés, mais n'a rien dit de ses activités luddites. Walker le traître se voit épargner la potence mais ne recevra jamais sa récompense. On dit qu'il a fini ses jours dans la misère, dans les rues de Londres.

Deux cents ans plus tard, Rawfolds Mill est oublié depuis longtemps, mais il y a encore une corderie, non loin de là, où les ouvriers parlent volontiers de fantômes errant par les champs, la nuit[1]. Ils ont raison ; le spectre du luddisme nous hante toujours. C'est au début du premier âge de la machine que les ouvriers du textile se sont révoltés au centre et au nord de l'Angleterre, adoptant le nom du leader mythique de ce mouvement, Ned Ludd, dont on disait qu'il avait brisé deux métiers à tisser dans un accès de fureur, en 1779. Les syndicats hors la loi, les luddites avaient opté pour ce que l'historien Eric Hobsbawm appelle la « négociation par l'émeute ». Avançant d'usine en usine, ces activistes avaient laissé derrière eux un sillage de destructions.

Bien sûr, William Leadbeater avait peut-être un peu exagéré en prédisant que les machines seraient « la destruction

1. Steven E. Jones, *Against Technology. From the Luddites to Neo-Luddism*, Routledge, 2006, chapitre II.

de l'univers », mais l'inquiétude des luddites était loin d'être infondée. Leurs salaires étaient en chute libre et leurs métiers disparaissaient comme poussière au vent. « Comment feront ces hommes, ainsi mis hors d'emploi, pour subvenir aux besoins de leurs familles ? » s'interrogeaient les ouvriers des filatures de Leeds. « Certains nous disent d'apprendre quelque autre métier. Supposons que nous le fassions ; qui nourrira nos familles, tandis que nous entreprenons cette tâche ardue ; et quand nous l'aurons appris, comment savoir si nos peines seront payées de retour ; car [...] il peut venir une autre machine qui emportera ce métier aussi[1]. »

La révolte des luddites fut brutalement écrasée à son apogée, en 1811. Plus de cent hommes furent pendus. Ils avaient déclaré la guerre aux machines, mais les machines l'emportèrent. C'est pourquoi cet épisode est généralement traité comme un hoquet mineur de la marche du progrès. En définitive, les machines ont généré tant de nouveaux emplois qu'il y en avait de nouveau largement assez, même après l'explosion démographique du XXe siècle. D'après le libre-penseur révolutionnaire Thomas Paine, « toute machine qui abrège le travail est une bénédiction pour la grande famille dont nous faisons partie[2] ».

1. « Leeds Woollen Workers Petition, 1786 », *Modern History Sourcebook*. [http://www.fordham.edu]

2. Cité par Robert Skidelsky, « Death to Machines ? », project-syndicate.org, 21 février 2014.

Et c'est bien vrai. Le mot « robot » vient d'un mot tchèque, *robota*, qui signifie « sueur ». C'est précisément pour pouvoir déléguer les tâches qu'ils préfèrent ne pas exécuter eux-mêmes que les humains ont créé les robots. « La machinerie doit travailler pour nous dans les mines de charbon », s'enthousiasmait Oscar Wilde en 1890. Les machines devraient « faire chauffer les bateaux à vapeur, nettoyer les rues, porter les messages les jours de pluie et faire tout ce qui est pénible ou fastidieux ». D'après Wilde, les Grecs de l'Antiquité avaient conscience d'une déplaisante vérité : l'esclavage est une nécessité pour la civilisation. « De l'esclavage mécanique, de l'esclavage de la machine, dépend l'avenir du monde[1]. »

Cependant, une autre chose est tout aussi vitale pour l'avenir de notre monde, c'est un mécanisme de redistribution. Il nous faut inventer un système permettant à chacun de bénéficier de ce deuxième âge de la machine, un système qui indemnise aussi bien les perdants que les gagnants. Pendant deux cents ans, ce système a été le marché du travail, produisant inlassablement de nouveaux emplois en série et, ce faisant, distribuant les fruits du progrès. Mais pour combien de temps encore ? Et si les peurs des luddites n'étaient que prématurées, mais justifiées en définitive ? Et si la plupart d'entre nous étaient

1. Oscar Wilde, *L'Âme de l'homme sous le socialisme* [1891], Les Mille et une nuits, Paris, 2013 (in *Opinions de littérature et d'art*, traduction de Jules Cantel, Paris, L'Édition moderne, 1914).

condamnés, à long terme, à perdre la course contre la machine ?

Que faire ?

Remèdes

Pas grand-chose, à en croire bien des économistes. Les tendances sont claires. Les inégalités continueront à croître et ceux qui n'ont pas trouvé le moyen d'acquérir une compétence que les machines n'ont pas et ne peuvent apprendre resteront sur la touche. « Permettre à ceux qui gagnent beaucoup d'avoir une vie plus agréable sous tous ses aspects sera une importante source de croissance de l'emploi dans l'avenir », écrit l'économiste américain Tyler Cowen[1]. Les basses classes auront peut-être accès à de nouvelles commodités comme l'énergie solaire à bas prix et la wifi gratuite, mais l'écart entre eux et les ultrariches sera plus marqué que jamais.

En outre, les riches et ceux qui disposent d'une bonne formation resserreront les rangs tandis que les villages et les villes de la périphérie s'appauvriront de plus en plus. Nous le voyons déjà en Europe, où les geeks espagnols trouvent plus facilement du travail à Amsterdam qu'à Madrid et où les ingénieurs grecs lèvent le camp pour des villes comme Stuttgart et Munich. Les gens

1. Tyler Cowen, *Average Is Over. Powering America Beyond the Age of the Great Stagnation*, Dutton, 2013, p. 23.

qui ont des diplômes universitaires s'installent dans le voisinage d'autres gens qui ont des diplômes universitaires. Dans les années 1970, la ville américaine la plus diplômée (en pourcentage de gens ayant un diplôme équivalent à quatre ans d'études supérieures) était de six points plus éduquée que la ville la moins diplômée. Aujourd'hui, cet écart a doublé[1]. Si les gens se jugeaient naguère les uns les autres d'après leur filiation, ils le font aujourd'hui en fonction des diplômes qui décorent leurs murs. Tant que les machines ne peuvent aller à l'université, un diplôme offre un meilleur retour sur investissement que jamais.

Il n'est donc pas surprenant que notre réaction la plus courante soit d'appeler à investir davantage dans l'enseignement. Ne pouvant dépasser la machine, nous faisons de notre mieux pour ne pas nous laisser distancer par elle. Après tout, ce sont les investissements massifs dans les écoles et les universités qui nous ont permis de nous adapter aux tsunamis technologiques des XIXe et XXe siècles. Il faut dire qu'il n'en fallait pas beaucoup pour booster les capacités de rendement d'un pays de fermiers : des compétences de base comme la lecture, l'écriture et l'arithmétique suffisaient. Mais il sera infiniment plus difficile et plus cher de préparer nos enfants au nouveau siècle. Les fruits qui pendaient aux branches les plus basses ont déjà été cueillis.

1. *Ibid.*, p. 172.

On peut aussi prendre conseil auprès du grand maître néerlandais des échecs, Jan Hein Donner. Interrogé sur ce que serait sa stratégie s'il devait s'affronter à un ordinateur, il n'y réfléchit pas à deux fois : « J'apporterais un marteau. » Choisir cette voie reviendrait à suivre l'exemple de l'empereur du Saint Empire romain germanique et d'Autriche François II (1768-1835), qui refusait d'autoriser la construction des usines et des voies ferrées. « Non, non, je ne veux rien avoir à faire avec cela », déclarait-il, de crainte que la révolution entre dans le pays[1]. Cette résistance explique pourquoi les trains autrichiens étaient encore tirés par des chevaux à la fin du XIXe siècle.

Quiconque veut continuer à cueillir les fruits du progrès devra proposer une solution plus radicale. De même qu'une révolution dans l'enseignement et le bien-être social nous ont permis de nous adapter au premier âge des machines, le deuxième âge des machines appelle des mesures drastiques. Comme une semaine de travail plus courte et un revenu universel de base.

L'avenir du capitalisme

Aujourd'hui encore, il est difficile d'imaginer une société future où le travail payé ne serait pas le centre

1. Cité par Daron Acemoglu et James A. Robinson, *Why Nations Fail. The Origins of Power, Prosperity and Poverty*, Profile Books, 2012, p. 226.

de notre existence. Mais l'incapacité d'imaginer un monde où les choses seraient différentes indique un défaut d'imagination, pas l'impossibilité du changement. Dans les années 1950, on ne pouvait pas concevoir que l'avènement du réfrigérateur, de l'aspirateur et surtout du lave-linge contribuerait à faire entrer les femmes dans le monde du travail en nombre record. C'est pourtant ce qui s'est passé.

Pourtant, ce n'est pas la technologie elle-même qui détermine le cours de l'histoire. En définitive, c'est nous, les humains, qui décidons de la manière dont nous voulons façonner notre destinée. Le scénario d'inégalité radicale qui prend forme aux États-Unis n'est pas notre seule option. L'alternative serait qu'à un tournant du siècle qui s'avance, nous rejetions le dogme selon lequel il faut travailler pour vivre. Plus nos sociétés s'enrichissent, moins le marché du travail sera un facteur de répartition de la prospérité. Si nous voulons conserver les bienfaits de la technologie, il n'y a qu'une option en fin de compte, c'est la redistribution. Une redistribution massive.

Redistribution d'argent (revenu minimum), de temps (réduction du temps de travail), de l'imposition (sur le capital plutôt que sur le travail) et, bien sûr, de robots. Au XIXe siècle déjà, Oscar Wilde se réjouissait à la perspective du jour où chacun pourrait bénéficier de machines intelligentes qui seraient « la propriété de tous[1] ». Le progrès technologique peut rendre plus prospère une société dans

1. Oscar Wilde, *L'Âme de l'homme sous le socialisme*, *op. cit.*

son ensemble, mais aucune loi économique ne dit que tout le monde en bénéficiera.

Il y a peu de temps, l'économiste français Thomas Piketty a bousculé tout le monde en disant qu'en continuant sur cette voie nous nous retrouverions bientôt au temps de la société rentière de la Belle Époque. Les gens qui possédaient un capital (valeurs, maisons, machines) jouissaient alors d'un niveau de vie beaucoup plus élevé que les gens qui se contentaient de travailler dur. Pendant des siècles, le retour sur capital avait été de 4 à 5 % tandis que la croissance économique annuelle traînait en dessous de 2 %. Sauf retour d'une croissance forte et inclusive (assez peu vraisemblable), l'instauration d'une forte taxation du capital (tout aussi improbable) ou le déclenchement d'une Troisième Guerre mondiale (espérons que non), les inégalités pourraient à nouveau croître dans des proportions effrayantes.

Toutes les options classiques – davantage d'études, de régulations, d'austérité – ne seront qu'une goutte d'eau dans la mer. La seule solution serait de taxer la richesse au niveau mondial, déclare Piketty, qui admet toutefois que ce n'est qu'une « utopie utile ». Pourtant, l'avenir n'est pas gravé dans le marbre. À travers l'histoire, la marche vers l'égalité a toujours été mêlée de politique. Si la loi du progrès collectif échoue à se manifester d'elle-même, rien ne nous empêche de la mettre en œuvre nous-mêmes. En fait, l'absence d'une telle loi pourrait bien mettre en péril l'économie de marché elle-même. « Nous devons sauver le capitalisme des capitalistes », conclut Piketty[1].

Ce paradoxe est joliment résumé par une anecdote des années 1960. Le petit-fils de Henry Ford faisait visiter au dirigeant syndical Walter Reuther la nouvelle usine automatisée de la marque. Il lui demanda en plaisantant : « Walter, comment ferez-vous payer leur cotisation syndicale à ces robots ? » Reuther répondit du tac au tac : « Henry, comment leur ferez-vous acheter vos voitures ? »

1. Thomas Piketty, « Save Capitalism from the Capitalists by Taxing Wealth », *Financial Times*, 28 mars 2014.

9

Par-delà les portes du pays d'abondance

« L'avenir est déjà là – mais il n'est pas très bien réparti. »

WILLIAM GIBSON (né en 1948)

Et puis il y a ce sentiment lancinant de culpabilité.

Nous voici, en pays d'abondance, à philosopher à propos de décadentes utopies fondées sur de l'argent gratuit et des semaines de quinze heures, tandis que des centaines de millions de gens cherchent à survivre avec un dollar par jour. Ne vaudrait-il pas mieux nous atteler au plus grand défi de notre temps : permettre à tous les habitants de la Terre d'avoir accès aux joies du pays d'abondance ?

On a essayé. Le monde occidental dépense 134,8 milliards de dollars par an, 11,2 milliards par jour, 4,274 milliards par seconde en aides au développement à l'étranger[1].

1. OCDE, « Aid to Developing Countries Rebounds in 2013 to Reach an All-time High », 8 avril 2014. [http://www.oecd.org]

Sur les cinquante dernières années, cela fait un total de près de 5 billions de dollars[1]. Ça paraît beaucoup ? À dire vrai, les guerres en Irak et en Afghanistan ont coûté à peu près autant[2]. Et n'oublions pas que les pays développés dépensent deux fois plus par an en subventions agricoles qu'en aides extérieures[3]. Mais c'est vrai, c'est beaucoup. Franchement, 5 billions, c'est une somme astronomique.

La question est donc : cela sert-il à quelque chose ?

C'est là que ça se corse. Parce que la seule réponse, c'est que personne ne le sait.

C'est aussi simple que ça : nous n'en avons aucune idée. En termes relatifs, les années 1970 ont été l'âge d'or de l'aide humanitaire, mais il est vrai que la situation en Afrique était vraiment désastreuse. Aujourd'hui nous avons réduit les aides et les choses vont mieux. Y a-t-il un lien entre les deux ? Qui sait ? Sans le Band Aid et Bono, les choses auraient peut-être été cent fois pires. Ou pas. D'après une étude de la Banque mondiale, 85 % de toutes les aides occidentales au XXe siècle ont

1. Owen Barder, « Is Aid a Waste of Money ? », Center for Global Development, 12 mai 2013. [http://www.cgdev.org/blog/aid-waste-money]

2. Linda J. Bilmes, « The Financial Legacy of Iraq and Afghanistan : How Wartime Spending Decisions Will Constrain Future National Security Budgets », *Faculty Research Working Paper Series*, mars 2013. [https://research.hks.harvard.edu] (Voir aussi *supra* chapitre 2.)

3. J'ai fait le calcul pour 2009. Voir : OCDE, « Agricultural Policies in OECD Countries », 2009. [http://www.oecd.org]

été employées à autre chose que ce à quoi elles étaient destinées[1].

Tout cela n'a-t-il donc servi à rien ?

Nous n'en savons rien.

Ce que nous avons, bien sûr, ce sont des modèles qui prédisent la manière dont les gens réagiront, à partir du présupposé que les êtres humains sont des êtres purement rationnels. Nous avons des enquêtes rétrospectives qui montrent ce qui a changé dans une école, un village ou un pays après l'afflux d'une grosse somme d'argent. Nous avons des études de cas qui offrent des anecdotes réconfortantes ou bouleversantes sur le bien – ou le mal – que les aides ont fait. Et surtout, nous avons des sentiments viscéraux, que nous laissons trop souvent décider pour nous.

Professeur au MIT, Esther Duflo explique que toutes ces recherches sur le développement sont un peu comme les saignées au Moyen Âge[2]. Banale à l'époque, cette pratique médicale consistait à prélever du sang des veines des patients afin de rééquilibrer ce qu'on appelait leurs « humeurs », les fluides corporels. Le médecin pouvait se féliciter si le patient recouvrait la santé. S'il mourait, c'était la volonté de Dieu. Ces praticiens agissaient avec les meilleures intentions, mais nous savons aujourd'hui

1. Dambisa Moyo, *Dead Aid*, Allen Lane, 2009, p. 39.

2. On peut voir la conférence TED de Duflo ici : http://www.ted.com/talks/esther_duflo_social_experiments_to_fight_poverty.

que les saignées ont coûté la vie à des millions de gens. En 1799 encore, l'année où Alessandro Volta inventait la batterie électrique, on soulagea le président George Washington de plusieurs litres de sang pour traiter un mal de gorge. Deux jours après, il était mort.

Autrement dit, la saignée est l'un des cas où le remède est pire que le mal. La question est de savoir si cela s'applique à l'aide au développement. D'après Esther Duflo, ces deux remèdes ont au moins un trait en commun, c'est de n'être corroborés par aucune preuve scientifique.

En 2003, Duflo a contribué à fonder au MIT le laboratoire d'action contre la pauvreté qui emploie aujourd'hui près de 150 chercheurs, lesquels ont déjà mené 500 études dans cinquante-six pays. Leur travail a bouleversé l'aide au développement.

Il était une fois un groupe de contrôle

Notre histoire commence au Moyen-Orient au VIIe siècle avant J.-C. Nabuchodonosor, roi de Babylone, vient de conquérir Jérusalem et ordonne au chef de ses eunuques de conduire à son palais plusieurs nobles hébreux. Parmi eux se trouve Daniel, un homme connu pour sa piété. À son arrivée, Daniel demande au chef des eunuques de lui permettre de s'abstenir de prendre « la nourriture et le vin du roi », étant donné que lui-même et ses hommes suivent un régime religieux particulier. Déconcerté, l'eunuque proteste : « Je redoute mon seigneur le roi, dit-il, qui a décidé de ce que vous devez boire et manger. S'il voit que vous êtes moins vaillants que les autres jeunes gens de votre âge, je perdrai ma tête à cause de vous. »

Daniel conçoit donc un stratagème. « Mettez vos serviteurs à l'épreuve pendant dix jours : ne nous donnez à manger que des légumes et à boire que de l'eau. Vous comparerez alors notre aspect à celui des jeunes gens qui se nourrissent des mets royaux et déciderez de ce qu'il convient de faire de nous. » Le Babylonien accepte. Au bout de dix jours, Daniel et ses amis ont l'air « mieux nourris et en meilleure santé » que les autres courtisans. Désormais, on ne leur sert plus les mets raffinés ni le vin du roi, mais un régime de simples légumes. *Quod erat demonstrandum.*

C'est là le premier écrit témoignant d'une expérience comparative au cours de laquelle une hypothèse est testée avec l'aide d'un groupe de contrôle. Quelques siècles plus tard, cet épisode sera immortalisé dans le plus grand best-seller de tous les temps : la Bible (voir Daniel 1,1-16). Mais il faudra encore des centaines d'années avant que ce genre de recherche comparative soit considérée comme la référence en matière scientifique. De nos jours, on l'appellerait un essai randomisé contrôlé, ou ERC. Quand on est chercheur en médecine, on procède ainsi : au moyen d'un système de loterie, on répartit en deux groupes des gens qui ont le même problème de santé.

L'un des groupes reçoit le médicament à tester et l'autre, un placebo[1].

Dans le cas de la saignée, le premier essai comparatif fut publié en 1836 par le médecin français Pierre-Charles Alexandre Louis, qui avait traité certains patients souffrant de pneumonie en leur retirant immédiatement plusieurs litres de sang et d'autres en évitant les saignées pendant quelques jours. Dans le premier groupe, 44 % des patients étaient morts ; dans le second groupe, seulement 25 %[2]. En d'autres termes, le docteur Louis avait conduit le premier essai clinique de l'histoire et ce qu'il en ressortait, c'était que la saignée était un traitement sacrément risqué.

Curieusement, ce n'est qu'en 1998 que fut réalisé le premier ERC dans le domaine de l'aide au développement à l'étranger. Un siècle et demi après que le Dr Louis eut relégué la saignée aux poubelles de l'histoire, un jeune professeur américain du nom de Michael Kremer eut l'idée d'enquêter sur les effets que produirait la distribution de manuels scolaires gratuits à des élèves d'écoles primaires au Kenya. Des tas d'ouvrages universitaires proclamaient que cela réduisait l'absentéisme et améliorait les résultats aux examens et quelques années auparavant,

1. Cette « randomisation » ne figure pas dans le Livre de Daniel. Les études modernes sont habituellement aussi en « double aveugle », ce qui veut dire que ni le médecin ni les patients ne savent qui reçoit le médicament.

2. Alfredo Morabia, « Pierre-Charles Alexandre Louis and the Evaluation of Bloodletting », *Journal of the Royal Society of Medicine*, mars 2006. [http://www.ncbi.nlm.nih.gov]

en 1991, la Banque mondiale avait soutenu avec enthousiasme un programme de ce type[1].

Il y avait un seul petit problème : aucune de ces études antérieures n'avait contrôlé d'autres variables.

Kremer se lança dans le projet. Associant ses forces à celles d'une organisation humanitaire, il sélectionna cinquante écoles, vingt-cinq recevant des manuels gratuits tandis que les autres n'avaient rien. Il ne fut pas facile de mettre en place un ERC dans un pays où les infrastructures de communication étaient mauvaises, les routes déplorables et la faim un fait du quotidien, mais au bout de quatre ans, les données étaient là.

Les manuels gratuits n'avaient rien changé. Les notes aux examens ne s'étaient pas améliorées[2].

L'expérience de Kremer fit date. Depuis, une véritable industrie de la randomisation s'est mise en place autour de l'aide au développement, sous la houlette de ceux qu'on appelle à juste titre les « randomistas ». Ce sont des chercheurs qui en ont assez de l'intuition, des sentiments viscéraux et des chamailleries idéologiques d'érudits pontifiant depuis leurs tours d'ivoire sur les besoins des gens qui cherchent à survivre en Afrique et ailleurs. Ce que

1. Jessica Benko, « The Hyper-Efficient, Highly Scientific Scheme to Help the World's Poor », *Wired*, 11 décembre 2013. [http://www.wired.com]

2. Paul Glewwe, Michael Kremer et Sylvie Moulin, « Textbooks and Test Scores : Evidence from a Prospective Evaluation in Kenya », 1er décembre 1998. [http://www.econ.yale.edu]

veulent les *randomistas*, ce sont des chiffres – des données indiscutables qui montrent quelles aides sont efficaces et lesquelles ne le sont pas.

La chef des *randomistas* ? C'est une professeure toute menue qui parle l'anglais avec un fort accent français.

Des tas d'argent et un bon plan

Il n'y a pas si longtemps, j'étais encore à l'université et je suivais notamment un cours sur l'aide au développement. Notre bibliographie comportait des livres de Jeffrey Sachs et de William Easterly, des auteurs importants sur ce sujet. Sachs avait publié en 2005 un livre intitulé *The End of Poverty* (avec une préface de la rockstar Bono). Le professeur américain y affirmait que la pauvreté extrême pouvait être entièrement éradiquée avant 2025. Tout ce qu'il fallait, c'était beaucoup d'argent et un bon plan. *Son* plan, bien sûr.

Easterly avait réagi en étrillant les idées de Sachs, qu'il accusait d'être une belle âme postcoloniale et messianique. Easterly était convaincu que les pays en développement ne pouvaient être changés qu'en partant d'en bas, c'est-à-dire sur la base d'une démocratie locale et, surtout, d'une économie de marché. Pour Easterly, « le meilleur plan, c'est de n'avoir pas de plan du tout ».

En relisant mes vieilles notes de cours, je m'aperçus qu'un nom n'y figurait pas : celui d'Esther Duflo. Cela n'avait rien de particulièrement surprenant, étant donné qu'elle se tient à l'écart des postures intellectuelles ampoulées d'universitaires comme Sachs et Easterly. Son ambition, en un mot, c'est de faire en sorte que les décisions politiques ne reposent plus sur des devinettes[1].

Prenez la malaria. Chaque année, des centaines de milliers d'enfants meurent de cette maladie que suffisent à empêcher des moustiquaires qu'on sait fabriquer, transporter, distribuer et comment apprendre aux gens à s'en servir pour un coût total de 10 $ l'unité. Dans un article de 2007 intitulé « La solution à 10 $ », Sachs écrivait : « Nous devons envoyer des armées de bénévoles de la Croix-Rouge distribuer des moustiquaires et offrir des formations dans des dizaines de milliers de villages de toute l'Afrique. »

Pour Easterly, cela ne mènerait à rien. Sachs et son pote Bono organiseraient un concert de bienfaisance, engrangeraient quelques millions puis balanceraient des milliers de moustiquaires à travers l'Afrique. En un rien de temps, les marchands locaux de moustiquaires auraient fait faillite, tandis que les moustiquaires inutilisées seraient bientôt recyclées en filets de pêche ou en voiles de mariées. Quelques années après la campagne de Sachs le Rédempteur, quand les moustiquaires distribuées seraient usées, le nombre d'enfants mourant de malaria serait plus élevé que jamais.

1. Cité par Ian Parker, « The Poverty Lab », *New Yorker*, 17 mai 2010. [http://www.newyorker.com]

Un scénario plausible ? Certainement.

Mais Esther Duflo n'a que faire de théories ou de scénarios *plausibles*. Pour savoir s'il vaut mieux donner des moustiquaires ou les vendre, on peut philosopher dans son fauteuil jusqu'à la Saint-Glinglin… ou faire une étude de terrain. Deux chercheurs de l'Université de Cambridge ont opté pour la seconde solution. Ils ont mis en place un ERC, un groupe recevant des moustiquaires gratuites et l'autre pouvant les acheter à tarif réduit. Là où il fallait payer, les ventes se sont effondrées. À 3 $, moins de 20 % de personnes les achetaient. Dans l'autre groupe en revanche, les gens prenaient les moustiquaires offertes. Mais surtout, gratuites ou achetées, 90 % des moustiquaires étaient utilisées correctement[1].

Ce n'est pas tout. Un an plus tard, les participants à l'essai eurent la possibilité d'acheter une nouvelle moustiquaire, cette fois pour 2 $. Quiconque a lu les livres d'Easterly s'attend à ce que les gens du groupe « gratuit » résistent à l'idée de payer, ayant été habitués à être gâtés. Cela semble une théorie plausible. Mais il manque quelque chose de crucial : des preuves. Les personnes qui avaient reçu les moustiquaires gratuitement étaient en réalité deux fois plus disposées à acheter un nouveau filet que celles qui avaient payé 3 $ la première fois.

1. Jessica Cohen et Pascaline Dupas, « Free Distribution or Cost-Sharing ? Evidence from a Malaria Prevention Experiment », *NBER Working Paper Series*, octobre 2008. [http://www.nber.org/papers/w14406.pdf]

« Les gens ne s'habituent pas aux distributions gratuites », remarque Duflo succinctement. « Ils s'habituent aux moustiquaires. »

Une méthode miraculeuse ?

C'est une approche radicalement nouvelle de l'économie. Les *randomistas* ne pensent pas en termes de modèles. Ils ne croient pas en la rationalité des humains. Ils estiment que nous sommes des esprits chimériques, tantôt idiots, tantôt futés et tour à tour peureux, altruistes et égocentriques. Or c'est une approche qui semble donner des résultats considérablement meilleurs.

Mais pourquoi a-t-il fallu tant de temps pour s'en apercevoir ?

Eh bien, pour plusieurs raisons. Il est long, difficile et coûteux de conduire des ERC dans les pays pauvres. Bien souvent, les organisations locales sont peu empressées de coopérer, notamment parce qu'elles redoutent que leur inefficacité soit mise en lumière. Prenez le cas du microcrédit. Les tendances de l'aide au développement vont et viennent de la « bonne gouvernance » à l'« éducation » et jusqu'au « microcrédit » de triste mémoire au début de ce siècle. Pour évaluer le microcrédit, Esther Duflo a mis en place un ERC à Hyderabad, en Inde. Les résultats ont montré que si on laissait de côté les anecdotes réconfortantes, rien ne permettait d'affirmer une quelconque efficacité du microcrédit dans la lutte contre la pauvreté et la maladie[1]. Les distributions d'argent en liquide marchaient beaucoup mieux. Or il se trouve que les distributions d'argent en liquide sont peut-être la méthode antipauvreté la plus largement étudiée. Partout dans le monde, des ERC ont montré qu'à court et à long terme, à petite comme à grande échelle, les transferts d'argent sont un outil extrêmement positif et efficace[2].

Mais les ERC ne sont pas la panacée. Tout n'est pas mesurable. Et il n'est pas toujours possible de généraliser les résultats d'une étude. Qui peut dire si les distributions de manuels scolaires auront le même effet dans l'ouest du Kenya et dans le nord du Bangladesh ? Et puis il y a des questions éthiques. Disons qu'après une catastrophe naturelle, une étude apporte de l'aide à la moitié des victimes et laisse un groupe de contrôle se dépêtrer. D'un

1. Voir Abhijit Banerjee, Esther Duflo, Rachel Glennerster et Cynthia Kinnan, « The Miracle of Microfinance ? Evidence From a Randomized Evaluation », 30 mai 2009. [http://economics.mit.edu/files/4162] Jeffrey Sachs a lui aussi fait les frais de la méthode Duflo. Il y a quelques années, il lui a demandé d'évaluer son projet de « Villages du millénaire », où treize régions d'Afrique subsaharienne étaient devenues un terrain d'expérimentation pour les idées du maître. Duflo déclara qu'il était trop tard pour conduire un ERC rigoureux et n'eut plus jamais de nouvelles de Sachs. Nina Munk, une journaliste qui avait passé des années à étudier les Villages du millénaire, publia alors un ouvrage acclamé en 2013. Son verdict ? Le projet avait coûté une fortune et accompli peu de choses.

2. Christopher Blattman et Paul Niehaus, « Show Them the Money : Why Giving Cash Helps Alleviate Poverty », *Foreign Affairs*, mai-juin 2014. [https://www.foreignaffairs.com/articles/show-them-money]

point de vue moral, c'est assez douteux, pour dire le moins. Pourtant, cette objection est discutable quand il s'agit d'aide structurelle au développement. Étant donné qu'il n'y a jamais assez d'argent pour résoudre tous les problèmes, la meilleure méthode consiste à faire ce qui semble marcher. C'est comme avec les nouveaux médicaments. On ne peut pas les mettre sur le marché sans les avoir testés.

Ou encore, prenez le taux de scolarisation. Chacun semble avoir une idée différente sur la manière de l'améliorer. Payer les uniformes. Avancer les frais de scolarité à crédit. Proposer des repas gratuits. Installer des toilettes. Sensibiliser le public à la valeur de l'éducation. Engager davantage d'enseignants. Et ainsi de suite. Chacune de ces suggestions semble parfaitement logique. Grâce aux ERC, cependant, on sait que l'équivalent de 100 $ en repas gratuits se traduit par 2,8 années de scolarité en plus – trois fois plus que des uniformes gratuits. Et si on parle d'impact avéré, il est démontré qu'il suffit de vermifuger les enfants qui se plaignent de douleurs intestinales pour ajouter encore 2,9 années de scolarité, pour un investissement ridiculement faible de 10 $ par traitement. Pas un philosophe en fauteuil n'aurait pu prévoir cela, mais depuis que ces résultats ont été publiés, dix millions d'enfants ont été vermifugés.

Dans les faits, peu d'intuitions tiennent la route face aux démonstrations administrées par les ERC. Un économiste traditionnel aurait prédit que les personnes pauvres accepteraient d'emblée les traitements vermifuges, étant donné les avantages évidents – et la rationalité humaine innée. Mais c'est une idée fausse. Dans un article publié il y a quelques années dans le *New York Times*, Duflo évoquait une plaisanterie bien connue au sujet d'un économiste qui trouve un billet de cent dollars dans la rue. Étant quelqu'un de rationnel, il ne le ramasse pas, car comment cela pourrait-il être autre chose qu'un faux billet ?

Pour une *randomista* comme Duflo, les trottoirs sont jonchés de billets de cent dollars.

Les trois « I »

Il est temps de mettre fin à ce que Duflo appelle les trois « I » de l'aide au développement : idéologie, ignorance et inertie. « Je n'ai pas beaucoup d'opinions, d'emblée », disait-elle lors d'une interview il y a quelques années. « J'en ai une et j'y tiens : il faut évaluer les choses. Je ne suis jamais mécontente des résultats. Je n'ai jamais vu un résultat qui me déplaise[1]. » Bien des pseudo-belles âmes devraient s'inspirer de cette attitude. Duflo est un exemple de la manière dont on peut combiner de grands idéaux avec une soif de savoir, comment être idéaliste sans devenir idéologique.

Et pourtant…

1. Cité par Parker, *in* « The Poverty Lab », art. cité.

Si efficace soit-elle, l'aide au développement n'est jamais qu'une goutte d'eau dans la mer. Des dilemmes majeurs comme la manière dont doit être structurée une démocratie ou ce qu'il faut à un pays pour prospérer ne peuvent être résolus par un ERC, et encore moins en balançant du cash sur le problème. Se fixer sur toutes ces études, si élaborées soient-elles, c'est oublier que c'est ailleurs dans la chaîne économique que s'inscrivent les mesures antipauvreté les plus efficaces. L'OCDE estime que les pays pauvres perdent trois fois plus en évasions fiscales que ce qu'ils reçoivent en aides étrangères[1]. C'est pourquoi des mesures contre les paradis fiscaux, par exemple, pourraient être beaucoup plus bénéfiques que les programmes d'aide les mieux intentionnés.

On pourrait même penser à une plus grande échelle. Imaginez, si une unique mesure pouvait effacer toute la pauvreté existante, permettant à chacun en Afrique de s'élever au-dessus de son seuil de pauvreté. Au passage, cette mesure nous apporterait quelques mois de salaires en plus, à nous aussi. Imaginez. Prendrions-nous cette mesure ? Non. Bien sûr que non. Après tout, cette mesure existe depuis des années. C'est le meilleur plan qui ait jamais existé.

Je parle d'ouvrir les frontières.

1. Angel Gurría, « The Global Dodgers », *Guardian*, 27 novembre 2008. [http://www.theguardian.com]

Pas seulement aux bananes, aux produits dérivés et aux iPhones, mais à tout le monde : travailleurs intellectuels, réfugiés et gens ordinaires à la recherche d'un endroit où l'herbe est plus verte.

Bien sûr, nous avons tous appris par la méthode dure que les économistes n'étaient pas des diseuses de bonne aventure (l'économiste John Kenneth Galbraith a remarqué un jour que le seul but des prédictions économiques était d'améliorer l'image de l'astrologie), mais sur ce point, leurs avis sont singulièrement homogènes. Quatre études différentes ont montré que, selon le niveau de mouvement sur le marché mondial du travail, la croissance attendue en « produit mondial brut » serait quelque part entre 67 % et 147 %[1]. Dans les faits, l'ouverture des frontières rendrait le monde entier *deux fois* plus riche.

C'est ce qui a conduit un chercheur de l'Université de New York à conclure qu'en l'état c'est comme si nous laissions traîner par terre « des billets d'un billion de dollars[2] ». Un économiste de l'Université du Wisconsin a calculé que l'ouverture des frontières boosterait le revenu d'un Angolais moyen d'environ 10 000 $ par an et celui d'un Nigérian de 22 000 $ par an[3].

1. Michael Clemens, « Economics and Emigration : Trillion-Dollar Bills on the Sidewalk ? », Center for Global Development, p. 85. [http://www.cgdev.org]

2. *Ibid.*

3. John Kennan, « Open Borders », National Bureau of Economic Research. [http://www.nber.org]

Alors pourquoi chicaner sur les miettes de l'aide au développement – les billets de cent dollars de Duflo – alors que nous pourrions tout simplement ouvrir en grand les portes du pays d'abondance ?

65 000 000 000 000 $

C'est un plan qui risque d'en scandaliser plus d'un. Mais à bien y songer, les frontières mondiales étaient pour ainsi dire ouvertes il y a encore un siècle. « Les passeports ne servent qu'à exaspérer les honnêtes gens », fait remarquer le détective au consul britannique à Suez, dans *Le Tour du monde en quatre-vingts jours* (1874) de Jules Verne. « Vous savez qu'un visa ne sert à rien et qu'on n'exige pas de passeport ? », dit le consul quand le héros, Phileas Fogg, lui demande de tamponner son document de voyage.

À la veille de la Première Guerre mondiale, les frontières n'étaient que des tracés sur le papier. Les passeports étaient rares et les pays qui en émettaient (comme la Russie et l'Empire ottoman) étaient considérés comme peu civilisés. En outre, on s'attendait à ce que les frontières soient définitivement effacées par le miracle technologique du XIXe siècle, le train.

C'est alors que la guerre éclata. Les frontières furent fermées pour empêcher les espions d'entrer et les gens utiles à l'effort de guerre de sortir. La communauté internationale signa les premiers accords sur l'usage des passeports à l'issue d'une conférence qui se tint à Paris en 1920. Quelqu'un qui voudrait refaire aujourd'hui le voyage de Phileas Fogg devrait demander des dizaines de visas, subir des centaines de contrôles de sécurité et se laisser fouiller un nombre incalculable de fois. En ces temps de « mondialisation », seuls 3 % de la population mondiale vivent ailleurs que dans leur pays de naissance.

Le monde est ouvert à tout, sauf aux personnes. Les biens, les services et les valeurs boursières traversent le globe dans tous les sens. L'information circule librement, Wikipédia existe en plus de 300 langues et la NSA vérifie sans difficulté les jeux installés sur le smartphone de John au Texas.

Bien sûr, il existe encore quelques obstacles à la liberté commerciale. Par exemple, en Europe il y a des tarifs douaniers sur le chewing-gum (1,20 euro le kilo), tandis que les États-Unis taxent l'importation des chèvres vivantes (0,68 dollar par tête)[1], mais laisser tomber ces barrières tarifaires ne concéderait que quelques points à l'économie mondiale[2]. D'après le Fonds monétaire international, l'abandon des dernières restrictions au capital

1. Organisation mondiale du commerce, « Tariff Download Facility », http://tariffdata.wto.org.

2. Kym Anderson et Will Martin, « Agricultural Trade Reform and the Doha Development Agenda », Banque mondiale, mai 2005. [http://elibrary.worldbank.org]

libérerait tout au plus 65 milliards de dollars[1]. De la menue monnaie, d'après l'économiste de Harvard Lant Pritchett. Ouvrir les portes au travail boosterait beaucoup plus la richesse – *mille fois plus.*

En chiffres, cela fait 65 000 000 000 000 $. En mots : soixante-cinq billions de dollars.

Les frontières discriminent

La croissance économique n'est certes pas le remède universel, mais elle reste le principal moteur du progrès dès qu'on quitte le pays d'abondance. Dans l'arrière-pays, il y a toujours des quantités innombrables de bouches à nourrir, d'enfants à éduquer et de maisons à construire.

L'éthique aussi est du côté de l'ouverture des frontières. Imaginons que John, au Texas, soit en train de mourir de faim. Il me demande à manger, mais je refuse. Si John meurt, est-ce ma faute ? On peut dire que je l'ai seulement *laissé* mourir, ce qui sans être tout-à-fait de la bienveillance, n'est pas tout-à-fait un meurtre non plus.

Maintenant, imaginons que John, au lieu de me demander à manger, se rende au marché, où il trouvera des tas de gens prêts à échanger des biens contre un travail qu'il

1. Francesco Caselli et James Feyrer, « The Marginal Product of Capital », FMI. [http://personal.lse.ac.uk] Voir aussi Lant Pritchett, « The Cliff at the Border », *in* Ravi Kanbur et Michael Spence, *Equity and Growth in a Globalizing World*, 2010, p. 263. [http://www.hks.harvard.edu]

ferait en retour. Cette fois, j'engage deux ou trois gros bras pour lui barrer la route. Quelques jours plus tard, John meurt de faim.

Puis-je toujours clamer mon innocence ?

L'histoire de John est celle de notre mondialisation « pour tout sauf le travail »[1]. À cause des frontières, des milliards de gens sont obligés de vendre leur travail pour une fraction du prix qu'ils en obtiendraient en pays d'abondance. Les frontières sont la plus grande cause de discrimination de toute l'histoire du monde. Les inégalités entre habitants du même pays ne sont rien, comparées à celles qui existent entre différentes citoyennetés. Aujourd'hui, les 8 % les plus riches gagnent la moitié du revenu mondial global[2] et le 1 % le plus riche possède plus de la moitié de toute la richesse du monde[3]. Le milliard le plus pauvre ne consomme qu'1 % des biens consommables de la planète, contre 72 % pour le milliard le plus riche[4].

1. Pour l'histoire originale de John, voir Michael Huemer, « Citizenism and Open Borders ». [http://openborders.info/blog/citizenism-and-open-borders]

2. Branko Milanovic, « Global Income Inequality by the Numbers : In History and Now », *World Bank Policy Research Working Paper*. [http://heymancenter.org/files/events/milanovic.pdf]

3. Richard Kersley, « Global Wealth Reaches New All-Time High », Crédit suisse. [https://publications.credit-suisse.com]

4. United Nations Sustainable Development Knowledge Platform [Plateforme de connaissances sur le développement durable, Nations unies], « A New Global Partnership : Eradicate Poverty and Transform Economies Through Sustainable Development », 2013, p. 4. [https://sustainabledevelopment.un.org]

D'un point de vue international, les habitants du pays d'abondance ne sont pas simplement riches : ils sont salement riches. Quelqu'un qui vit au niveau du seuil de pauvreté aux États-Unis fait encore partie des 14 % les plus riches de la population mondiale ; quelqu'un qui y gagne le salaire médian fait partie des 4 % les plus riches[1]. Au sommet, les comparaisons deviennent encore plus grinçantes. En 2009, alors que la crise des crédits s'accélérait, les bonus payés par la banque d'investissement Goldman Sachs à ses employés équivalaient à l'ensemble de ce que gagnaient les 224 millions de personnes les plus pauvres du monde[2]. Enfin, huit personnes – les plus riches de la planète – possèdent davantage que la moitié des habitants du monde entier[3].

Vous avez bien lu : huit personnes sont plus riches que 3,5 milliards de gens réunis.

Notre bonus géographique

Il n'y a donc rien d'étonnant à ce que des millions de gens viennent frapper aux portes du pays d'abondance. Dans les pays développés, on veut des employés flexibles.

1. J'ai fait ces calculs en me servant des outils du site www.givingwhatwecan.org, qui permettent de comparer sa propre situation de richesse à celle de la population mondiale.

2. Branko Milanovic, « Global Income Inequality : The Past Two Centuries and Implications for the Next Century », automne 2011. [http://www.cnpds.it/documenti/milanovic.pdf]

3. « Just 8 Men Own Same Wealth as Half World », oxfam.org, 16 janvier 2017.

Figure 13. Quels sont les pays les plus riches ?

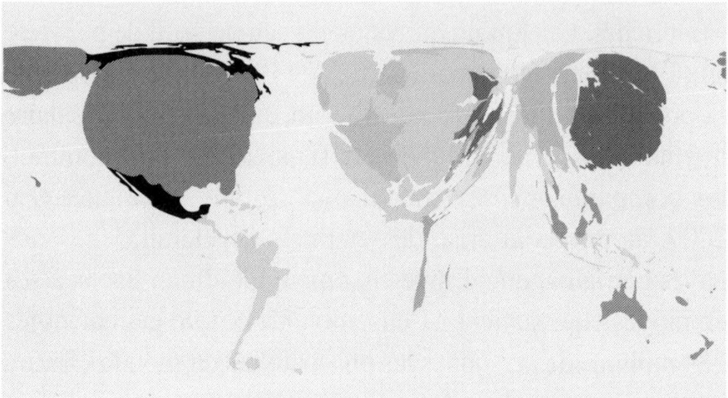

Cette carte montre les pays qui ont le plus fort PIB. Plus le pays est gros sur la carte, plus il est riche.

Source : Sasi Group, Université de Sheffield (2005).

Si vous voulez du travail, suivez l'argent. Mais nous considérons comme des parasites la main-d'œuvre ultra-flexible qui arrive des pays en voie de développement. Les demandeurs d'asile ne sont autorisés à rester que s'ils ont des raisons de redouter chez eux des persécutions fondées sur la religion ou la naissance.

Quand on y pense, c'est franchement bizarre.

Prenez un bébé somalien. Il y a 20 % de probabilités qu'il meure avant l'âge de cinq ans. Maintenant, comparez : parmi les soldats américains envoyés au front, le taux de mortalité était de 6,7 % pendant la guerre civile, de 1,8 % pendant la Seconde Guerre mondiale et de 0,5 % pendant la guerre du Viêtnam[1]. Pourtant, nous n'hésitons pas à renvoyer ce bébé somalien s'il s'avère que sa mère n'est pas une « vraie » réfugiée. Retour sur le front somalien de la mortalité infantile.

Au XIXe siècle, l'inégalité était affaire de classe. Aujourd'hui, c'est affaire de lieu. À l'époque où tous les pauvres, partout, étaient plus ou moins aussi misérables les uns que les autres, le cri de ralliement était : « Travailleurs de tous les pays, unissez-vous ! » Mais aujourd'hui, comme le remarque Branko Milanovic, principal économiste de la Banque mondiale, « la solidarité prolétarienne est morte, tout simplement parce qu'il n'y a plus rien que l'on puisse appeler le prolétariat mondial[2] ». En pays d'abondance, le seuil de pauvreté est dix-sept fois plus élevé que dans les contrées situées hors du pays de Cocagne[3]. Même ceux qui reçoivent des coupons alimentaires, aux États-Unis, vivent comme des princes, comparés aux plus pauvres du reste du monde.

Nous réservons pourtant notre indignation aux injustices qui ont lieu à l'intérieur de nos frontières nationales. Nous nous scandalisons de ce que les hommes soient

1. Nicholas Hobbes, *Essential Militaria. Facts, Legends and Curiosities About Warfare Through the Ages*, Grove Press, 2004.

2. Milanovic, « Global Income Inequality by the Numbers », art. cité.

3. En 2015, le seuil de pauvreté pour un foyer d'une personne seule aux États-Unis était d'environ 980 $ par mois. La limite appliquée par la Banque mondiale dépasse à peine 57 $ par mois, ce qui place le seuil états-unien près de dix-sept fois plus haut que la pauvreté extrême.

payés plus que les femmes pour le même travail et de ce que les Américains blancs gagnent davantage que les Américains noirs. Mais même l'écart de revenu de 150 % des années 1930 pâlit quand on le compare aux injustices dues à nos frontières. Un citoyen mexicain qui vit et travaille aux États-Unis gagne plus du double de ce que gagne son compatriote resté au pays. Un Américain est payé près de trois fois plus qu'un Bolivien pour le même travail, à qualification, âge et sexe égaux. Par rapport à un Nigérian aux caractéristiques comparables, c'est 8,5 fois plus – après pondération des différences de pouvoir d'achat entre les deux pays[1].

« [L]'effet de la frontière états-unienne sur les salaires à productivité intrinsèque égale est plus important que *toutes* les autres formes de discrimination salariale (genre, race ou ethnicité) jamais mesurées », observent trois économistes. C'est de l'apartheid à l'échelle mondiale. Au XXIe siècle, la véritable élite, ce ne sont pas ceux qui ont eu la chance de naître dans la bonne famille ou la bonne classe, ce sont ceux qui sont nés dans le bon pays[2]. Mais cette élite moderne a rarement conscience de sa chance.

1. Michael A. Clemens, Claudio E. Montenegro et Lant Pritchett, « The Place Premium : Wage Differences for Identical Workers Across the US Border », Harvard Kennedy School, janvier 2009. [https://dash.harvard.edu]

2. La grande majorité des personnes « riches » des pays pauvres ne vivent pas dans leur pays natal. Quatre Haïtiens sur cinq qui gagnent plus de 10 $ par jour et sont inclus dans les statistiques haïtiennes vivent en réalité aux États-Unis. L'expatriation est de loin le meil-

Figure 14. Où les enfants meurent-ils le plus ?

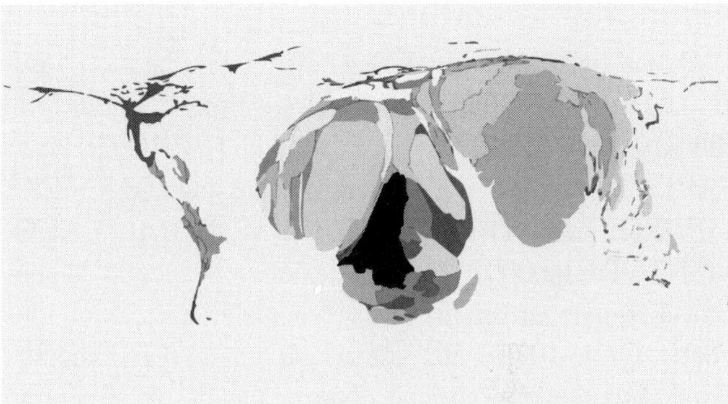

Cette carte montre les endroits où la mortalité infantile (jusqu'à l'âge de cinq ans) est la plus élevée. Plus le pays est grand, plus le taux de mortalité infantile y est élevé.

Source : Sasi Group (Université de Sheffield) et Mark Newman (Université du Michigan), 2012.

Falsifier les idées fausses

Les traitements vermifuges d'Esther Duflo sont des jeux d'enfant comparés à l'expansion des possibilités d'immigration. Ouvrir nos frontières, les entrebâiller même, c'est de loin l'arme la plus puissante dans la lutte mondiale contre la pauvreté. Malheureusement, c'est une idée constamment battue en brèche, toujours au moyen des mêmes vieux arguments fallacieux.

---

leur moyen d'échapper à la pauvreté. Et ceux qui restent sur place en bénéficient aussi : en 2012, 400 milliards de dollars ont été transférés par des immigrés vers leurs pays d'origine, soit presque quatre fois plus que toutes les aides étrangères combinées.

1. Ce sont tous des terroristes.

Quand on suit les infos, il est difficile de ne pas penser ça. Les infos sont faites de ce qui s'est passé aujourd'hui (DERNIÈRE MINUTE : ATTAQUE TERRORISTE À PARIS) et non de ce qui se passe chaque jour (DERNIÈRE MINUTE : LA TEMPÉRATURE MONDIALE AUGMENTE DE 0,00005 °C), ce qui conduit beaucoup de gens à croire que le terrorisme est la principale menace qui nous guette. Or de 1975 à 2015, le risque annuel d'être tué aux États-Unis dans un attentat commis par des étrangers ou des immigrés n'a été que de 1 sur 3 609 709. Sur trente de ces quarante années, personne n'est mort dans un attentat ; et pendant la même période, à part les 2 983 morts de l'attentat du 11 septembre 2001, seules quarante et une autres personnes ont été tuées par un terroriste né à l'étranger, ce qui fait une moyenne d'une personne par an[1].

Une étude récente de l'Université de Warwick sur les flux migratoires entre 145 pays montre que l'immigration est en réalité associée à une diminution des actes terroristes. « Quand des migrants se déplacent d'un pays à un autre, ils adoptent de nouvelles compétences, de nouveaux savoirs et de nouvelles perspectives », écrit le principal auteur de l'étude. « Si nous souscrivons à la croyance selon laquelle le développement économique est lié à une

1. Alex Nowrasteh, « Terrorism and Immigration : A Risk Analysis », Policy Analysis Cato Institute. [https://www.cato.org]

réduction de l'extrémisme, nous devons nous attendre à ce qu'un accroissement de la migration ait un effet positif[1]. »

2. Ce sont tous des criminels.

Les chiffres disent le contraire. Il se trouve que les gens qui commencent une nouvelle vie aux États-Unis commettent moins d'infractions et vont moins souvent en prison que ceux qui sont nés sur place. Alors que le nombre d'immigrés illégaux a triplé entre 1990 et 2013 pour atteindre plus de onze millions, le taux de criminalité a spectaculairement diminué[2]. Il en est de même au Royaume-Uni : il y a quelques années, des chercheurs de la London School of Economics rapportaient que le taux de criminalité avait chuté de manière significative dans les zones d'immigration massive en provenance des pays d'Europe de l'Est[3].

Qu'en est-il des enfants d'immigrés ? Aux États-Unis, eux aussi risquent moins de se lancer dans une carrière criminelle que ceux qui ont des racines américaines bien

1. Nicola Jones, « Study Indicates Immigration Not to Blame for Terrorism », warwick.ac.uk.

2. Walter Ewing, Daniel E. Martìnez et Rubén G. Rumbaut, « The Criminalization of Immigration in the United States », *American Immigration Council Special Report*, juillet 2015. [https://www.americanimmigrationcouncil.org]

3. Brian Bell, Stephen Machin et Francesco Fasani, « Crime and Immigration : Evidence from Large Immigrant Waves », *CEP Discussion Paper*, n° 984, juin 2010. [http://eprints.lse.ac.uk]

établies. En Europe, c'est différent. Dans mon pays, les Pays-Bas, par exemple, les enfants d'immigrés marocains ont plus souvent affaire à la justice. La question, bien sûr, est de savoir pourquoi. Les recherches sur cette question sont restées longtemps bloquées par les diktats du politiquement correct. En 2004 enfin fut lancée à Rotterdam la première grande enquête sur les liens entre ethnicité et criminalité précoce. Dix ans plus tard, les résultats étaient là : entre origine ethnique et criminalité, la corrélation était précisément de zéro. Aucune, rien, *nada* ! D'après le rapport, la criminalité des jeunes avait ses causes dans les quartiers où les gamins grandissaient. Dans les zones pauvres, les enfants d'origine néerlandaise risquaient tout autant d'être impliqués dans des activités illégales que ceux qui appartenaient aux minorités ethniques[1].

Par la suite, des séries d'études ont confirmé ces résultats. En fait, si l'on tient compte du sexe, de l'âge et du revenu, ethnicité et criminalité sont déconnectées. « Qui plus est », écrivent les chercheurs néerlandais dans un article récent, « les immigrés qui ont un statut de demandeurs d'asile sont sous-représentés par rapport à la population autochtone[2] ».

1. F. M. H. M. Driessen, F. Duursma et J. Broekhuizen, « De ontwikkeling van de criminaliteit van Rotterdamse autochtone en allochtone jongeren van 12 tot 18 jaar », *Politie & Wetenschap*, 2014. [https://www.piresearch.nl]

2. Godfried Engbersen, Jaco Dagevos, Roel Jennissen, Linda Bakker et Arjen Leerkes, « Geen tijd verliezen : van opvang naar integratie

Ce n'est pas qu'on ait prêté beaucoup d'attention à ces résultats. Le politiquement correct nouvelle manière tient que la criminalité et l'ethnicité sont liées à tous les niveaux.

3. Ils sapent la cohésion sociale.

En nous apprenant que la diversité sapait la cohésion sociale, l'étude conduite en 2000 par Robert Putnam, un sociologue réputé, semblait révéler une désagréable vérité. L'étude montrait notamment que la diversité avait pour effet de réduire la confiance et la disposition des gens à établir des liens d'amitié ou à s'engager dans un travail bénévole. À partir d'un ensemble impressionnant de 30 000 entretiens, Putnam concluait que la diversité les faisait « se rétracter comme des tortues[1] ».

Choqué, il reporta de plusieurs années la publication de ses résultats. Quand ils furent finalement publiés en 2007, l'effet fut – c'était prévisible – à peu près celui d'une bombe. Célébrée comme l'une des études sociologiques les plus importantes du siècle, la recherche de Putnam fut citée dans d'innombrables journaux et rapports ; aujourd'hui encore, elle est la référence des politiciens qui doutent des avantages d'une société multiculturelle.

van asielmigranten », *WRR Policy Brief*, décembre 2015. [http://www.wrr.nl]

1. Michael Jonas, « The Downside of Diversity », *The Boston Globe*, 15 août 2007. [http://archive.boston.com]

Il y a un seul problème. Il y a maintenant des années que les conclusions de Putnam ont été discréditées.

L'analyse rétrospective de 90 études n'a pu trouver aucune corrélation de quelque ordre que ce soit entre diversité et cohésion sociale[1]. De plus, comme l'ont montré les sociologues Maria Abascal, de l'Université de Princeton et Delia Baldassari, de l'Université de New York, Putnam avait commis une grave erreur. Il n'avait pas pris en compte le fait que les Afro-Américains et les Latinos expriment des niveaux de confiance inférieurs à celui des autres groupes, quel que soit l'endroit où ils vivent[2]. Une fois les résultats pondérés en tenant compte de ce facteur, la choquante découverte de Putnam partait en fumée.

Alors si la raison du manque de cohésion des sociétés modernes n'est pas la diversité, quelle est-elle ? La réponse est simple : pauvreté, chômage et discrimination. « Ce n'est pas la diversité d'un groupe qui sape la confiance », concluent Abascal et Baldassari, « mais les désavantages auxquels sont confrontés des gens appartenant à des communautés diverses. »

1. Tom van der Meer et Jochem Tolsma, « Ethnic Diversity and Its Effects on Social Cohesion », *Annual Review of Sociology*, juillet 2014. [http://www.annualreviews.org]

2. Maria Abascal et Delia Baldassarri, « Don't Blame Diversity for Distrust », *New York Times*, 20 mai 2016. [http://www.nytimes.com]

4. Ils nous prendront nos emplois.

Celui-là, on l'a tous entendu un jour ou l'autre. Quand les femmes ont débarqué massivement sur le marché du travail dans les années 1970, les journaux abondaient en prédictions selon lesquelles cet afflux de femmes qui travaillaient pour un salaire inférieur empêcherait les hommes de nourrir leurs familles. On persiste à croire, à tort, que le marché du travail est comme un jeu de chaises musicales. Ce n'est pas vrai. Les femmes productives, les seniors ou les immigrés n'évinceront pas de leurs postes les hommes, les jeunes adultes ni les courageux citoyens. En réalité, elles et ils créent *davantage* d'emplois. Une population active plus importante, c'est plus de consommation, plus de demande, plus d'emplois. Si l'on tient absolument à comparer le marché du travail au jeu des chaises musicales, alors ce serait une version où de nouveaux participants arrivent en apportant constamment de nouvelles chaises[1].

1. Les immigrés exécutent souvent des tâches que les citoyens du pays estiment au-dessous d'eux. Avec le vieillissement de la population, d'innombrables emplois seront bientôt difficiles à pourvoir au sein de la population du pays d'abondance. Pourquoi donc employer nos entrepreneurs, ingénieurs, scientifiques et érudits à des tâches de soin, de ménage et de cueillette, quand nous pouvons faire appel à des travailleurs étrangers ? En outre, les immigrés ne remplissent le plus souvent que des tâches précédemment remplies par d'autres immigrés.

5. Le travail bon marché des immigrés fera baisser nos salaires.

Pour prouver que c'est une idée fausse, il suffit de consulter une étude du Center for Immigration Studies – un *think tank* opposé à l'immigration – qui a établi que l'immigration n'a quasiment aucun effet sur les salaires[1]. D'autres recherches montrent même que les nouveaux arrivants font augmenter les gains de la population active autochtone[2]. Les immigrés qui travaillent dur stimulent la productivité, ce qui est bénéfique pour tout le monde.

Et ce n'est pas tout. Dans une analyse de la période de 1990 à 2000, des chercheurs de la Banque mondiale ont découvert que *l'émigration* a des effets négatifs sur les salaires en Europe[3]. Les travailleurs les moins qualifiés sont les plus désavantagés. Au cours des mêmes années,

1. George Borjas, « Immigration and the American Worker. A Review of the Academic Literature », Center for Immigration Studies, avril 2013. [http://cis.org/sites/cis.org/files/borjas-economics.pdf]

2. Heidi Shierholz, « Immigration and Wages : Methodological Advancements Confirm Modest Gains for Native Workers », Economic Policy Institute, 4 février 2010. [http://epi.3cdn.net] Voir aussi Gianmarco I. P. Ottaviano et Giovanni Peri, « Rethinking the Effect of Immigration on Wages ». [http://www.nber.org/papers/w12497]

3. Frederic Docquiera, Caglar Ozden et Giovanni Peri, « The Wage Effects of Immigration and Emigration », OCDE, 20 décembre 2010. [http://www.oecd.org]

les immigrés étaient plus productifs et mieux formés que ce qu'on suppose habituellement, ce qui incitait des autochtones moins qualifiés à s'élever à leur niveau. En outre, trop souvent l'alternative à l'emploi des immigrés consiste à délocaliser le travail dans d'autres pays. Et ça, oui, ça fait baisser les salaires[1].

6. Ils sont trop paresseux pour travailler.

Il est vrai qu'au pays d'abondance, nous payons les gens davantage pour mettre leurs pieds sur la table que ce qu'ils gagneraient ailleurs, mais rien ne prouve que les immigrés demandent plus d'aides que les citoyens autochtones. Pas plus que les pays bénéficiant d'un filet de sécurité sociale solide n'attirent plus d'immigrés. En réalité, si on pondère en tenant compte du statut en termes de revenu et d'emploi, les immigrés profitent moins de l'aide publique[2]. Dans l'ensemble, la valeur nette de l'immigration est presque entièrement positive. Dans des pays comme l'Autriche, l'Irlande, l'Espagne et l'Angleterre,

1. Tyler Cowen, *Average Is Over. Powering America Beyond the Age of the Great Stagnation*, *op. cit.*, p. 169.

2. Corrado Giulietti, Martin Guzi, Martin Kahanec et Klaus F. Zimmermann, « Unemployment Benefits and Immigration : Evidence from the EU », Institute for the Study of Labor, octobre 2011. [http://ftp.iza.org/dp6075.pdf] Sur les États-Unis, voir Leighton Ku et Brian Bruen, « The Use of Public Assistance Benefits by Citizens and Non-Citizen Immigrants in the United States », Cato Institute, 19 février 2013. [http://object.cato.org]

elle rapporte même plus en impôts par personne que la population autochtone[1].

Et si cela ne suffit pas à nous rassurer, les pays n'ont qu'à décider de ne pas accorder aux immigrés le droit aux aides gouvernementales, ou pas avant un nombre minimum d'années, ou pas avant qu'ils aient payé, par exemple, 50 000 $ d'impôts. Et on pourrait mettre en place des paramètres similaires si l'on s'inquiétait qu'ils forment une menace politique ou ne s'intègrent pas. On peut créer des tests de langue et de culture. On peut différer le droit de vote. Enfin on peut les renvoyer s'ils ne trouvent pas de boulot.

Ce serait injuste ? Peut-être. Mais l'alternative consistant à empêcher complètement les gens d'entrer ne l'est-elle pas infiniment davantage ?

7. Ils ne repartiront jamais.

Cela nous conduit à un fascinant paradoxe : l'ouverture des frontières joue en faveur du retour des immigrés chez eux[2]. Prenez la frontière entre le Mexique et les États-Unis. Dans les années 1960, soixante-dix millions de Mexicains l'ont traversée, mais 85 % d'entre eux

1. OCDE, « International Migration Outlook », p. 147. [http://www.globalmigrationgroup.org]

2. Mathias Czaika et Hein de Haas, « The Effect of Visa Policies on International Migration Dynamics », DEMIG Project Paper, avril 2014. [http://www.imi.ox.ac.uk]

finissaient par rentrer chez eux. Depuis les années 1980 et surtout depuis le 11 septembre, le côté américain de la frontière est fortement militarisé, avec un mur de 3 000 km surveillé par des caméras, des senseurs, des drones et 20 000 agents de patrouille frontalière. Aujourd'hui, 7 % seulement d'immigrants mexicains illégaux refont le voyage en sens inverse.

« Nous dépensons chaque année des milliards de dollars d'impôts à surveiller la frontière, et ce n'est pas seulement inutile, c'est contre-productif », observe un professeur de sociologie à l'Université de Princeton. « Les migrants ont assez rationnellement répondu à l'accroissement des coûts et des risques en réduisant le nombre de fois qu'ils passaient la frontière[1]. » Rien d'étonnant à ce que le nombre de Mexicains se trouvant illégalement aux États-Unis ait atteint les sept millions en 2007 – sept fois plus qu'en 1980.

Activez-vous, enrichissez-vous !

Même dans un monde sans patrouilles frontalières, des tas de gens pauvres restent là où ils sont. De plus, la plupart des gens sont fortement attachés à leur pays, à leur foyer et à leur famille. En outre, voyager coûte

1. Doug Massey, « Understanding America's Immigration "Crisis" », *Proceedings of the American Philosophical Society*, septembre 2007. [https://www.amphilsoc.org]

cher et dans les pays très pauvres, peu de gens peuvent se permettre d'émigrer. Mais finances mises à part, un sondage récent a montré que si elles avaient le choix, 700 millions de personnes préféreraient s'installer dans un autre pays[1].

Nous ne pourrons pas ouvrir nos frontières en un jour et, d'ailleurs, ce ne serait pas souhaitable. Une migration incontrôlée nuirait certainement à la cohésion sociale au pays d'abondance. Mais nous devons nous rappeler une chose : dans un monde d'inégalités insensées, la migration est l'instrument le plus puissant de lutte contre la pauvreté. Comment le sait-on ? Par expérience. Quand les conditions de vie se sont dramatiquement aggravées dans l'Irlande des années 1850 ou l'Italie des années 1880, la plupart des fermiers pauvres sont partis ; même chose pour 100 000 Néerlandais entre 1830 et 1880. Tous ces gens ont dirigé leur regard par-delà l'Océan, vers un pays où les possibilités semblaient infinies. Les États-Unis, le pays le plus riche au monde, sont une nation édifiée sur l'immigration.

Aujourd'hui, un siècle et demi plus tard, des centaines de millions de gens à travers le monde vivent dans de véritables prisons à ciel ouvert. Les trois quarts des murs et des barrières frontalières ont été érigés après l'an 2000. Entre l'Inde et le Bangladesh courent des milliers de

1. Gallup, « 700 Million Worldwide Desire to Migrate Permanently ». [http://www.gallup.com]

kilomètres de barbelés. L'Arabie Saoudite construit une clôture tout autour du pays. Et tout en gardant ouvertes les frontières entre ses États membres, l'Union européenne consacre des millions à repousser de frêles embarcations en Méditerranée. Cette politique ne freine aucunement l'afflux de candidats à l'immigration, mais permet aux trafiquants humains de faire de bonnes affaires et coûte au passage la vie à des milliers de personnes. Vingt-cinq ans après la chute du mur de Berlin, il y a plus de barrières que jamais dans le monde, de l'Ouzbékistan à la Thaïlande et d'Israël au Bostwana[1].

Ce n'est pas en restant sur place que les humains ont évolué. Nous avons le goût du voyage dans le sang. Dans quasiment n'importe quel arbre généalogique, il suffit de remonter quelques générations en arrière pour trouver un immigré. Et voyez la Chine moderne, où la plus grande vague migratoire de l'histoire humaine a fait affluer, il y a vingt ans, des millions de Chinois des campagnes vers les villes. Si perturbatrice soit-elle, la migration s'est toujours avérée l'un des plus puissants moteurs du progrès.

Ouvrez les portes

Ce qui nous ramène à ces 134,8 milliards de dollars par an, 11,2 milliards par mois, 4,274 par seconde. Cela

1. Dick Wittenberg, « De terugkeervan de Muur », *De Correspondent*. [https://decorrespondent.nl]

semble une somme énorme mais en fait, non. La somme totale de l'aide mondiale au développement représente à peu près ce qu'un petit pays européen comme les Pays-Bas dépense en frais de santé. L'Américain moyen croit que le gouvernement fédéral consacre plus d'un quart du budget national aux aides à l'étranger, mais le chiffre réel est de moins d'1 %[1]. Entre-temps, les portes du pays d'abondance restent verrouillées. Des centaines de gens se massent derrière ces portes, tout comme jadis les pauvres frappaient aux portes des remparts des cités. L'article 13 de la Déclaration des droits de l'homme énonce que chacun a le droit de quitter son pays, mais ne garantit pas le droit d'aller vivre en pays d'abondance. Et comme le découvrent bientôt ceux qui demandent l'asile, la procédure est encore plus encombrée de démarches administratives, plus affolante et désespérante que le fait de demander des aides sociales. De nos jours, pour accéder au pays de Cocagne, ce ne sont pas des kilomètres de riz au lait qu'il faut traverser, mais une montagne de formulaires administratifs.

Dans un siècle peut-être, nous considérerons ces frontières comme nous le faisons aujourd'hui de l'esclavage et de l'apartheid. En tout cas, une chose est sûre : si nous voulons rendre le monde meilleur, nous n'y parvien-

1. Dylan Matthews, « Americans Already Think a Third of the Budget Goes to Foreign Aid. What If It Did ? », *Washington Post*, 8 novembre 2013. [https://www.washingtonpost.com]

drons pas sans migration. Entrebâiller la porte serait déjà une amélioration. D'après les scientifiques de la Banque mondiale, si tous les pays développés laissaient entrer ne serait-ce que 3 % de plus d'immigrés, les pauvres du monde entier auraient 305 milliards de dollars de plus à dépenser[1]. Cela correspond à la somme totale de toutes les aides au développement, multipliée par trois.

Comme l'écrivait en 1987 Joseph Carens, l'un des principaux défenseurs de l'ouverture des frontières : « La liberté migratoire n'est peut-être pas réalisable immédiatement, mais c'est un but auquel nous devons aspirer[2]. »

1. Terrie L. Walmsley, L. Alan Winters, S. Amer Ahmed et Christopher R. Parsons, « Measuring the Impact of the Movement of Labour Using a Model of Bilateral Migration Flows », World Bank. [https://www.gtap.agecon.purdue.edu/resources/download/2398.pdf]

2. Joseph Carens, « Aliens and Citizens : The Case for Open Borders », *Review of Politics*, vol. 49, n° 2, printemps 1987. [http://philosophyfaculty.ucsd.edu]

10

Comment les idées changent le monde

> « La difficulté ne réside pas tant dans le fait de concevoir de nouvelles idées que d'échapper aux anciennes. »
>
> JOHN MAYNARD KEYNES (1883-1946)

À la fin de l'été 1954, un jeune et brillant psychologue lisait le journal quand son regard tomba sur un curieux titre en dernière page :

PROPHÉTIE DE LA PLANÈTE CLARION
APPEL À LA VILLE : FUYEZ CETTE INONDATION.
ELLE NOUS ENGLOUTIRA LE 21 DÉC.,
DIT L'ESPACE À UNE HABITANTE SUBURBAINE.

Piqué de curiosité, le psychologue, qui s'appelait Leon Festinger, poursuivit sa lecture : « Lake City sera détruite par une crue du Grand Lac juste avant l'aube, le 21 décembre. » Le message provenait d'une femme au foyer vivant dans une banlieue aisée de Chicago. Elle avait reçu l'information, racontait-elle, d'êtres supérieurs vivant sur une autre planète. « Ces êtres viennent sur Terre, disait-elle, dans ce que nous appelons des soucoupes volantes. »

C'est justement ce qu'attendait Festinger, l'occasion d'enquêter sur une question simple mais épineuse sur laquelle il butait depuis des années : qu'arrive-t-il quand des gens voient leurs convictions soumises à une crise grave ? Comment cette femme réagirait-elle quand il n'arriverait pas de soucoupe volante pour la sauver ? Que se passerait-il si cette grande inondation n'aurait pas lieu ? En fouillant un peu, Festinger découvrit que la femme, une certaine Dorothy Martin, n'était pas la seule à être persuadée que la fin du monde était pour le 21 décembre 1954. Une douzaine de ses disciples – tous des Américains intelligents et honnêtes – avaient quitté leur travail, vendu leurs biens ou abandonné leur conjoint sur la force de leur conviction.

Festinger décida d'infiltrer la secte de Chicago. D'emblée, il remarqua que ses membres ne cherchaient pas vraiment à persuader d'autres gens que la fin était proche. C'est à eux, les rares élus, que le salut était réservé. Le matin du 20 décembre 1954, Mme Martin reçut un nouveau message d'en haut par rayon interposé : « À minuit précise, vous serez installés dans des voitures garées qui vous emmèneront en un lieu d'où vous embarquerez à bord d'un porche [soucoupe volante]. »

Le groupe se prépara donc dans l'enthousiasme à attendre l'ascension vers les cieux.

Le soir du 20 décembre 1954

23 h 15 : Mme Martin reçoit un message demandant au groupe de s'habiller et de se préparer.

00 h 00 : Il ne se passe rien.

00 h 05 : L'un des croyants remarque qu'une autre horloge, dans la pièce, indique 23 h 55. Le groupe tombe d'accord sur le fait qu'il n'est pas encore minuit.

00 h 10 : Message des extra-terrestres : les soucoupes volantes ont du retard.

00 h 15 : Le téléphone sonne plusieurs fois : des journalistes appellent pour vérifier si la fin du monde est arrivée.

2 h 00 : L'un des plus jeunes croyants, qui pensait qu'à cette heure-là il serait déjà à des années-lumière de distance, se rappelle que sa mère a prévu d'appeler la police s'il n'est pas rentré à 2 h 00. Les autres l'assurent que son départ est un sacrifice nécessaire pour sauver le groupe et il s'en va.

4 h 00 : L'un des croyants dit : « J'ai coupé tous les ponts. J'ai tourné le dos au monde. Je ne peux me permettre de douter. Je dois croire. »

4 h 45 : Mme Martin reçoit un autre message : Dieu a décidé d'épargner la Terre. Le petit groupe de fidèles a diffusé tant de « lumière » dans cette nuit que la Terre est sauvée.

4 h 50 : Dernier message d'en haut : les extra-terrestres veulent que la bonne nouvelle « soit immédiatement

diffusée auprès des journaux ». Armés de cette nouvelle mission, les croyants informent journaux et radios locales avant l'aube.

L'échec d'une prophétie

« Il est difficile de changer un homme convaincu. » Ainsi Leon Festinger ouvre-t-il son récit des événements dans *L'Échec d'une prophétie*, ouvrage de psychologie sociale paru en 1956 et qui n'a rien perdu de son importance. « Dites-lui votre désaccord, il vous tourne le dos », poursuit Festinger. « Montrez-lui des faits ou des chiffres, il vous interroge sur vos sources. Faites appel à la logique, il ne voit pas où vous voulez en venir. »

Il est facile de se moquer de l'histoire de Mme Martin et de ses suiveurs, mais personne n'est immunisé contre le phénomène de « dissonance cognitive » décrit par Festinger. Quand la réalité se heurte à nos convictions profondes, nous préférons réévaluer la réalité que modifier notre vision du monde. Et si cela ne suffit pas, nous nous arc-boutons encore davantage sur nos croyances[1].

Certes, pour les choses pratiques, nous nous montrons assez souples. La plupart du temps, nous acceptons

1. Joe Keohane, « How Facts Backfire », *Boston Globe*, 11 juillet 2010. [http://archive.boston.com] Voir aussi Leon Festinger, Henry Riecken et Stanley Schachter, *When Prophecy Fails : A Social and Psychological Study of a Modern Group That Predicted the Destruction of the World*, Minneapolis, University of Minnesota, 1956.

volontiers des conseils sur la manière d'enlever une tache de graisse ou de découper un concombre. Non, c'est quand il s'agit de nos idées politiques ou religieuses que nous sommes le plus entêtés. Nous tendons à camper sur nos positions dès que quelqu'un met en doute nos opinions sur la punition des crimes, les rapports sexuels avant le mariage ou le réchauffement climatique. Ce sont là des idées auxquelles on a tendance à s'accrocher et qu'on a du mal à lâcher. Y renoncer modifie notre sentiment d'identité et de position dans les groupes sociaux : Église, famille ou cercle d'amis.

S'il est un facteur qui n'a rien à voir dans cette affaire, c'est la *bêtise*. Des chercheurs de l'Université Yale ont montré que les gens possédant des diplômes supérieurs ont des convictions plus inébranlables que les autres[1]. Il est vrai qu'une bonne formation vous donne des outils pour défendre vos opinions. Les gens intelligents sont très habiles à trouver des arguments, des experts et des études en renfort de leurs croyances préexistantes et avec Internet il est plus facile que jamais d'être les consommateurs de nos propres opinions ; la preuve qui manquait est toujours à portée d'un clic de souris.

Les gens futés, conclut le journaliste américain Ezra Klein, n'utilisent pas leur intellect pour trouver la bonne réponse, mais pour obtenir la réponse qu'ils *veulent*[2].

1. Le site web de ce groupe de recherche est : www.cultural-cognition.net.

2. Ezra Klein, « How Politics Makes Us Stupid », *Vox*, 6 avril 2014. [http://www.vox.com]

Quand mon horloge a sonné minuit

J'ai un aveu à faire. Alors que j'écrivais le sixième chapitre de ce livre (« La semaine de quinze heures »), je suis tombé sur un article intitulé : « La semaine de travail écourtée pourrait ne pas améliorer le bien-être[1]. » C'était un article du *New York Times* sur une étude sud-coréenne qui expliquait qu'une réduction de 10 % de la durée de la semaine de travail n'avait pas rendu les employés plus heureux. Des recherches supplémentaires sur Google m'ont orienté vers un article du *Telegraph* de Londres qui indiquait que le fait de travailler moins pouvait même être carrément mauvais pour la santé[2].

J'étais soudain Dorothy Martin et mon horloge avait sonné minuit. J'ai immédiatement mobilisé mes mécanismes de défense. D'abord, j'avais des doutes sur la source : le *Telegraph* étant un journal conservateur, quel sérieux fallait-il accorder à cet article ? Et il y avait le conditionnel du titre du *New York Times*. Les résultats de l'enquête étaient-ils vraiment concluants ? Même mes stéréotypes se mirent de la partie : ces Sud-Coréens, ils sont si accros au travail qu'ils ont probablement fait des

1. Nicholas Bakalar, « Shorter Workweek May Not Increase Well-Being », *New York Times*, 28 août 2013. [http://well.blogs.nytimes.com]
2. Katie Grant, « Working Shorter Hours May Be "Bad For Health" », *Telegraph*, 22 août 2013.

heures sup tout en déclarant moins d'heures. Et puis, *le bonheur* ? Comment mesurer ça ?

Rasséréné, je mis l'étude de côté. Je m'étais convaincu qu'elle ne pouvait avoir de pertinence[1].

Un autre exemple. Au chapitre 2, j'ai exposé des arguments en faveur du revenu universel de base. C'est une conviction dans laquelle j'ai beaucoup investi ces dernières années. Le premier article que j'ai écrit sur ce thème a été vu près d'un million de fois et repris par le *Washington Post*. J'ai donné des conférences sur le revenu universel de base et j'ai défendu sa cause à la télévision néerlandaise. Les mails enthousiastes ont afflué. Il n'y a pas longtemps, quelqu'un m'a même appelé « M. Revenu de base ». Lentement mais sûrement, mon identité personnelle et professionnelle en est venue à être définie par cette opinion. Je crois sincèrement que le revenu universel de base est une idée dont le temps est venu. J'ai fait des recherches approfondies sur le sujet et tout pointe dans cette direction. Mais pour être honnête, je me demande parfois si je m'autoriserais à prendre acte de preuves qui vont dans le sens contraire.

1. Depuis, naturellement, j'ai lu cette étude. Pour citer un passage du résumé : « Si le taux de satisfaction augmentait quant au nombre d'heures travaillées, ces réductions n'avaient aucun impact sur le taux de satisfaction par rapport à l'emploi et à la vie [...]. En outre, il est possible que les effets positifs en termes de bien-être subjectif soient contrebalancés par l'intensité accrue de la charge de travail. » En d'autres termes, les Sud-Coréens travaillaient moins d'heures par semaine, mais ils travaillaient plus dur.

Serais-je suffisamment observateur – ou courageux – pour changer d'avis ?

La force d'une idée

« Continue à construire tes châteaux dans le ciel », m'a lancé malicieusement un ami il y a quelque temps, en réponse à des articles que j'avais écrits et que je lui avais envoyés. Je voyais bien ce qu'il voulait dire. À quoi bon, en effet, des idées aussi folles que neuves, quand les politiciens ne sont même pas capables d'équilibrer un budget ?

C'est alors que je me suis mis à me demander si les idées neuves peuvent vraiment changer le monde.

Bon, la réponse viscérale (et tout à fait raisonnable) risque d'être : non, les gens s'en tiennent obstinément aux vieilles idées auxquelles ils se sont habitués. Pourtant, on sait bien que les idées changent avec le temps. L'avant-garde d'hier est le sens commun d'aujourd'hui. Simon Kuznets a fait entrer l'idée du PIB dans les mœurs. Les *randomistas* ont chamboulé les réseaux d'aides internationales en les forçant à prouver leur efficacité. La question n'est pas de savoir *si* les nouvelles idées peuvent battre en brèche les anciennes, mais *comment*.

Les recherches indiquent qu'un choc brusque peut faire des miracles. James Kuklinski, politologue à l'Université de l'Illinois, a découvert que les gens sont plus enclins à changer d'opinion quand ils sont confrontés à des faits nouveaux et désagréables de manière aussi directe que possible[1]. Prenez le récent succès des politiciens de droite qui nous avertissaient déjà de la « menace islamique » dans les années 1990, mais ne furent guère écoutés avant la destruction des tours jumelles, le 11 septembre 2001. Des points de vue jusqu'alors marginaux tournèrent soudain à l'obsession collective.

S'il est vrai que les idées ne changent pas les choses progressivement mais par à-coups et chocs successifs, alors la prémisse fondamentale de notre démocratie, de notre journalisme et de notre enseignement est fausse. Car cela signifie essentiellement que le modèle issu des Lumières, et d'après lequel c'est par la collecte d'information et la délibération raisonnée que les gens modifient leurs opinions, est en réalité ce qui renforce le *statu quo*. Cela signifie que ceux qui ne jurent que par la rationalité, la nuance et le compromis ne comprennent rien à la manière dont les idées gouvernent le monde. Une vision du monde

1. James H. Kuklinski *et al.*, « Misinformation and the Currency of Democratic Citizenship », *Journal of Politics*, août 2010, p. 810. [http://richarddagan.com/framing/kuklinski2000.pdf] L'effet miraculeux que peut avoir un choc fut prouvé cette nuit de décembre 1954. Quand aucune soucoupe volante ne fit son apparition, l'un des membres de la secte décida que ça suffisait. Festinger nota qu'il avait cessé de croire dès l'« infirmation » massive de minuit. (On ne s'étonne pas d'apprendre qu'il était aussi celui qui avait le moins investi dans sa conviction, n'ayant eu à annuler qu'un voyage en Arizona à Noël pour être présent ce soir-là).

n'est pas un jeu de Lego où on ajoute une pièce ici pour en enlever une là. C'est une forteresse qu'on défend bec et ongles, par tous les moyens, jusqu'à ce que la pression devienne si forte que les murs finissent par céder.

À peu près au moment où Leon Festinger infiltrait la secte de Mme Martin, le psychologue Solomon Asch démontrait que la pression du groupe peut même nous conduire à ignorer ce que nous voyons de nos propres yeux. Dans une expérience devenue célèbre depuis, il présentait à un sujet trois lignes sur une carte et leur demandait laquelle était la plus longue. Quand les autres personnes présentes dans la salle (des collaborateurs d'Ash, à l'insu du sujet) donnaient la même réponse, le sujet les imitait – même si cette réponse était manifestement fausse[1].

Il n'en va pas autrement en politique. Les politologues ont établi que la manière dont les gens votent est moins déterminée par leur perception de leur propre vie que par leur conception de la société. Nous nous soucions moins de ce que le gouvernement peut faire pour nous personnellement que de ce qu'il peut faire pour nous tous. Quand nous glissons notre bulletin dans l'urne, ce n'est pas tant pour nous-mêmes que nous le faisons que pour le groupe auquel nous voulons appartenir.

Mais Solomon Ash fit aussi une autre découverte. Une seule voix d'opposition peut tout changer. Il suffisait

1. Solomon Asch, « Opinions and Social Pressure », *Scientific American*, novembre 1955. [http://kosmicki.com/102/Asch1955.pdf]

qu'une seule autre personne dans le groupe s'en tienne à la vérité pour que les sujets testés aient davantage tendance à se fier au témoignage de leurs sens. Cela devrait encourager tous ceux qui ont l'impression d'être une voix isolée criant dans le désert : continuez à édifier des châteaux dans le ciel ! Votre heure viendra.

Longue était la nuit

En 2008, tout semblait indiquer que nous étions confrontés au plus grand cas de dissonance cognitive depuis les années 1930. La banque d'investissement Lehman Brothers déposa son bilan le 15 septembre. Tout le secteur bancaire mondial semblait soudain sur le point de s'effondrer comme une rangée de dominos. Dans les mois qui suivirent, les dogmes de l'économie de marché furent anéantis l'un après l'autre.

Alan Greenspan, l'ancien président de la Réserve fédérale surnommé tantôt l'Oracle, tantôt le Maestro, en resta stupéfait. En 2004, il avait encore affirmé en confiance : « Non seulement chaque institution financière prise individuellement est désormais moins vulnérable aux chocs dus à des facteurs de risque sous-jacents, mais le système financier tout entier est également plus résilient[1]. » Quand

1. Alan Greenspan, « Speech at the American Bankers Association Annual Convention, New York », 5 octobre 2004. [http://www.federalreserve.gov]

il avait pris sa retraite en 2006, tout le monde pensait que Greenspan entrerait au panthéon de l'histoire financière.

Deux ans plus tard, lors d'une audition devant une commission de la Chambre des représentants, le banquier, brisé, reconnaissait qu'il se trouvait « en état de choc et d'incrédulité ». La foi de Greenspan dans le capitalisme avait pris un sérieux revers. « J'ai trouvé une faille. Je ne sais pas à quel point elle est importante ou définitive. Mais c'est un fait qui m'a bouleversé[1]. » Quand un membre du Congrès lui demanda s'il s'était laissé tromper par ses propres idées, Greenspan répliqua : « C'est précisément la raison pour laquelle j'ai été choqué : depuis environ quarante ans, j'avais accumulé une quantité considérable d'éléments prouvant que ça fonctionnait exceptionnellement bien. »

La leçon du 21 décembre 1954 est que tout est centré sur ce moment de la crise. Quand l'horloge sonne minuit, que se passe-t-il ? Une crise peut apporter l'ouverture nécessaire à de nouvelles idées, mais elle peut aussi renforcer de vieilles convictions.

Que s'est-il donc passé après le 15 septembre 2008 ? Le mouvement Occupy a brièvement galvanisé les gens, pour refluer aussitôt. Entre-temps, dans presque toute l'Europe, les partis politiques de gauche ont perdu les

1. Cité par Edmund L. Andrews, « Greenspan Concedes Error on Regulation », *New York Times*, 23 octobre 2008. [http://www.nytimes.com]

élections. La Grèce et l'Italie ont plus ou moins complètement remisé la démocratie, déployant des réformes pour plaire à leurs créditeurs, élaguant le service public et boostant la flexibilité du marché du travail. Dans le nord de l'Europe aussi, les gouvernements ont proclamé l'ère de l'austérité.

Et Alan Greenspan ? Des années plus tard, quand un journaliste lui demanda s'il avait fait des erreurs, il répondit sans hésiter : « Pas du tout. Je crois qu'il n'y a pas d'alternative[1]. »

Appuyons sur la touche « avance rapide » : aujourd'hui, on attend toujours une réforme fondamentale du secteur bancaire. À Wall Street, les banquiers empochent de plus gros bonus depuis le crash[2]. Et les capitaux-tampons des banques sont plus minuscules que jamais. Joris Luyendijk, un journaliste du *Guardian* qui a passé deux ans à regarder sous le capot du secteur financier de Londres, a résumé l'expérience en 2013 comme suit : « C'est comme d'être à Tchernobyl et de voir qu'on a fait redémarrer le réacteur en gardant la même vieille direction[3]. »

On est obligé de se demander si la dissonance cognitive de 2008 a été suffisamment importante. Ou bien peut-

1. Entretien sur ABC News : « Interview With Alan Greenspan », youtube.com.

2. Edward Krudy, « Wall Street Cash Bonuses Highest Since 2008 Crash : Report », *Reuters*, 12 mars 2014. [http://www.reuters.com]

3. Jurgen Tiekstra, « Joris Luyendijk : "Dit gaat helemaal fout" », *Volzin*, septembre 2013. [http://www.duurzaamnieuws.nl/joris-luyendijk-dit-gaat-helemaal-fout/]

être l'était-elle *trop* ? Étions-nous trop investis dans nos vieilles convictions ? Ou bien n'y avait-il tout simplement pas d'alternatives ? Cette dernière possibilité est la plus inquiétante de toutes.

Le mot « crise » vient du grec ancien et signifie littéralement « séparer » ou « filtrer ». Une crise devrait donc être un moment de vérité, l'instant où l'on fait un choix fondamental. Mais on dirait presque qu'en 2008 nous avons été incapables de faire ce choix. Devant l'effondrement soudain du secteur bancaire tout entier, nous n'avions pas de véritable alternative à portée de main. Tout ce que nous avons su faire, c'est prendre le même vieux chemin en traînant les pieds.

Peut-être alors le mot qui décrit notre situation n'est-il pas « crise ». C'est plutôt comme si nous étions dans le coma. Ça aussi, c'est du grec ancien. Ça veut dire « un sommeil profond et sans rêve ».

Les combattants de la résistance au capitalisme

Tout cela est profondément ironique, quand on y pense.

S'il y eut jamais deux personnes qui consacrèrent leur vie à construire des châteaux dans le ciel avec la certitude irrationnelle qu'on découvrirait un jour qu'ils avaient raison, ce sont les fondateurs de la pensée néolibérale. Je les admire l'un et l'autre : le philosophe insaisissable Friedrich Hayek et l'intellectuel public Milton Friedman.

De nos jours, « néolibéral » est un adjectif péjoratif qu'on lance à quiconque n'est pas d'accord avec la gauche. Hayek et Friedman, eux, étaient des néolibéraux fiers de l'être, qui considéraient de leur devoir de réinventer le libéralisme[1]. « Nous devons refaire de l'édification d'une société libre une aventure intellectuelle », écrivait Hayek. « Ce qu'il nous manque, c'est une Utopie libérale[2]. »

Même si on les considère comme des scélérats qui ont mis la cupidité au goût du jour et sont responsables d'une crise financière qui a laissé des millions de gens sur la paille, il y a beaucoup à apprendre de Friedrich Hayek et de Milton Friedman.

Le premier est né à Vienne, le second à New York. L'un et l'autre croyaient fermement en la puissance des idées. Pendant de nombreuses années, ils appartinrent tous deux à une petite minorité, presque une secte, qui existait hors du cocon de la pensée dominante. Ensemble, ils détruisirent ce cocon et mirent le monde sens dessus dessous, à un point dont ne peuvent que rêver les dictateurs et les milliardaires. Ils entreprirent de mettre en pièces l'œuvre d'une vie, celle de leur grand rival, l'économiste britannique John Maynard Keynes. La seule chose qu'ils partageaient avec ce dernier était, semble-t-il,

1. Voir, par exemple : Milton Friedman, « Neo-Liberalism and Its Prospects », *Farmand*, 17 février 1951. [http://0055d26.netsolhost.com]

2. Friedrich A. Hayek, « The Intellectuals and Socialism », *University of Chicago Law Review*, printemps 1949. [https://mises.org/etexts/hayekintellectuals.pdf]

la croyance selon laquelle les idées des économistes et des philosophes sont plus fortes que les intérêts des chefs d'entreprise et des politiciens.

L'histoire commence le 1er avril 1947, un peu moins d'un an après la mort de Keynes. Quarante philosophes, historiens et économistes se réunirent ce jour-là au Mont Pèlerin, un petit village suisse. Pour s'y rendre, certains avaient voyagé pendant des semaines et traversé des océans. Plus tard, on les appellerait la Société du Mont Pèlerin.

Les quarante penseurs rassemblés dans ce village suisse furent invités à dire ce qu'ils pensaient et, ensemble, formèrent un corps de combat pour la résistance à la suprématie socialiste. « Il n'y a aujourd'hui, bien sûr, que très peu de gens qui ne soient pas socialistes », s'était lamenté un jour Hayek, l'initiateur de cet événement. À une époque où les mesures du New Deal poussaient les États-Unis vers plus de politiques socialistes, défendre l'économie de marché était encore considéré comme littéralement révolutionnaire et Hayek se sentait « désespérément décalé par rapport à son temps[1] ».

Milton Friedman se trouvait également à cette rencontre de grands esprits. « J'étais là, jeune Américain naïf et provincial », se souviendrait-il plus tard, « rencontrant des gens du monde entier, tous voués aux mêmes principes

1. Cité par Angus Burgin, *The Great Persuasion. Reinventing Free Markets Since the Depression*, Harvard University Press, 2012, p. 13.

libéraux que nous ; tous assiégés dans leur propre pays, et pourtant parmi eux il y avait des savants, certains déjà mondialement célèbres, d'autres destinés à le devenir[1]. » En fait, non moins de huit membres de la Société du Mont Pèlerin deviendraient plus tard des prix Nobel.

Mais en 1947, personne n'aurait pu prédire un avenir aussi brillant. En Europe, des régions entières étaient dévastées. Les efforts de reconstruction avaient les couleurs des idéaux keynésiens : emploi pour tous, freins à l'économie de marché et régulations bancaires. De l'état de guerre, on était passé à l'État-providence. C'est pourtant au cours des mêmes années que la pensée néolibérale commença à gagner du terrain grâce aux efforts de la Société du Mont Pèlerin, un groupe qui allait devenir l'un des principaux *think tanks* du XXe siècle. « Ensemble, ils contribuèrent à précipiter une transformation politique mondiale dont les implications résonneront encore pendant des décennies », dit l'historien Angus Burgin[2].

Dans les années 1970, Hayek transmit à Friedman la présidence de la Société. Sous la houlette de ce petit Américain à lunettes, dont l'énergie et l'enthousiasme surpassaient même ceux de son prédécesseur autrichien, la société se radicalisa. Fondamentalement, il n'y avait aucun problème dont Friedman ne rejetât la faute sur le

1. Cité par Angus Burgin, *ibid.*, p. 169.
2. *Ibid.*, p. 11.

gouvernement. Le chômage ? Débarrassez-vous du salaire minimum. Les catastrophes naturelles ? Faites organiser les secours par les corporations. Des écoles trop pauvres ? Privatisez l'enseignement. Les frais de santé trop élevés ? Privatisez cela aussi et laissez tomber le contrôle de l'État, pendant qu'on y est. Toxicomanies ? Légalisez les drogues et que le marché opère sa magie.

Friedman déploya tous les moyens possibles pour diffuser ses idées, édifiant une œuvre faite de conférences, d'éditoriaux, d'interviews radiophoniques, d'apparitions télévisées, de livres et même d'un documentaire.

Dans la préface à son best-seller, *Capitalisme et liberté*, il écrivait qu'il incombe aux penseurs de persister à proposer des alternatives. Des idées qui semblent aujourd'hui « politiquement impossibles » peuvent devenir un jour « politiquement inévitables ».

Il ne restait qu'à attendre le moment décisif. « Seule une crise – effective ou ressentie comme telle – produit un changement réel », expliquait Friedman. « Quand cette crise se produit, les actions qu'elle provoque dépendent des idées qui sont là[1]. » La crise arriva en octobre 1973, quand l'Organisation des pays arabes exportateurs de pétrole fit monter le prix du pétrole de 70 % et imposa un embargo aux États-Unis et aux Pays-Bas. L'inflation creva le plafond et les économies occidentales s'engagèrent dans la récession. La

1. *Ibid.*, p. 221.

« stagflation », comme on appela alors ce processus, n'était même pas envisagée par la théorie keynésienne. Friedman, lui, l'avait prédite.

Durant tout le reste de sa vie, Friedman ne cessa d'insister sur le fait que son succès aurait été inconcevable sans le travail de fond mené depuis 1947. La montée du néolibéralisme avait joué comme une course de relais, les *think tanks* passant le témoin aux journalistes qui l'avaient transmis aux politiciens. Les derniers relayeurs furent deux des plus puissants dirigeants du monde occidental, Ronald Reagan et Margaret Thatcher. Quand on lui demanda ce qu'elle considérait comme sa plus grande victoire, Thatcher répondit que c'était le « New Labour ». Sous le leadership du néolibéral Tony Blair, même ses rivaux sociaux-démocrates du Parti travailliste s'étaient ralliés à sa vision du monde.

En moins de cinquante ans, une idée naguère rejetée comme radicale et marginale était parvenue à gouverner le monde.

La leçon du néolibéralisme

Certains disent qu'aujourd'hui nos votes n'ont plus beaucoup d'importance. Il y a encore une gauche et une droite, mais ni l'une ni l'autre ne semble avoir de projet très clair pour l'avenir. Une ironique inversion des choses veut que le développement d'idées nouvelles soit désormais verrouillé par l'invention néolibérale de deux hommes qui croyaient passionnément au pouvoir des idées. Tout se passe comme si nous étions parvenus à « la fin de l'histoire », avec la démocratie libérale pour terminus et le « libre consommateur » comme ultime chaînon de l'espèce humaine[1].

À l'époque où Friedman fut nommé président de la Société du Mont Pèlerin, en 1970, la plupart des philosophes et des historiens du groupe avaient déjà décampé, les débats ayant pris une tournure trop technique et économique[2]. Rétrospectivement, l'arrivée de Friedman marqua l'aube d'une ère où les économistes allaient devenir les principaux penseurs du monde occidental. C'est toujours le cas aujourd'hui[3].

Nous vivons dans un monde de managers et de technocrates. « Concentrons-nous sur la résolution de problèmes », disent-ils. « Cherchons à joindre les deux

1. Francis Fukuyama, *The End of History and the Last Man*, Hamilton, 1992.

2. Vers la fin de sa vie, Friedman dit qu'il n'avait jamais étudié à fond qu'un seul philosophe : l'Autrichien Karl Popper. Popper expliquait qu'une approche scientifique sérieuse doit être articulée à l'idée de « falsifiabilité », l'exigence d'une recherche constante de choses qui ne correspondent pas à la théorie, plutôt que de chercher seulement des confirmations. Mais comme nous l'avons vu, la plupart des gens abordent la théorie de manière inverse. Apparemment, c'est aussi précisément là que le néolibéralisme – et Friedman lui-même – a fait fausse route.

3. Stephanie Mudge, « The Social Bases of Austerity. European Tunnel Vision & the Curious Case of the Missing Left », *SPERI Paper*, n° 9, février 2014. [http://speri.dept.shef.ac.uk]

bouts. » Les décisions politiques sont constamment présentées comme répondant à l'urgence, mais aussi comme des événements neutres et objectifs, comme s'il n'y avait pas d'autre choix. Keynes avait déjà observé l'apparition de cette tendance à son époque. « Les hommes pratiques qui se croient exempts de toute influence intellectuelle, écrivait-il, sont habituellement esclaves de quelque défunt économiste[1]. »

Quand la Lehman Brothers s'effondra le 15 septembre 2008, marquant le début de la crise financière la plus importante depuis les années 1930, il n'y avait pas vraiment d'alternative disponible. Personne n'en avait posé les fondations. Pendant des années, intellectuels, journalistes et politiciens avaient fermement affirmé que nous étions parvenus à la fin de l'ère des « grands récits » et qu'il était temps que le pragmatisme prime sur les idéologies.

Naturellement, nous devons être fiers des libertés que les générations qui nous ont précédés ont obtenues par leurs luttes. Mais la question est : que vaut la liberté d'expression si nous n'avons plus rien à dire qui en vaille la peine ? À quoi sert la liberté d'association si nous n'avons plus aucun sentiment d'affiliation ? Et quel est le but de la liberté de religion si nous ne croyons plus en rien ?

1. John Maynard Keynes, *The General Theory of Employment, Interest and Money*, Macmillan, 1936, dernier paragraphe.

D'un côté, le monde continue à devenir plus riche, plus sûr et plus sain. Chaque jour, de plus en plus de gens arrivent en pays de Cocagne. C'est un immense triomphe. D'un autre côté, il est largement temps pour nous, habitants du pays d'abondance, de trouver une nouvelle utopie à défendre. Hissons les voiles à nouveau. « Le progrès est la réalisation des utopies », écrivait Oscar Wilde il y a déjà longtemps[1]. La semaine de quinze heures, le revenu universel de base et un monde sans frontières… ce sont des rêves fous – mais pour combien de temps encore ?

On doute aujourd'hui que « les idées et croyances humaines [soient] les principaux moteurs de l'histoire », comme le déclarait Hayek à l'époque où le néolibéralisme était encore dans les langes. « Il nous paraît si difficile d'imaginer que nos croyances puissent être différentes de ce qu'elles sont actuellement[2]. » Il faudrait facilement une génération, prédisait-il, avant que les nouvelles idées l'emportent. C'est pourquoi nous avons besoin de penseurs qui non seulement soient patients, mais qui aient aussi « le courage d'être "utopiste" ».

Que telle soit la leçon du Mont Pèlerin. Que ce soit le mantra de quiconque rêve d'un monde meilleur, afin que nous ne risquions plus d'entendre sonner minuit en restant assis là, bras ballants, attendant d'être sauvés par des extra-terrestres qui n'arriveront pas.

1. Oscar Wilde, *L'Âme de l'homme sous le socialisme*, *op. cit.*
2. Cité par Burgin, *The Great Persuasion*, *op. cit.*, p. 217.

Si scandaleuses soient-elles, les idées ont changé le monde et continueront à le faire. « En fait, écrivait Keynes, le monde n'est pas gouverné par grand-chose d'autre[1]. »

1. John Maynard Keynes, *General Theory*, *op. cit.*, dernier paragraphe.

Épilogue

> « L'utopie est à l'horizon. Je m'approche de deux pas ; elle recule de deux pas. Je fais encore dix pas et elle s'éloigne en courant de dix pas encore. J'aurai beau avancer, je ne l'atteindrai jamais. À quoi sert donc l'utopie ? Elle sert à cela : continuer à marcher. »
>
> EDUARDO GALEANO (1940-2015)

Une dernière fois alors : comment rendre l'utopie *réelle* ? Comment s'emparer de ces idées pour les mettre en œuvre ?

Le chemin qui conduit de l'idéal au réel ne cesse de me fasciner. Selon la phrase célèbre d'Otto von Bismarck : « La politique est l'art du possible. » Cette impression semble tenir quand on suit les informations en provenance de Washington ou de Westminster. Mais il y a une autre forme de politique qui est bien plus importante. Je parle de la Politique qui s'écrit avec une capitale, celle qui ne s'occupe pas de règles, mais de révolution. Non pas l'art du possible, mais l'art de rendre l'impossible inévitable.

Cette arène politique est assez grande pour accueillir de nombreux autres politiciens, des éboueurs aux banquiers, des scientifiques aux cordonniers, des écrivains à vous, qui lisez ce livre. Et cette Politique est diamétralement opposée à la politique qui s'écrit en bas de casse. Là où les actes de la politique réaffirment le *statu quo*, la Politique prend le large.

La fenêtre d'Overton

C'est Joseph Overton, un avocat américain, qui le premier expliqua, dans les années 1990, les mécanismes de la Politique en capitale. Il commença par poser une question simple : pourquoi tant de bonnes idées ne sont-elles pas prises au sérieux ?

Overton réalisait que, dans la mesure où ils veulent être réélus, les politiciens ne peuvent se permettre d'adopter des points de vue qui soient perçus comme trop extrêmes. Pour conserver le pouvoir, ils doivent faire en sorte que leurs idées restent dans les marges de ce qui est acceptable. Cette fenêtre d'acceptabilité est peuplée de graphiques estampillés par des experts, régulièrement mis à jour par les services de statistiques, et qui ont de bonnes chances de figurer dans les ouvrages de droit.

Figure 15 : La fenêtre d'Overton

Source : « Fenêtre d'Overton » par Hydrargyrum, sous licence CC BY-SA 2.0.

Quiconque s'aventure hors de la « fenêtre d'Overton » s'engage sur une voie cahoteuse. Il ou elle sera bien vite étiqueté(e) « irréaliste » ou « déraisonnable » par les médias, ces craintifs gardiens de la fenêtre. La télévision, par exemple, offre peu de temps et d'espace permettant de présenter des opinions fondamentalement différentes. Au lieu de quoi, les talk-shows nous abreuvent inlassablement des mêmes gens disant les mêmes choses.

Pourtant, malgré tout cela, une société peut changer complètement en quelques décennies. La fenêtre d'Overton peut se déplacer. Une stratégie classique pour y parvenir est de proférer des idées si choquantes et si subversives que n'importe quoi de moins radical paraîtra soudain raisonnable. En d'autres termes, pour rendre la radicalité raisonnable, il suffit d'étendre les limites de la radicalité.

Donald Trump aux États-Unis, Boris Johnson au Royaume-Uni et l'islamophobe Geert Wilders dans mon propre pays maîtrisent tous cet art à la perfection. S'ils ne sont pas toujours pris au sérieux, ils ont sans aucun doute tiré la fenêtre d'Overton dans leur camp. Depuis plusieurs décennies, cette fenêtre se déplace vers la droite, tant sur les thèmes économiques que sur les sujets culturels. Maintenant que les économistes néolibéraux ont mis la main sur le débat économique, la droite cherche à prendre le contrôle du discours sur la religion et sur l'immigration aussi.

Ce à quoi nous assistons est un colossal changement de trajectoire. Historiquement, la Politique a toujours été le domaine réservé de la gauche. *Soyez réalistes, demandez l'impossible !* C'était le slogan des manifestants en France en 1968. La fin de l'esclavage, l'émancipation des femmes, l'avènement de l'État-providence – tout cela, ce sont des idées progressistes qui ont commencé par être folles et « irrationnelles » avant d'être acceptées et considérées comme de simple bon sens.

Mais, aujourd'hui, la gauche semble avoir oublié l'art de la Politique. Pire, de nombreux penseurs et politiciens de gauche cherchent à éteindre toute radicalité dans leurs propres rangs, terrifiés qu'ils sont à l'idée de perdre des voix. Cette attitude correspond à un phénomène que j'ai pris l'habitude d'appeler le « socialisme perdant ».

C'est un phénomène international qu'on observe un peu partout sur la planète, chez nombre de penseurs et de mouvements de gauche, de syndicats et de partis politiques, d'éditorialistes et de professeurs d'universités. La vision du monde du socialiste perdant est que les néolibéraux ont pris le contrôle du jeu de la raison, du jugement et des statistiques, et qu'il ne reste plus à la gauche que les émotions. Son cœur est au bon endroit. Les socialistes perdants éprouvent un surcroît de compassion et trouvent profondément injustes les politiques en vigueur. Voyant l'État-providence tomber en poussière, ils accourent pour tenter de sauver ce qui peut l'être. Mais en fin de compte, le socialiste perdant finit toujours par céder aux arguments de ses opposants, puisqu'il accepte les prémisses à partir desquelles le débat est lancé.

« La dette nationale est incontrôlable », concède-t-il. « Mais on peut proposer d'autres programmes, indexés sur le revenu. »

« Il est terriblement cher de lutter contre la pauvreté », raisonne-t-il. « Mais cela fait partie de ce que doit faire une nation civilisée. »

« Les impôts sont élevés », déplore-t-il. « Mais à chacun selon ses capacités. »

Le socialiste perdant oublie que le vrai problème n'est pas la dette nationale, mais la trop forte pression sur les foyers et les entreprises. Il oublie que la lutte contre la pauvreté est un investissement qui rapporte au centuple. Et il oublie qu'entre-temps avocats et banquiers enrobent la pilule qu'avaleront les éboueurs et les infirmières.

Réfréner et contenir l'opposition, c'est la seule mission qui reste au socialiste perdant. Antiprivatisation, anti-establishment, antiaustérité. Étant donné tout ce *contre* quoi ils sont, on finit par se demander *pour* quoi, au fond, sont les socialistes perdants ?

Ils ne cessent d'être du côté des malheureux : les pauvres, les exclus, les demandeurs d'asile, les handicapés et les discriminés. Ils rejettent l'islamophobie, l'homophobie et le racisme. Ils sont obsédés par les fractures qui divisent le monde entre cols bleus et cols blancs, pauvreté et richesse, les gens ordinaires et le 1 %, et ils cherchent en vain à se « reconnecter » à un électorat qui a depuis longtemps pris le large.

Mais le plus grand problème des socialistes perdants, ce n'est pas qu'ils ont tort. C'est qu'ils sont ennuyeux comme un bouton de porte. Ils n'ont pas d'histoire à raconter, ni même de langue pour la raconter.

Et trop souvent, il semble que les gens de gauche aiment perdre. Comme si l'échec, la ruine et les atrocités servaient surtout à prouver qu'ils avaient raison depuis toujours. « Il y a un genre de militantisme », remarque Rebecca Solnit dans son livre *Hope in the Dark* [« De l'espoir dans l'obscurité »], « qui a plus à voir avec le renforcement de l'identité qu'avec le fait d'obtenir des résultats ». Une chose que Donald Trump comprend très bien, c'est que la plupart des gens préfèrent être du côté des vainqueurs. (« On va tellement gagner. Vous allez vous fatiguer de gagner. ») La plupart des gens en veulent au bon Samaritain de sa pitié et de son paternalisme.

Hélas, le socialiste perdant a oublié que l'histoire de la gauche devrait être un récit d'espoir et de progrès. Je ne veux pas dire par là un récit capable seulement d'enthousiasmer une poignée de branchés qui s'éclatent en philosophant sur le « postcapitalisme » ou « l'intersectionnalité » après avoir absorbé quelque ouvrage interminable. Le plus grand péché de la gauche universitaire, c'est qu'elle est devenue fondamentalement aristocratique, qu'elle écrit dans un jargon bizarre qui complique de manière étourdissante des choses très simples. Si vous n'êtes pas capable d'expliquer votre idéal à un enfant de douze ans raisonnablement intelligent, après tout, c'est peut-être votre faute. Ce dont nous avons besoin, c'est un récit qui parle à des millions de gens ordinaires.

Ça commencerait par le fait de se réapproprier le langage du progrès.

Réformes ? Et comment ! Remanions de fond en comble le secteur financier. Forçons les banques à construire des réserves plus importantes, de sorte qu'elles ne s'effondrent pas à la prochaine crise. Fragmentons-les s'il le faut, pour que la prochaine fois les contribuables n'aient pas à payer la note sous prétexte que les banques sont « trop grandes pour faire faillite ». Dénonçons et détruisons les paradis fiscaux pour que les riches soient enfin obligés de cracher leur part et que leurs comptables aient quelque chose d'utile à faire.

Méritocratie ? On n'attend que ça. Que les gens soient enfin payés en fonction de leur contribution réelle. Éboueurs, infirmières et enseignants recevraient une augmentation conséquente, évidemment, tandis qu'une ribambelle de lobbyistes, d'avocats et de banquiers verraient leurs salaires plonger vers des chiffres négatifs. Si vous voulez faire un travail qui nuise aux gens, allez-y. Mais il vous faudra payer ce privilège par des impôts plus conséquents.

Innovation ? Carrément. Trop de talents sont gaspillés. Avant, les diplômés des universités les plus prestigieuses faisaient carrière dans la recherche scientifique, le service public ou l'enseignement. Aujourd'hui ils choisissent plus souvent la banque, le droit ou des diffuseurs massifs de publicité comme Google ou Facebook. Quand on pense aux milliards de dollars d'impôts qui sont investis dans la formation des meilleurs cerveaux, juste pour leur permettre d'apprendre à exploiter les autres aussi efficacement que possible, on a le vertige. Imaginez combien les choses seraient différentes si les meilleurs et les plus brillants esprits de notre génération redoublaient d'effort sur les plus grands défis de notre temps. Le changement climatique par exemple, le vieillissement de la population, les inégalités… Là, on pourrait vraiment parler d'innovation[1].

Productivité ? Il ne s'agit pas d'autre chose. Pensez : chaque dollar investi dans une personne sans abri rapporte au moins le triple en économie de frais de santé, de police et de tribunal. Imaginez ce qu'on obtiendrait en éradiquant la pauvreté infantile. Il est infiniment plus productif et considérablement moins cher, à long terme, de résoudre ce genre de problème que de les « gérer ».

Fin de l'État-nounou ? J'y venais. Coupons court à ces stages de retour à l'emploi pour les chômeurs, à ces formations absurdes, prétentieuses (et qui ne font en réalité que *prolonger* le chômage), cessons ces procédures dégradantes de dressage des bénéficiaires d'aides sociales. Que chacun reçoive un revenu de base – un capital-risque pour le peuple – qui lui permettra de choisir la trajectoire de *sa propre* vie.

Liberté ? De la musique à mes oreilles. À l'instant où j'écris, plus d'un tiers de la population active est coincée dans des « *bullshit jobs* » dépourvus de sens pour ceux

1. Et à propos, qui mieux que le plus grand spécialiste du capital-risque – j'ai nommé le gouvernement – peut lancer cette dynamique ? Après tout, presque toutes les innovations importantes sont financées par les contribuables. Chaque miette de technologie fondamentale présente dans votre iPhone, par exemple – capteurs capacitifs, mémoire à semi-conducteurs, GPS, Internet, communications sans fil, Siri, puces électroniques et écran tactile – a été inventée par des chercheurs salariés par l'État. Voir Mariana Mazzucato, *The Entrepreneurial State : Debunking Public* vs *Private Sector Myths*, Anthem Press, 2013.

qui les occupent. Il y a quelque temps, je parlais de la montée des emplois inutiles devant quelques centaines de consultants. À ma grande surprise, personne ne siffla dans le public. Dans les discussions qui suivirent, autour du pot offert à l'issue de la conférence, plusieurs personnes me confièrent que, bien souvent, une mission sans intérêt mais bien payée leur avait donné la liberté financière de s'engager dans des projets moins lucratifs mais plus gratifiants.

Ces histoires m'évoquèrent ces journalistes indépendants qui sont aspirés par la machine à produire des textes pour les services de relations publiques d'entreprises qu'ils méprisent, mais qui subventionnent ainsi les enquêtes critiques de ces mêmes journalistes sur d'autres entreprises du même genre. Le monde est-il devenu fou ? Apparemment, dans le capitalisme moderne, on finance les choses authentiquement épanouissantes en faisant… des boulots de merde.

Il est temps de redéfinir notre conception du « travail ». Quand j'appelle à une réduction du temps de travail, ce n'est pas en faveur de longs week-ends léthargiques. Je nous invite à passer plus de temps à ce qui nous importe vraiment. Il y a quelques années, l'auteure australienne Bronnie Ware a publié un livre intitulé *The Top Five Regrets of the Dying* [« Les cinq principaux regrets des mourants »], sur les anciens patients qu'elle a soignés tout au long de sa carrière d'infirmière[1]. Et devinez quoi ? Pas

1. Bronnie Ware, *The Top Five Regrets of the Dying. A Life Transformed by the Dearly Departing*, Hay House, 2012.

une de ces personnes ne disait regretter de n'avoir pas prêté suffisamment d'attention aux présentations en Power Point de ses collègues, ni qu'elle aurait préféré réfléchir davantage à la cocréation disruptive dans la société en réseau. Le regret le plus souvent exprimé était : « J'aurais voulu avoir le courage de vivre ma vie en étant fidèle à moi-même, pas la vie que les autres attendaient de moi. » Juste après venait : « J'aurais voulu ne pas travailler si dur. »

De droite à gauche, on nous dit qu'il faut plus d'emplois et plus de travail. Pour la plupart des politiciens et des économistes, l'emploi est moralement neutre : plus il y en a, mieux c'est. Je dirais que le temps est venu d'un nouveau mouvement travailliste. Un mouvement qui lutte non seulement pour plus d'emplois et de meilleurs salaires, mais surtout pour un travail qui ait une valeur intrinsèque. Alors nous verrons le chômage *augmenter* en proportion du temps passé à des emplois abrutissants dans le marketing, abêtissants dans l'administration et polluants dans la production de choses inutiles et *diminuer* à mesure que davantage de temps est investi dans ce qui nous épanouit.

Deux conseils pour terminer

Les socialistes perdants devront cesser de se complaire dans leur sentiment de supériorité morale et leurs idées dépassées. Quiconque s'estime progressiste devrait être un fanal, non seulement d'énergie mais d'idées, non seulement d'indignation mais d'espoir et, à parts égales, d'éthique et de technique agressive de vente. En définitive, ce qu'il manque au socialiste perdant, c'est l'ingrédient le plus essentiel au changement politique : la conviction qu'il existe véritablement une meilleure voie. Que l'utopie est réellement à portée de main.

Mon intention n'est pas de suggérer qu'il sera facile de maîtriser la Politique majuscule. Au contraire. Le premier et principal obstacle, c'est la difficulté à être pris au sérieux. Telle a été mon expérience ces trois dernières années, un temps que j'ai passé à défendre le revenu universel de base, la réduction du temps de travail et l'éradication de la pauvreté. On me répétait constamment qu'il s'agissait là d'idées irréalistes, inabordables ou tout simplement absurdes.

Il m'a fallu du temps pour réaliser que mon prétendu manque de réalisme n'avait pas grand-chose à voir avec des failles dans mon raisonnement. Dire de mes idées qu'elles étaient « irréalistes », c'était une manière expéditive de dire qu'elles ne correspondaient pas au *statu quo*. Et le meilleur moyen de faire taire quelqu'un, c'est de lui donner le sentiment qu'il est ridicule. Ça marche encore mieux que la censure, parce que la plupart du temps, ça vous réduit au silence.

Quand j'ai commencé à écrire sur le revenu de base, personne ou presque n'en avait jamais entendu parler. Trois ans plus tard, l'idée est partout. La Finlande et le Canada ont annoncé des expériences d'envergure. L'idée prend très fort à Silicon Valley. GiveDirectly (l'organisation évoquée au chapitre 2) lance une importante étude sur le revenu de base au Kenya. Et chez moi, aux Pays-Bas, non moins de vingt municipalités appliquent le revenu de base.

Cet intérêt s'est soudainement démultiplié à la suite d'un référendum qui s'est déroulé en Suisse le 5 juin 2016. Alors qu'il y a cinq ans probablement pas plus de deux cents Suisses ne savaient ce qu'est le revenu de base, aujourd'hui c'est une tout autre histoire. Certes, la proposition a été rejetée par une majorité considérable, mais n'oublions pas qu'en 1959, la majorité des hommes suisses avaient également voté non à une autre proposition, aussi bizarre qu'utopique : le droit de vote des femmes. En 1971, lors du second référendum sur cette question, la plupart votèrent pour.

C'est là que je veux en venir : le référendum suisse n'a pas mis fin à la discussion, il l'a ouverte. Depuis la parution de la première édition de mon livre aux Pays-Bas, j'ai donné des conférences à Paris, à Montréal, à New York, à Dublin et à Londres. Partout où je suis allé, j'ai rencontré un enthousiasme pour le revenu de base qui était toujours dû aux mêmes causes. Depuis le crash financier mondial de 2008 et l'avènement de l'ère du Brexit et de Trump, de plus en plus de gens ont faim d'un antidote radical, à la fois à la xénophobie et aux inégalités. Faim d'une toute nouvelle carte du monde. Faim d'une nouvelle raison d'espérer. Bref, faim d'utopie.

Pour terminer, je voudrais donc offrir deux conseils à tous ceux qui sont prêts à mettre en œuvre les idées proposées dans ce livre. D'abord, réalisez qu'il y a d'autres gens comme vous, un peu partout. Des tas et des tas de gens. J'ai rencontré d'innombrables lecteurs qui me disent que tout en croyant absolument aux idées exprimées dans ce livre, ils voient le monde comme un endroit où règnent l'avidité et la corruption. Ma réponse est : éteignez la télévision, regardez autour de vous et *organisez-vous*. Chez la plupart des gens, le cœur est vraiment au bon endroit.

Mon deuxième conseil est d'avoir le cuir plus épais. Ne laissez personne vous dire ce qu'il en est. Si nous voulons changer le monde, il nous faut être irréalistes, déraisonnables et impossibles. Rappelez-vous : ceux qui appelaient à l'abolition de l'esclavage, du droit de vote des femmes et au mariage pour tous, eux aussi étaient traités de fous. Jusqu'à ce que l'histoire leur donne raison.

Table

RÉALISATION : NORD COMPO À VILLENEUVE-D'ASCQ
IMPRESSION : NORMANDIE ROTO IMPRESSION S.A.S. À LONRAI
DÉPÔT LÉGAL : OCTOBRE 2018. N° 140141 (1802738)
IMPRIMÉ EN FRANCE